全国汽车专业"十三五"规划教材
"互联网+"理实一体化教材

含微课 汽车底盘构造与维修

QI CHE DI PAN GOU ZAO YU WEI XIU

主编	安国军	何 莉	唐兰民
副主编	耿川虎	韦格建	赵艳平
	王 建	杨 锐	郝 飞
	宋 莎	肖国尧	庞应周
	田泽兴	谭永奖	
编者	杨泳超	谌 涛	

吉林大学出版社

内容简介

本书以底盘构造与维修的基础知识为主线，以培养国家汽车专业技能型紧缺人才的要求，注重以工作为导向、以能力为本位，面向市场、面向社会，根据国民经济的发展和技术的进步，体现职业教育特色，满足社会工作岗位对汽车专业相关技术和能力的要求。

本书主要内容包括汽车底盘的总体构造认知、离合器故障诊断与修复、手动变速器故障诊断与修复、自动变速器故障诊断与修复、万向传动装置故障诊断与修复、驱动桥故障诊断与修复、行驶系统故障诊断与修复、转向系故障诊断与修复、电控动力转向系统故障诊断与修复、制动系统故障与修复等十个项目。

本书既可以作为职业院校汽车检测与维修技术、汽车运用技术、汽车电子技术、汽车技术服务与营销等相关专业教材，也可以作为汽车维修技术人员的参考用书。

图书在版编目（CIP）数据

汽车底盘构造与维修 / 安国军，何莉，唐兰民主编
. —长春：吉林大学出版社，2016.7（2021.1重印）
全国职业院校汽车专业"十三五"规划新教材
ISBN 978-7-5677-7036-2

Ⅰ.①汽⋯ Ⅱ.①安⋯ ②何⋯ ③唐⋯ Ⅲ.①汽车－底盘－结构－职业教育－教材②汽车－底盘－车辆修理－职业教育－教材 Ⅳ.①U463.1②U472.41

中国版本图书馆CIP数据核字（2016）第173670号

书　　　名：汽车底盘构造与维修	
作　　　者：安国军　何　莉　唐兰民　主编	
责任编辑：安　斌　　责任校对：魏丹丹	封面设计：华文翰林
吉林大学出版社出版、发行	郑州市联合印务有限公司　印刷
开　　本：880×1230毫米　1/16	2021年1月　第1版
印　　张：15　　字数：448千字	2021年1月　第2次印刷
ISBN 978-7-5677-7036-2	定价：48.00元

版权所有　翻印必究
社　　址：长春市明德路501号　　邮编：130021
发行部电话：0431－89580028/29
网　　址：http://www.jlup.com.cn
E-mail：jlup@mail.jlu.edu.cn

前言 PREFACE

本教材以行业典型工作任务为课程内容参照点，以完整任务为单元组织内容，以任务实施为主要学习方式，满足汽车检测与维修技术专业培养技术技能人才的教学需求，具有以下特点：

1. 学习任务工作化。以任务驱动为导向，按照典型工作任务、完整过程和工作情境设计教学内容。从岗位需求出发，实现教学内容融合工作任务，通过任务实施巩固学习过程，为学生提供全面的学习和培养。

2. 教材形式立体化。教材中相关知识点附近配有二维码，扫码可观看动画或视频资源，使课程更加形象化、情景化、动态化、生活化。

3. 课程内容全面化。课程全面覆盖各层次学生学习需求，不仅涵盖重要知识内容和关键操作步骤，而且配套资源库中推荐有众多优秀图书、论文、知识拓展链接，为各层次学生精选、设计匹配学习方法，丰富学习渠道，满足学生多种场景学习要求。

在本书的编写过程中，编者参阅了大量国内外文献，未能一一说明。在此，对文献作者一并致以衷心感谢！

由于编者水平有限，加上时间仓促。书中疏漏与不妥之处在所难免，敬请有关专家和读者批评指正。

编　者
2020 年 8 月

CONTENTS

绪论　汽车底盘的总体构造认知 ………………………………………………………… 1

项目一　离合器故障诊断与修复 …………………………………………………… 5

任务1　离合器总成检修 …………………………………………………………… 5
实训1　离合器总成检修学习工作页 ……………………………………………… 15
任务2　离合器操纵机构检修 ……………………………………………………… 20
实训2　离合器操纵机构检修工作页 ……………………………………………… 26

项目二　手动变速器故障诊断与修复 ……………………………………………… 30

任务1　齿轮传动机构检修 ………………………………………………………… 30
实训1　齿轮传动机构检修工作页 ………………………………………………… 42
任务2　手动变速器操纵机构检修 ………………………………………………… 47
实训2　手动变速器操纵机构检修工作页 ………………………………………… 53

项目三　自动变速器故障诊断与修复 ……………………………………………… 55

任务1　液力变矩器检测 …………………………………………………………… 55
实训1　液力变矩器检测工作页 …………………………………………………… 63
任务2　换挡执行元件检测 ………………………………………………………… 68
实训2　换挡执行元件检测工作页 ………………………………………………… 78
任务3　液压控制系统检测 ………………………………………………………… 82
实训3　液压控制系统检测工作页 ………………………………………………… 91

项目四　万向传动装置故障诊断与修复 …………………………………………… 95

任务1　传动轴总成的检修 ………………………………………………………… 95
实训1　传动轴总成的检修工作页 ………………………………………………… 101
任务2　球笼式驱动轴检修 ………………………………………………………… 104
实训2　球笼式驱动轴检修工作页 ………………………………………………… 109

项目五　驱动桥故障诊断与修复 …………………………………………………… 112

实训1　驱动桥故障诊断与修复 …………………………………………………… 118

CONTENTS 目录

项目六　行驶系统故障诊断与修复 ·· 121
　　任务1　车架的检修 ··· 121
　　实训1　车架的检修工作页 ·· 125
　　任务2　悬架的检修 ··· 127
　　实训2　悬架的检修工作页 ·· 137
　　任务3　轮胎的检修 ··· 139
　　实训3　轮胎的检修工作页 ·· 146
　　任务4　车轮的动平衡 ·· 148
　　实训4　车轮的动平衡工作页 ··· 152
　　任务5　车轮定位 ·· 154
　　实训5　车轮定位 ·· 161

项目七　转向系故障诊断与修复 ··· 163
　　任务1　转向器检修 ··· 163
　　实训1　转向器检修工作页 ·· 170
　　任务2　机械液压助力转向系统检修 ··· 172
　　实训2　机械液压助力转向系统检修工作页 ··· 176
　　任务3　电子液压助力转向系统检修 ··· 178
　　实训3　电子液压助力转向系统检修工作页 ··· 183

项目八　电控动力转向系统故障诊断与修复 ··· 186
　　任务1　液压式电控动力转向系统检修 ·· 186
　　实训1　液压式电控动力转向系统检修工作页 ··· 192
　　任务2　电动式电控动力转向系统检修 ·· 194
　　实训2　电动式电控动力转向系统检修工作页 ··· 199

项目九　制动系统故障与修复 ·· 202
　　任务1　车轮制动器检修 ··· 202
　　实训1　车轮制动器检修工作页 ··· 212
　　任务2　驻车制动系统检修 ·· 215
　　实训2　驻车制动系统检修 ·· 225
　　任务3　液压装置检修 ·· 227
　　实训3　液压制动装置检修工作页 ··· 231

绪论

汽车底盘的总体构造认知

汽车底盘如图 0-1 所示，作为汽车的基体，发动机、车身、电气设备及各种附属设备都直接或间接的安装在底盘上。汽车底盘由传动系统、行驶系统、转向系统和制动系统四大系统组成，其作用为接受发动机的动力，使汽车运动并保证汽车能够按照驾驶员的操纵正常行驶。

一、汽车底盘的四大系统

1 传动系统

汽车发动机所发出的动力靠传动系传递到驱动车轮。传动系具有减速、变速、倒车、中断动力、轮间差速和轴间差速等功能，与发动机配合工作，能保证汽车在各种工况条件下的正常行驶，并具有良好的动力性和经济性。图 0-2 为传动系统示意图。

汽车整车架构

图 0-1 汽车底盘示意图

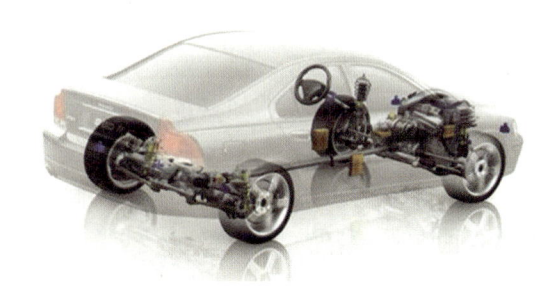

图 0-2 传动系统

2 行驶系统

行驶系的主要作用是将传动系统传递来的转矩转化为汽车行驶的驱动力；与汽车各总成及部件连成一个整体并对全车起支承作用，传递和承受路面作用于车轮的各种力和力矩，并缓冲冲击、吸收振动，以保证汽车在各种条件下正常行驶。图 0-3 为行驶系统示意图。

汽车行驶系统一般有车身、悬架、车桥和车轮等组成。

图 0-3 汽车行驶系统

3 转向系统

汽车转向一般是由驾驶人通过操纵转向系统的机件改变转向车轮的偏转角来实现的。转向系统的功用是保证汽车能够按照驾驶人选定的方向行驶和保持汽车稳定的直线行驶。汽车转向系统主要由转向操纵机构、转向器、转向传动机构组成。图 0-4 为机械转向系统示意图。

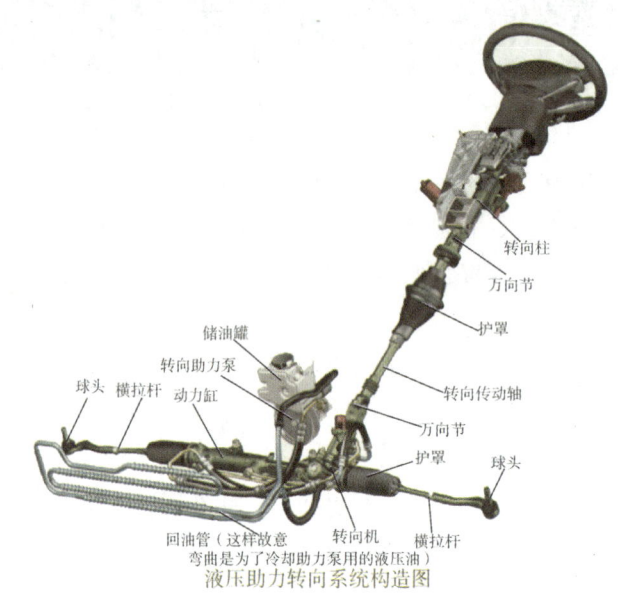

图 0-4 液压助力转向系统

4 制动系统

制动系统的功用是使汽车减速、停车并能保证可靠的驻停。汽车制动系统一般包括行车制动系统和驻车制动系统两套相互独立的制动系统，每套制动系统都包括制动器和制动操纵机构。大部分小型汽车都采用液压式制动系统，而货车和大型客车则常采用气压制动系统。图 0-5 为制动系统示意图。

汽车的行车制动系统一般都装配有防抱死制动系统（ABS）及驱动防滑控制系统（ASR）。前者不论在任何情况下制动时，即使在滑溜路面，也能保持车轮不抱死，以保持车轮的最大制动力，维持车辆的方向稳定性；后者在起步加速时，控制驱动轮不打滑，以保持最大的驱动力及方向的稳定性。

二、传动系统的布置形式

1 发动机前置后轮驱动

发动机前置后轮驱动简称前置后驱动，英文简称为 FR。如图 0-6 所示，发动机布置在汽车前部，动力经过离合器、变速器、万向传动装置、后驱动桥，最后传到后驱动车轮，使汽车行驶。

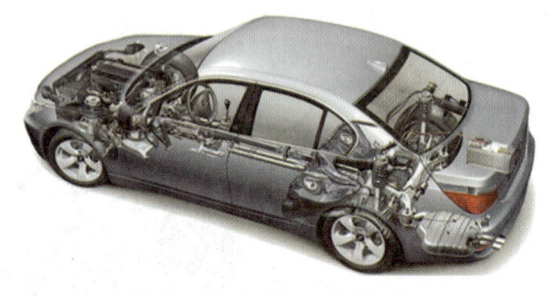

图 0-5 汽车制动系统　　　　图 0-6 发动机前置后驱车

(1) 优点：附着力大，发动机散热好，离合器，变速器操纵方便，操纵机构简单，维修方便。行李箱内较宽敞。

(2) 缺点：噪音大，驾驶空间小，影响踏板的布置和乘坐舒适性。传动轴长，增加整车质量，影响传动系统的效率。

应用：载货汽车，部分轿车和客车。如红旗7560、广州标志、伏尔加、日产公爵、丰田皇冠、丰田凌志等。

2 发动机前置前轮驱动

发动机前置前轮驱动简称前置前驱动，英文简称为FF。如图0-7所示，发动机布置在汽车前部，动力经过离合器、变速器、前驱动桥，最后传到前驱动车轮。

(1) 优点：结构十分紧凑，车身底盘高度降低，有助于提高汽车的乘坐舒服性和高速行驶的稳定性。操纵简便，发动机散热条件好。

(2) 缺点：坡道行驶性能差，如上坡时，重量后移，前驱动轮的附着重量减小，易于打滑。下坡时，重量前移，前轮负荷过重，制动不当易引起车辆颠覆（故货车不用）。前轮既是驱动轮，又是转向轮，使结构较为复杂；且前轮的轮胎寿命较短。

(3) 应用：微型和中型轿车（广泛应用），中高级和高级轿车（应用日渐增多）采用发动机前纵置、前轮驱动的传动系布置形式的，如一汽奥迪、上海桑塔纳、天津夏利等轿车。

采用发动机前横置、前轮驱动的传动系布置形式的，如：福特探索、丰田卡雷娜、丰田塞利卡、丰田佳美、日产千里马、本田雅阁等轿车。

3 发动机后置后轮驱动

发动机后置后轮驱动简称后置后驱动，英文简称为RR。如图0-8所示，发动机布置在汽车后部，动力经过离合器、变速器、角传动装置、万向传动装置、后驱动桥，最后传到后驱动车轮，使汽车行驶。

图0-7 发动机前置前驱车　　　图0-8 发动机后置后轮驱动车

(1) 优点：传动系结构紧凑，后轮附着力大，车内噪声低，车厢面积利用率高，驾驶员工作条件好。

(2) 缺点：发动机冷却条件差，发动机和离合器、变速器的操纵机构都较复杂、维修调整不便。

(3) 应用：大、中型客车，少数轿车和微型汽车。

4 发动机中置后轮驱动

英文简称为MR，如图0-9所示。这种布置形式是将发动机布置于驾驶室后面的汽车的中部，后轮驱动，有利于实现前、后轴较为理想的轴荷分配，是赛车和部分大、中型客车采用的方案。客车采用这种方案布置时，能得到车厢有效面积的最高利用。这种布置形式目前应用不多。

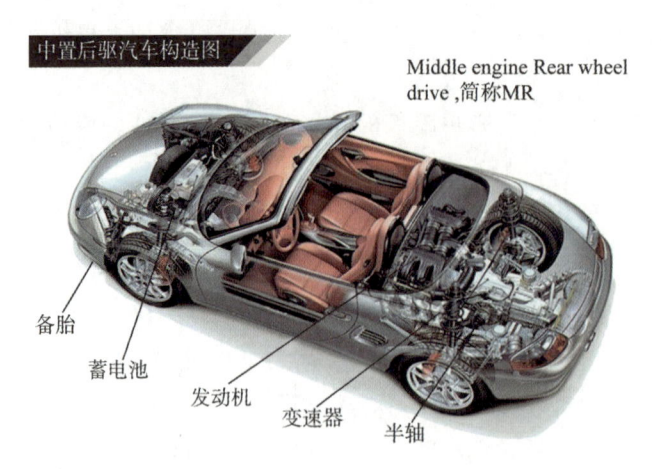

中置后驱汽车构造图　Middle engine Rear wheel drive,简称MR

备胎　蓄电池　发动机　变速器　半轴

图 0-9　发动机中置后轮驱动车

(1) 优点：可获得最佳的轴荷分配，操纵稳定性和行驶平顺性较好。发动机临近驱动桥，无须传动轴，从而减轻车重，具有较高的传动效率。重量集中，车身平摆方向的惯性力矩小，转弯时，转向盘操作灵敏，运动性好。

(2) 缺点：发动机的布置占据了车厢和行李箱的一部分空间，通常，车厢内只能安放 2 张座椅。对发动机的隔音和绝热效果差，乘坐舒适性有所降低。

5　四轮驱动

四轮驱动，英文简称 4WD。如图 0-10 所示，发动机布置在汽车前部，动力经过离合器、变速器、分动器、万向传动装置分别到达前后驱动桥，最后传到前后驱动车轮，使汽车行驶。由于所有的车轮都是驱动车轮，提高了汽车的越野通过性能，这是越野汽车采取的布置形式。

图 0-10　四轮驱动车

项目一 离合器故障诊断与修复

项目概述

采用手动变速器车辆的动力传递系统，需要使用离合器来配合驾驶人完成换挡操作。作为一个重要的动力传递部件，离合器在汽车的使用过程中被驾驶人频繁地踩下、松开，从而导致离合器总成的磨损甚至损坏。离合器总成磨损或损坏后，离合器可能出现打滑、分离不彻底、起步时发抖、异响等故障，需要对磨损部位进行检查，必要时，需要更换从动盘、压盘、分离轴承等部件。此外，使用机械式操纵机构的离合器还需调整离合器自由行程。

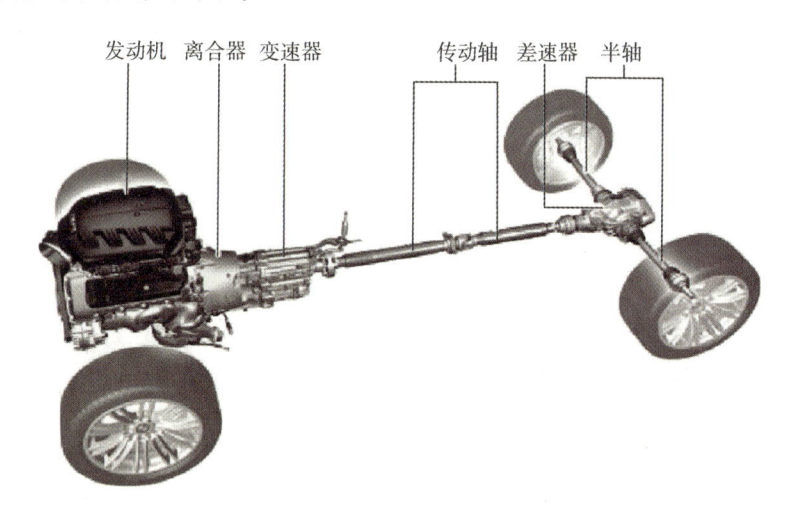

学习任务

任务1　离合器总成检修

任务2　离合器操纵机构检修

任务1　离合器总成检修

任务描述

客户李先生反映自己的一辆速腾2.0手动挡轿车，行驶里程140000km，最近出现汽车挂一挡起步时车辆抖动现象，完全松开离合器后行驶正常，而且抖动情况越来越严重，需要对车辆进行检查。

起步时车辆发抖，一般故障出现在离合器本身，因此需要经过路试后确认车主的描述。若判断出故障基本在离合器，则需要对离合器进行拆检。

学习目标

(1) 正确描述离合器基本功用、工作原理；
(2) 能够根据离合器的工作原理分析造成离合器各种故障的原因；
(3) 能够根据所学知识制订离合器接合时抖动故障的检查方案；
(4) 能够依据维修手册要求正确选用工具设备对离合器总成进行检查；
(5) 能够通过查阅维修手册或资料中的技术要求对检查结果进行判断；
(6) 能够正确选用工具设备更换离合器从动盘；
(7) 能够按照企业 5S 管理要求和安全生产规范进行离合器总成的检修；
(8) 能与本组成员密切合作，规范安全地完成学习活动；
(9) 养成自主学习的习惯，培养操作规范的工作作风及环保意识。

传动系统的动力

知识准备

一、汽车动力传递路线

如图 1-1 所示，使用手动变速器的汽车，其动力从发动机经离合器、变速器、传动轴、驱动桥（主减速器、差速器、半轴），最后传给驱动车轮。对于发动机前置前轮驱动的汽车，传动系统中无中间的传动轴。

二、离合器的功用

离合器安装在发动机与变速器之间，其主要功用如下：
(1) 使发动机与传动系统逐渐接合，保证汽车平稳起步；
(2) 暂时切断发动机的动力传递，保证变速器换挡平顺；
(3) 限制所传递的转矩，防止传动系统过载。
离合器总成安装在发动机飞轮上，图 1-2 所示为离合器在车上的安装位置。

离合器的作用

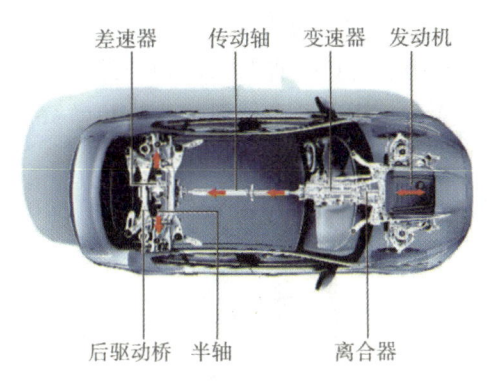

图 1-1 汽车动力传递路线

图 1-2 离合器在车上的安装位置

三、离合器的种类

汽车上应用的离合器主要有以下三种形式。

（1）摩擦离合器。摩擦离合器是指利用主、从动部分的摩擦作用来传递转矩的离合器，在汽车上被广泛采用。

（2）液力耦合器。液力耦合器是指利用液体作为传动介质的离合器，多用于自动变速器。

（3）电磁离合器。电磁离合器是指利用磁力传动的离合器，如空调压缩机使用这种离合器。

此外，使用直接换挡的变速器还会采用双离合器。

四、离合器的结构

离合器的基本结构如图 1-3 所示，离合器主要由主动部分、从动部分、压紧装置和操纵机构四部分组成。主动部分包括飞轮、离合器盖和压盘。离合器盖用螺栓固定在飞轮上，压盘后端圆周上的凸台伸入离合器盖的窗口中，并可沿窗口移动。这样，当发动机转动时，动力经飞轮、离合器盖传到压盘，飞轮、离合器盖、压盘一起转动。离合器压盘总成结构如图 1-4 所示。

从动部分包括从动盘和从动轴。从动盘带有两面的摩擦衬片，离合器正常接合时分别与飞轮和压盘相接触；从动盘通过花键毂装在从动轴的花键上，从动轴是手动变速器的输入轴（一轴），其前端通过轴承支承在曲轴后端的中心孔中，后端支承在变速器壳体上。从动盘总成结构如图 1-5 所示。

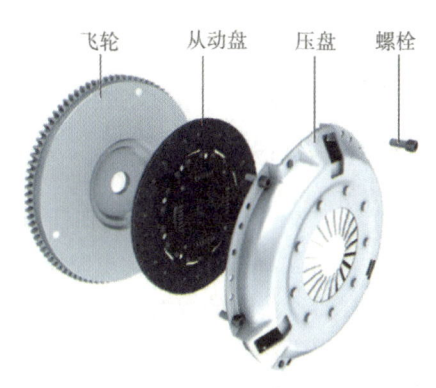

图 1-3 离合器基本结构图

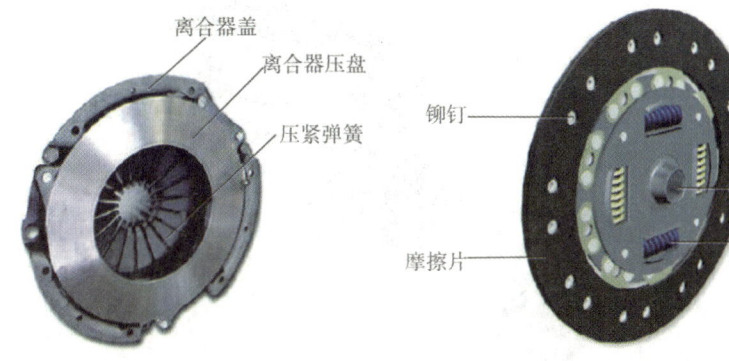

图 1-4 离合器压盘总成结构

图 1-5 从动盘总成结构

压紧装置将压盘和从动盘压向飞轮，使飞轮、从动盘和压盘压紧在一起。发动机转矩靠飞轮与从动盘接触面之间的摩擦作用而传递到从动盘上，从动盘中心有内花键与从动轴的外花键连接，把动力传递给从动轴，再经过从动轴传给变速器。压紧装置一般分为膜片弹簧式（图 1-4）和螺旋弹簧式（图 1-6），其中膜片弹簧式离合器应用较为广泛。

离合器工作原理

飞轮　压盘　分离杠杆　支撑销　调整螺母

从动盘　压紧弹簧　离合器盖　分离杠杆　复位弹簧

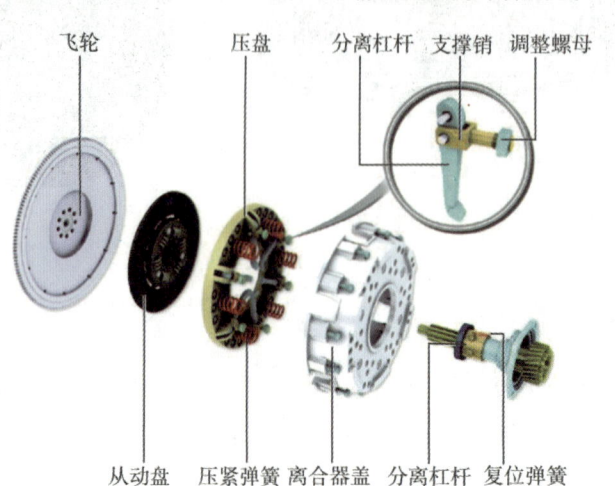

图 1-6　螺旋弹簧式离合器结构

五、离合器工作原理

螺旋弹簧离合器

图 1-7 所示为离合器、发动机、手动变速器三者的安装关系。离合器摩擦片位于压盘和发动机飞轮之间，压盘总成与发动机飞轮用螺栓固定连接。安装离合器后再安装变速器，且变速器输入轴花键与离合器压盘的花键槽配合，这样在汽车正常行驶时，压盘就能够将发动机动力输入给变速器。

如图 1-8a）所示，离合器处于接合状态时，踏板处于最高位置，分离杠杆与分离轴承之间存在间隔，压盘在压紧弹簧的作用下压紧从动盘，发动机的转矩经飞轮及压盘传给从动盘，再由从动盘传给变速器第一轴。离合器所传递的最大转矩取决于从动盘摩擦表面的最大静摩擦力。它与摩擦表面间的压紧力大小、摩擦面积的大小以及摩擦材料的性质有关。对一定结构的离合器而言，其最大静摩擦力是一个定值，若传动系传递的转矩超过这一定值，离合器就会打滑，从而起到了过载保护的作用。

膜片弹簧离合器

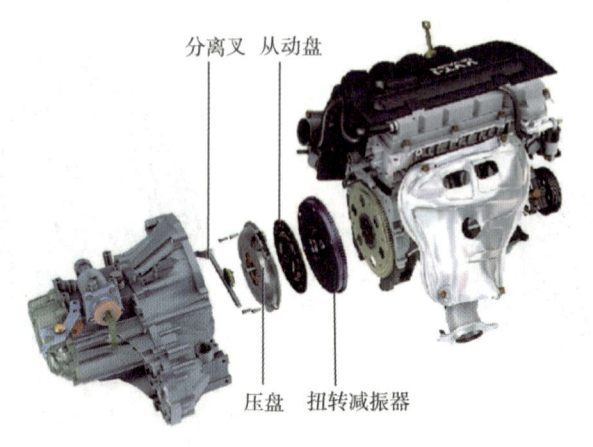

分离叉　从动盘

压盘　扭转减振器

图 1-7　离合器的安装关系

如图 1-8b) 所示，离合器分离时，需踩下离合器踏板，通过拉杆、分离拨叉、分离套筒消除间隙后，使分离杠杆外端拉动压盘克服压紧弹簧的压力向后移动，压盘与从动盘之间产生间隙，摩擦力矩消失，离合器主、从动部分分离，中断动力传递。

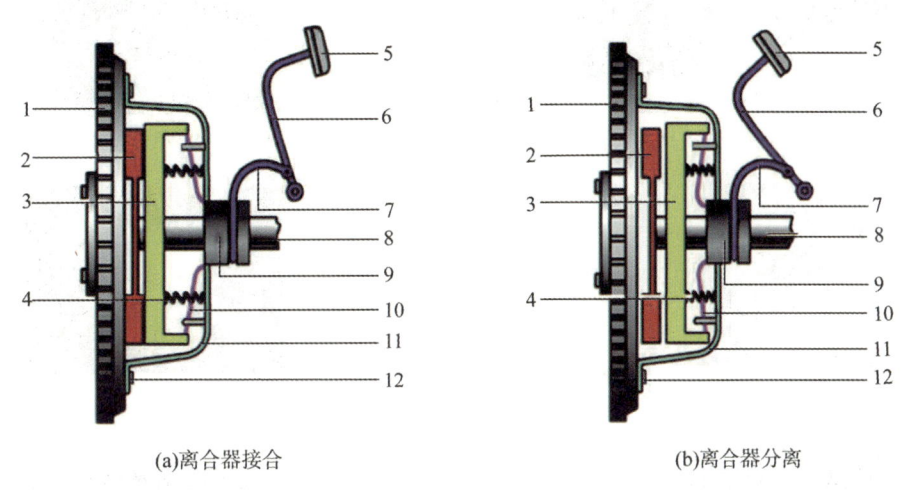

(a)离合器接合　　　　　　　　　　(b)离合器分离

图 1-8　离合器工作原理

1-飞轮；2-从动盘；3-压盘；4-复位弹簧；5-离合器踏板；6-拉杆；7-分离叉；8-变速器输入轴；9-分离轴承；10-分离杠杆；11-离合器盖；12-紧固螺栓

当需要动力传递时，缓慢抬起离合器踏板，在压紧弹簧的作用下，压盘向前移动并逐渐压紧从动盘，摩擦力矩也渐渐增大。压盘与从动盘刚接触时，其摩擦力矩比较小，离合器主、从动部分可以不同步旋转，即离合器处于打滑状态。随着压紧力的逐步加大，离合器主、从动部分的转速也渐趋于相等，直至完全接合而停止打滑。

六、离合器总成常见的故障形式

离合器总成常见的故障有摩擦片过度磨损、摩擦片浸油、摩擦片减振弹簧损坏、摩擦片段裂损坏、离合器压盘过度磨损或烧蚀、离合器压盘断裂、膜片弹簧过度磨损或损坏等，见表 1-1。

表 1-1　离合器总成常见的故障形式

 (1) 从动盘减振弹簧损坏并已脱落	 (2) 摩擦片浸油，离合器打滑
 (3) 离合器从动盘、花键槽严重磨损	 (4) 从动盘的摩擦片段裂损坏

（续表）

 （1）从动盘减振弹簧损坏并已脱落	 （2）摩擦片浸油，离合器打滑
 （5）膜片弹簧末端磨损严重，个别出现翘曲	 （6）膜片弹簧折断
 （7）离合器从动盘烧焦	 （8）离合器压盘烧蚀，弃常磨损
 （9）离合器压盘断裂损坏	 （10）飞轮严重磨损

操作指引

1 组织方式

（1）场地设施：举升机4个，工作台4张，发动机/变速器液压举升工作托盘，变速器悬吊装置。

（2）设备设施：手动挡轿车4辆。

（3）工量具：常用工具（4套），扭力扳手4把，游标卡尺4把，刀口尺及塞尺各4把。

（4）耗材：黄油1盒。

2 操作要求

（1）注意人身防护，工作期间穿工作服、工作鞋、戴手套。

（2）遵守场地安全规定，注意车辆及设备使用安全。

（3）正确使用举升机及液压举升托盘。

（4）严格按照维修手册完成离合器摩擦片的更换。

任务实施

1 拆卸离合器

在进行离合器总成的检查及离合器摩擦片更换时，因车型差异，操作过程会有差异，需要依据具体车型维修手册进行操作。

（1）拆下蓄电池负极导线及托架，断开蓄电池供电，如图1-9所示。

（2）将换挡拉线的防松垫片（箭头1）从变速箱换挡连杆（A）上拆下；将选挡拉线的防松垫片（箭头2）从换向杆（B）上拆下；将防松垫片（箭头3）从换向杆（B）上拔出，然后拆下换向杆；拆下变速器换挡连杆（A），为此需拧下螺母（箭头4），如图1-10所示。

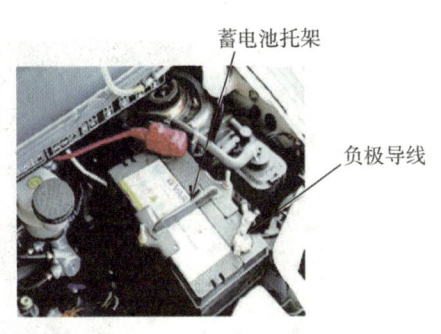

图1-9 断开蓄电池负极

（3）将支架B从变速箱上拆下，然后将其从组合管A上拔下，如图1-11所示。

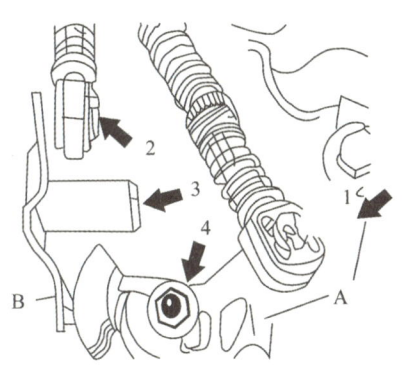

图1-10 拆卸变速器换挡杆　　　图1-11 拆卸换挡杆支架

（4）拆下变速器支撑（箭头A）；将螺栓（B）旋出，拆卸从动缸；将从动缸放置在侧面并用金属丝将其固定，同时不得打开管道防止传动油液泄露，如图1-12所示。

（5）拔出倒车灯插头（箭头1）；从起动机上拔下插头（箭头2）；从起动机上拆下导线（箭头3）；然后拆下起动机上的固定螺栓；断开车速传感器插接器，拆下发动机和变速器上部连接螺栓，如图1-13所示。

拆卸和安装离合

注意：上述工作步骤的目的是断开变速器与车体的所有连接，不同的车型其变速器换挡操纵机构差异较大，要结合具体车型维修手册进行操作。

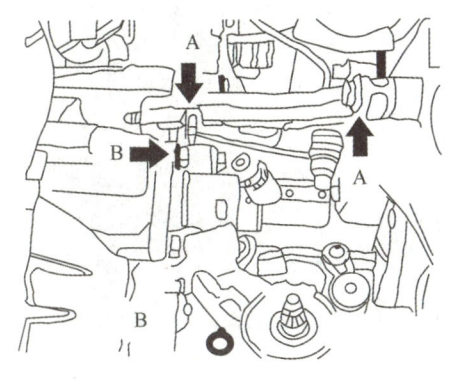

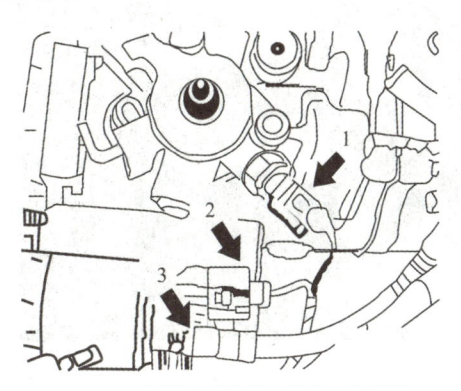

图1-12 拆卸离合器从动缸　　　图1-13 断开变速器上所有导线连接

（6）拆卸车轮，泄放变速器齿轮油。拆卸两侧减振器、转向横拉杆、摆臂等部件与转向节总成的连接螺栓。拆卸半轴与变速器的连接，如图 1-14 所示。

（7）使用液压举升托盘支撑变速器。要注意托盘与变速器油底壳完全接触，保证支撑有效，如图 1-15 所示。

图 1-14　拆卸与转向节相连接的部件

图 1-15　使用液压并升托盘支撑变速器

（8）拆卸变速器与发动机的所有连接螺栓。晃动变速器总成，在合适的位置小心取下变速器，如图 1-16 所示。

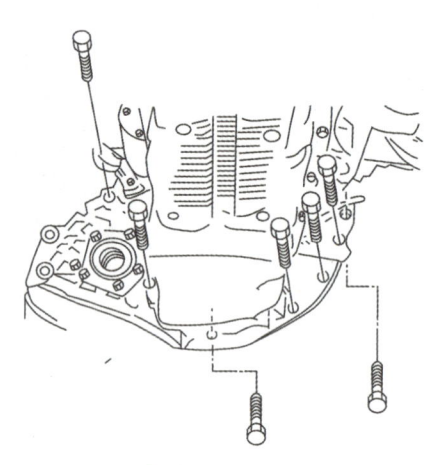

图 1-16　拆卸变速器与发动机连接螺栓

（9）拆下变速器总成并妥善放置后，检查离合器总成外观是否有损坏，如图 1-17 所示。

（10）安装离合器定位专用工具，防止拆卸过程中摩擦片脱落造成损伤或人身伤害，如图 1-18 所示。

图 1-17　离合器外观检查

图 1-18　安装离合器定位工具

(11) 对角松开并拆下离合器盖与飞轮连接的紧固螺栓，如图 1-19 所示。

(12) 拆下压盘和离合器盖总成，完成离合器的车上拆卸工作，如图 1-20 所示。

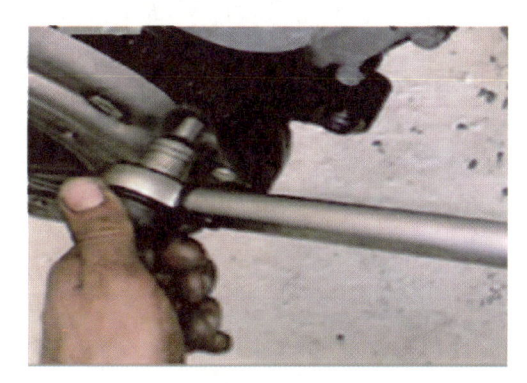

图 1-19　拆卸离合器总成　　　　　图 1-20　拆卸离合器压盘

2 检查离合器总成

拆下离合器总成后要按照如下项目进行检查，并结合具体车型的维修手册数据来判断其是否可以继续使用。

(1) 检查膜片弹簧末端的磨损，不得超过标准厚度的 50%，否则应予以更换，如图 1-21 所示。

(2) 检查压盘总成弹簧连接和铆钉连接是否牢固，检查压盘和离合器盖之间的弹簧连接是否有裂纹，如图 1-22 所示。

检查离合器

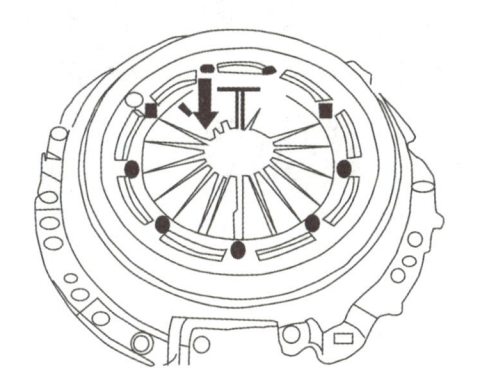

图 1-21　检查离合器膜片弹簧末端磨损　　　图 1-22　检查压盘弹簧和铆钉

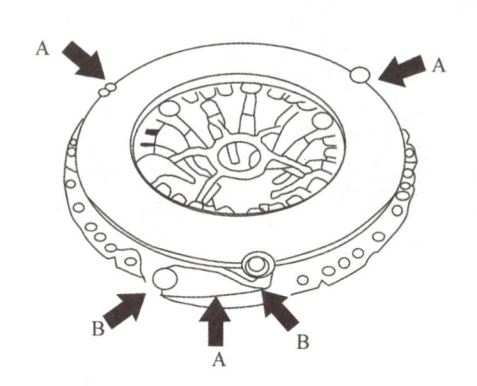

(3) 膜片弹簧内端面磨损的检查。膜片与分离轴承接合处磨损深度应不大于 0.60mm、宽度应不大于 0.50mm，否则更换压盘总成，如图 1-23 所示。

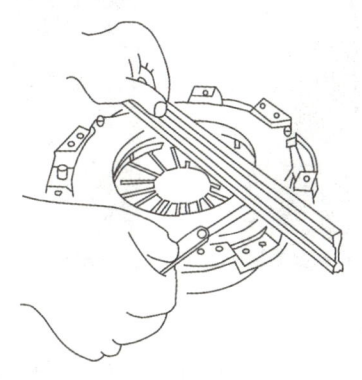

图 1-23　压盘平面度检查

(4) 检查铆钉头深度。摩擦片表面铆钉深度若小于0.2mm应更换，如图1-24所示。

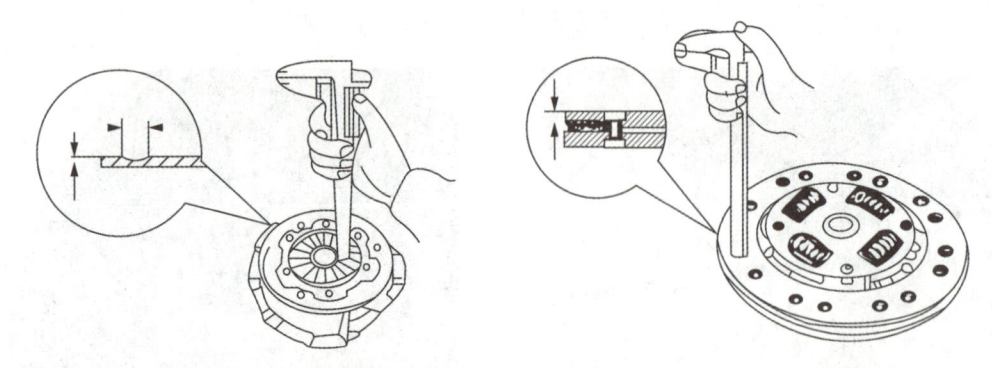

图1-24 弹簧与分离轴承接合处磨损检查   图1-25 摩擦片铆钉深度检查

(5) 检查压盘平面度是否合格。一般车型离合器压盘平面不平度应小于0.3mm，如图1-25所示。

3 安装离合器

(1) 清洁并检查飞轮。在更换离合器前，必须彻底清洁离合器罩以及飞轮摩擦表面，如图1-26所示。

(2) 润滑从动盘花键及花键轴。清洁变速器输入轴花键，在花键上涂抹一层离合器从动盘花键润滑脂。然后将离合器从动盘在花键轴上往复移动，直到轮毂在轴上活动自如，如图1-27所示。

图1-26 清洁飞轮及离合器罩    图1-27 润滑从动盘花键及花键轴

(3) 将摩擦片定位专用工具销安装在飞轮上，安装从动盘，如图1-28所示。

(4) 安装离合器压盘，对正压盘和飞轮之间的所有螺栓孔，安装全部螺栓。按照维修手册的要求按照对角的方式紧固所有螺栓至标准力矩，如图1-29所示。

图1-28 安装摩擦盘定位工具    图1-29 安装离合器压盘

安装离合器总成后，接下来安装变速器总成，按照与拆卸相反的顺序安装分离轴承、拨叉、动力缸

项目一　离合器故障诊断与修复

或拉杆，变速器总成及操纵机构杆件等。进行路试检查，必要时，调整离合器踏板自由行程。

任务小结

（1）离合器用来接通或切断发动机与变速器之间的动力传递，限制所传递的力矩，防止传动系统过载。

（2）离合器主要由主动部分、从动部分、压紧装置和操纵机构四部分组成。主动部分包括飞轮、离合器盖和压盘。从动部分包括从动盘和从动轴。压紧装置将压盘和从动盘压向飞轮，使飞轮、从动盘和压盘压紧在一起。

（3）离合器总成常见的故障有摩擦片过度磨损、摩擦片浸油、摩擦片减振弹簧损坏、摩擦片段裂损坏、离合器压盘过度磨损或烧蚀、离合器压盘断裂、膜片弹簧过度磨损或损坏等。

（4）离合器的检测项目包括离合器膜片弹簧变形、磨损、损伤，膜片弹簧铆钉，摩擦片厚度，压盘平面度等项目。

（5）更换离合器摩擦片需要拆卸变速器及离合器，为此要严格按照车型的维修流程进行操作。安装离合器摩擦片时需要使用专用的定位工具，确保离合器摩擦片正确定位，以保证变速器能够顺利装入。

实训 1　离合器总成检修学习工作页

任务名称	离合器故障诊断与修复	总学时		总成绩	
子任务名称	离合器总成检修	学时		成绩	
学生姓名		学号		班级	

一、资讯

1. 观察如下汽车传动系统示意图，在下列表格中按照序号填写部件的名称及各部件作用。

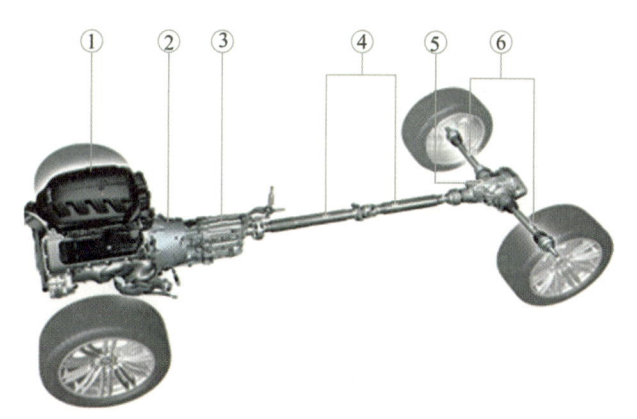

序号	名称	部件作用
1		
2		
3		
4		
5		
6		

2. 离合器用于使用手动变速器的车辆，位于_____和_____之间。其主要的作用有_____
_____；切断动力传递，保证换挡平顺；_____。

3. 离合器主要由_____、_____、_____和操纵机构四个部分组成的。请在以下离合器的结构图上填写相应部件的名称。

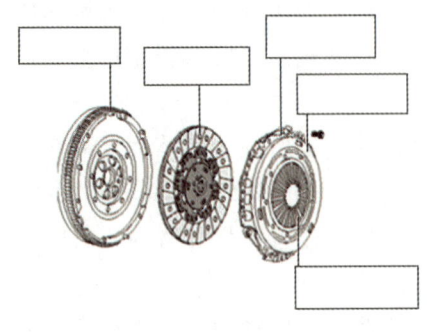

上图中的主动部分包含_____、_____、_____等部件，从动部分主要有_____和_____。

4. 下图是离合器的工作原理图，请在两图下方的横线上填写离合器的状态（分离/结合）。写出部件 1-6 的名称，简要说明离合器的分离和结合过程。

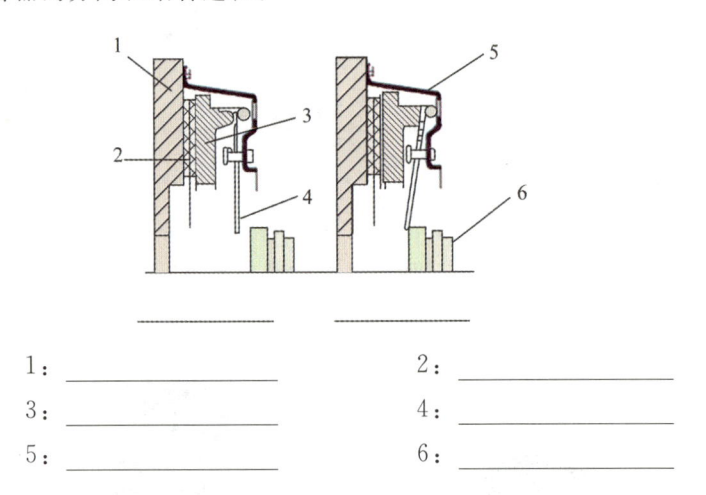

_____ _____

1：_____   2：_____
3：_____   4：_____
5：_____   6：_____

离合器分离过程：

离合器结合过程：

二、计划与决策

请查阅相关车型维修手册，确定更换离合器摩擦片的基本流程，明确所需要的设备和工具，对小组成员进行合理分工，制定详细的离合器检查和更换计划。

1. 需要的设备及工具

2. 小组成员分工

3. 旧车更换离合器的流程

4. 离合器基本检查项目

三、实施

1 接车检查

（1）本组内两名学生，分别扮演客户与维修接待服务顾问，进行接车环节演练。
（2）对车辆进行环检，将车辆基本信息、维修项目、客户描述、外观及内部检查结果等信息填入维修工单中。

维修工单号	开单日	牌照号	车辆识别号	发动机号	品牌	车型	行驶里程数	保修起始日期	保修起始里	车辆颜色

车主	邮编	地址	送修人	电话	手机	业务接待

序号	项目/操作代码	客户故障描述	检测结果/故障原因	项目名称/维修措施	标准工时	附加工时	工时费	技师	故障投诉代码代码	索赔标志
				□更换□修理□调整						
				□更换□修理□调整						
				□更换□修理□调整						
				□更换□修理□调整						

车辆外观检查图	燃油FUEL E — 1/2 F	旧件是否保留？ 是□ 否□	是否洗车？ 是□ 否□
		其他费用	
		预计金额	

维修历史	序号	工单号	开单日	工单类型	维修类型	里程数量	业务接待	责任技师	质检签名	预计交车时间
										车内无贵重物品
										客户签名
										入厂　　初期

2 拆卸离合器总成。请在下面的工作步骤上做必要的记录

(1) 断开蓄电池负极。　　　　　　　　　　　　☐ 完成　☐ 未完成

(2) 断开换挡拉线（传动杆）与变速器的连接。　☐ 完成　☐ 未完成

(3) 拆卸离合器从动缸。　　　　　　　　　　　☐ 完成　☐ 未完成

(4) 断开变速器上所有导线连接器。请记录具体名称：

_____

_____

_____

(5) 泄放回收变速器油。　　　　　　　　　　　☐ 完成　☐ 未完成

(6) 拆卸车轮。　　　　　　　　　　　　　　　☐ 完成　☐ 未完成

(7) 拆卸与转向节总成相连接的部件。请记录具体的部件名称：

_____

_____

_____

(8) 拆卸半轴。　　　　　　　　　　　　　　　☐ 完成　☐ 未完成

(9) 使用液压托盘完全支撑变速器。　　　　　　☐ 完成　☐ 未完成

(10) 断开变速器与发动机的全部螺栓连接。　　☐ 完成　☐ 未完成

(11) 拆下变速器总成并妥善放置。　　　　　　☐ 完成　☐ 未完成

(12) 检查离合器总成外观。　　　　　　　　　☐ 正常　☐ 损坏

(13) 安装离合器从动盘定位工具。　　　　　　☐ 完成　☐ 未完成

(14) 拆卸离合器与飞轮的连接螺栓。　　　　　☐ 完成　☐ 未完成

(15) 拆卸离合器总成。　　　　　　　　　　　☐ 完成　☐ 未完成

3 离合器总成检查，请将检查结果记录在下表中。

(1) 离合器外观目视检查

离合器壳体	膜片弹簧	离合器压盘	摩擦片及花键轴	飞轮结合面

(2) 离合器总成测量检查

项目 测量及结果	膜片弹簧内端面磨损	动盘铆钉头深度	压盘平面度
测量值（mm）			
结果判断及处理			

4 安装新的离合器摩擦片，安装离合器总成等部件

请结合实际安装工作，整理完善离合器总成安装流程，并记录相关数据。

(1) 安装新的摩擦片，并使用定位工具进行定位。
(2) _____
(3) _____
(4) _____
(5) _____
(6) _____
(7) _____
(8) _____
(9) _____
(10) _____
(11) _____
(12) _____
(13) _____
(14) _____
(15) _____
(16) 检查离合器自由行程，有必要时进行调整。
(17) 驾驶汽车，检查离合器、变速器是否能正常工作。

请记录安装过程中的主要部件紧固力矩：

序号	紧固部件	紧固力矩
1	离合器与飞轮连接螺栓	
2	变速器与发动机连接螺栓	
3	离合器分泵固定螺栓	
4	变速器拉线/拉杆固定螺栓	
5	减振器与转向节总成连接螺栓	
6	转向横拉杆与转向节总成连接螺栓	
7	下摆臂与转向节总成连接螺栓	
8	车轮紧固螺栓	

四、评价

知识评价

1 现场问答题：

(1) 离合器摩擦片磨损过度会造成哪些故障现象？
(2) 若离合器压盘平面度不合格可能会造成哪些故障现象？
(3) 在安装离合器总成过程中要注意哪些问题？
(4) 在安装变速器及其附件时有哪些注意事项？

(5) 更换好新的离合器以后应该做哪些检查？

2 单元测试题。

➡ 技能及素养评价

综合考评		自我评价	小组互评	教师评价	第三方评价
素质考评30分	劳动态度6				
	遵守纪律6				
	安全操作6				
	学习态度6				
	出勤情况6				
技能考评70分	工具使用10				
	任务方案10				
	实施过程30				
	完成结果10				
	任务工单10				
（总分100分）本次得分：					
最终得分：					

任务2　离合器操纵机构检修

任务描述

客户李先生反映自己的一辆速腾2.0手动挡轿车，行驶里程140000km，最近出现完全踩下离合器踏板后，正常挂挡或换挡非常困难，且伴随挂挡过程有打齿噪音产生，需要对车辆进行检查。

完全踩下离合器后，正常挂挡或换挡困难，且伴随挂挡过程有打齿噪声，可以初步判断为完全踩下离合器踏板时离合器未能完全分离，因变速器输入轴一直处于转动状态导致换挡困难。首先，应检查离合器的操纵机构。

学习目标

(1) 正确描述离合器操纵机构基本功用、类型、工作原理；

(2) 能够分析离合器自由行程不当可能造成的故障现象；

(3) 能够根据所学知识制定离合器自由行程的检查和调整方案；
(4) 能够正确选用量具、工具完成离合器自由行程的测量和调整；
(5) 能够按照企业 5S 管理要求和安全生产规范进行操作；
(6) 能与本组成员密切合作，规范安全地完成学习活动；
(7) 养成自主学习的习惯、培养操作规范的工作作风及环保意识。

知识准备

一、离合器操纵机构的类型及主要部件

离合器操纵机构用来控制离合器接合与分离，按照控制方式可分为机械式和液压式两种类型。

1 机械式操纵机构

离合器机械式操纵机构主要由离合器踏板、拉索或拉杆、分离拨叉和分离轴承等组成。拉索式传动结构如图 1-30 所示，拉索的一端和离合器分离拨叉相连，其另一端则与离合器踏板上端连接，踩下离合器踏板时，通过拉索可使分离拨叉联动，使离合器分离。

离合器操纵机构类型

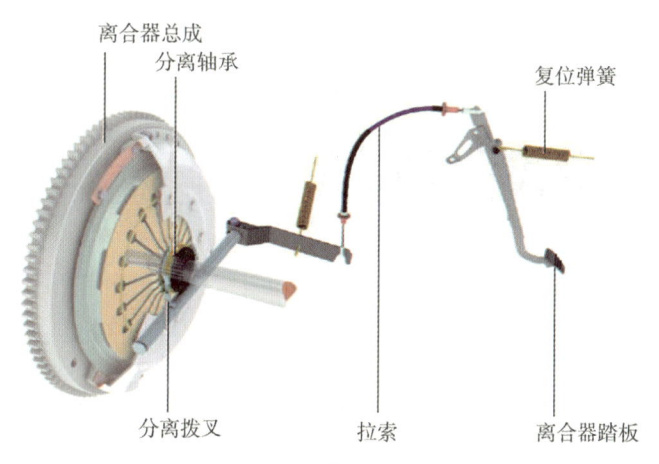

图 1-30 机械式操纵机构

2 液压式操纵机构

离合器液压操纵机构主要由主缸、液压软管、液压油、金属管、工作缸、分离拨叉、分离轴承等组成。离合器液压式操纵机构通过主缸、液压管路和工作缸来传递踏板力，最终通过分离轴承使离合器分离或接合。其结构组成如图 1-31 所示。

（1）离合器主缸

如图 1-32 所示，主缸主要由主、副杯形油封（也称为皮碗）和双活塞等组成。主油封密封活塞左侧的压力腔，而副油封提供活塞外部的密封。离合器分离时，主、副油封之间的油腔通过补偿孔与储液罐相连接；离合器接合时，

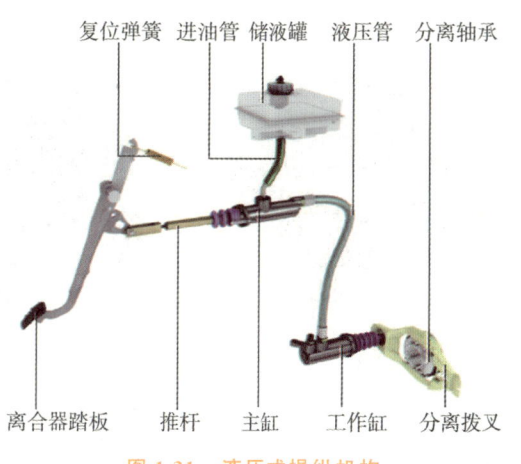

图 1-31 液压式操纵机构

压力腔与储液罐之间可以通过补偿孔进行容积补偿。踩下离合器踏板，只要活塞向左移动越过补偿孔，压力腔则开始建立液压力，并传递给工作缸。

（2）离合器工作缸

如图1-32所示，工作缸接受主缸传递过来的液压油，推动活塞向左移动，传递给挺杆、分离拨叉、分离轴承，实现离合器分离。松开离合器踏板，膜片弹簧内端通过分离轴承、分离拨叉等推动工作缸和主缸活塞返回到原始位置。液压式操纵机构有利于离合器踏板与离合器之间的远距离布置，可以增加传递的踏板力，实现了力的无损失传递。

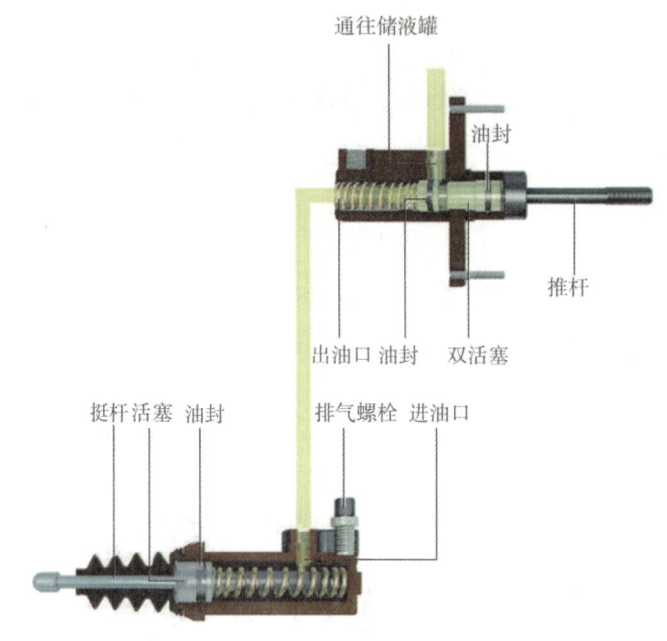

图1-32 离合器主缸和工作缸

（3）分离轴承

分离轴承主要由轴承、分离套管等组成。图1-33所示为分离轴承的外观图。分离轴承一般采用两端密封的滚珠轴承，并通过分离套管安装在变速器输入轴上。在预紧弹簧弹力作用下，分离轴承的后端始终抵住分离拨叉，工作时，前端与膜片弹簧或分离杠杆接触。

图1-33 分离轴承外观图

图1-34 分离轴承结构

分离轴承可以使分离杠杆或膜片弹簧内端一边旋转一边沿变速器输入轴轴向移动，从而保证离合器在旋转过程中的接合与分离，并保证接合平顺，分离柔和，如图1-34所示。

二、离合器操纵机构的工作原理

以液压式操纵结构为例,如图1-35所示。当驾驶人踩下离合器踏板后,主缸建立油压,并通过管路将液压力送至离合器工作缸,离合器工作缸推杆推动分离拨叉下端向前移动,分离拨叉推动分离轴承向前移动。分离轴承推动离合器分离杠杆下端向前移动,分离杠杆上端拉动压盘向后移动,最终使飞轮、离合器压盘、摩擦片三者分离。

如图1-36所示,当需要恢复动力的传递时,驾驶人缓慢地抬起离合器踏板,在离合器压紧弹簧的弹力作用下,压盘逐渐压紧摩擦片,此时离合器开始传递动力,由于此时未完全压紧,因此离合器压盘和摩擦片存在一定的转速差而导致摩擦片存在打滑现象。当压紧力进一步增加,打滑现象将消失,最终飞轮、离合器压盘、摩擦片三者完全接合,发动机动力经过飞轮到达离合器摩擦片,并通过花键传递给变速器输入轴。

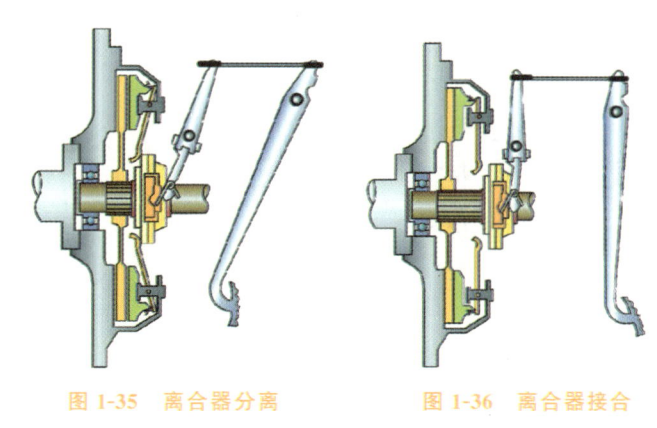

图1-35 离合器分离　　图1-36 离合器接合

三、离合器系统常见故障

离合器总成或离合器操纵机构出现故障均可能导致离合器不正常工作。下面对离合器常见的故障现象进行分析（图1-37）。

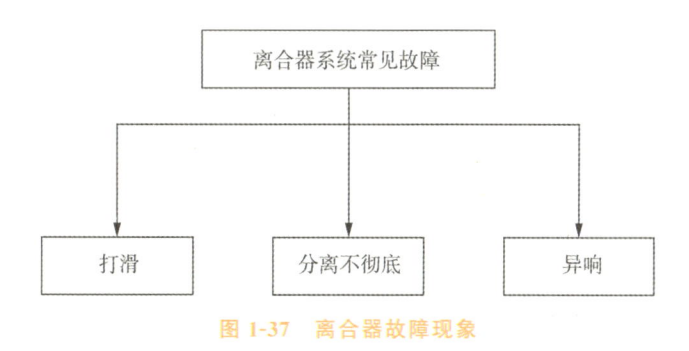

图1-37 离合器故障现象

1 离合器打滑

离合器打滑主要体现在当驾驶人松开离合器踏板时,发动机动力不能完全传给驱动轮,出现汽车不动或勉强起步,且发动机转速越高汽车越不能起步；行驶中急加速时,汽车速度不提高或提高不明显；汽车重载爬坡无力,且有时伴有离合器烧焦的气味。根本原因是压盘不能牢固地压紧从动盘摩擦片,或摩擦片的摩擦系数过小。离合器打滑的可能原因有：

（1）离合器自由行程过小或没有自由行程；

(2) 离合器从动盘摩擦片磨损过薄、硬化、沾有油污、铆钉外漏、烧蚀或破碎；

(3) 离合器压盘过薄或压盘飞轮变形；

(4) 离合器压盘弹簧过软或折断，分离轴承常压在分离杠杆上，使压盘处于半分离状态；

(5) 离合器盖与飞轮连接螺栓松动；

(6) 离合器分离杠杆调整过高；

(7) 液压分离装置卡滞；

(8) 压紧弹簧弹力减弱或折断。

2 离合器分离不彻底

离合器分离不彻底的主要故障体现在汽车起步时，将离合器踏板踩到底，仍然挂挡困难，变速器内常伴有齿轮撞击声；强行挂挡后，尚未松开离合器踏板，汽车就会猛向前窜或发动机熄火。离合器分离不彻底的根本原因是离合器踏板踩到底时，压盘离开从动盘的移动量过小，或部件的变形导致压盘与从动盘摩擦片有所接触而不能彻底分离，此时由于摩擦片继续带动变速器输入轴旋转而导致挂挡困难。离合器分离不彻底的可能原因有：

(1) 离合器踏板自由行程是否调整过大；

(2) 液压操纵系统存在液压油不足、漏油、系统内有空气等；

(3) 操纵机构存在卡滞；

(4) 摩擦片有变形或铆钉松动；

(5) 从动盘或压盘出现翘曲变形；

(6) 从动盘毂的花键与变速器输入轴存在卡滞；

(7) 膜片弹簧断裂或膜片弹簧不在同一平面内；

(8) 摩擦片正反装错。

3 离合器异响

造成离合器异响的根本原因，在于离合器的部分零件严重磨损及主、从动部件或传动部件的松动。离合器异响的基本检修范围有：

(1) 踏板自由行程是否调整过小；

(2) 踏板回位弹簧是否过软，脱落或折断；

(3) 分离轴承是否缺油或损坏；

(4) 分离轴承与膜片弹簧的间隙是否过小；

(5) 分离轴承复位弹簧是否折断；

(6) 膜片弹簧是否断裂；

(7) 摩擦片铆钉是否外露；

(8) 从动盘减振器弹簧是否折断等。

操作指引

1 组织方式

(1) 场地设施：举升机4个，工作台4张。

(2) 设备设施：手动挡轿车4辆。

(3) 工量具：常用工具4套，扭力扳手4把，直尺4把。

2 操作要求

(1) 做好人身防护，穿工作服、工作鞋、戴手套。
(2) 遵守场地安全规定，注意用电安全。
(3) 正确使用举升机，做好车辆防护。
(4) 严格按照维修手册完成离合器踏板自由行程的调整。

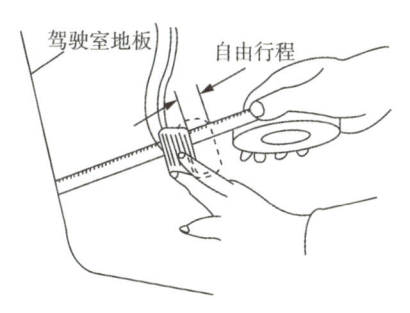

任务实施

一、离合器踏板自由行程的测量

检查离合器踏板自由行程

踩下离合器踏板后，要消除分离轴承和分离杠杆内端之间留有的间隙和机械杆件之间的机械配合间隙，然后才能开始分离离合器，为消除这些间隙所需的离合器踏板行程，称为离合器踏板自由行程。

如图 1-38 所示，用手按下离合器踏板直至感到有明显的阻力，此时测量离合器踏板所移动的距离，即为离合器踏板的自由行程。在测量时要注意直尺尽可能与踏板垂直。不同车型的离合器踏板自由行程范围有所差异，要依据维修手册的标准判断是否在合理范围内。

图 1-38　离合器踏板自由行程的测量

二、离合器踏板自由行程的调整

1 使用机械式操纵机构的离合器踏板自由行程调整

机械式操纵机构一般是通过调节拉索外套上的调整螺母改变拉索工作长度，来调整离合器踏板的自由行程。如图 1-39 所示，拉索伸长则自由行程增大，反之减小。

2 使用液压式操纵机构的离合器踏板自由行程调整

液压式操纵机构踏板自由行程一般是主缸活塞与其推杆之间、分离杠杆内端与分离轴承之间两部分间隙之和在踏板上的反映。通常情况液压操纵结构可以自动调整自由行程。因传动件过度磨损导致的自由行程不符合要求，在调整时先旋松液压系统主缸前端推杆的锁紧螺母，调整推杆长度来改变自由行程。如图 1-40 所示，当自由行程过小时，应通过调整锁紧螺母缩短推杆的有效长度；当自由行程过大时，应增加推杆的有效长度，调整至合适的范围内后紧固锁紧螺母。

调整离合器踏板自由行程

此外，液压式离合器操纵机构可能因管路中有空气而造成离合器自由行程变大，严重时将导致离合器无法完全分离，必须要通过排气塞进行排空气作业，具体流程不再赘述。

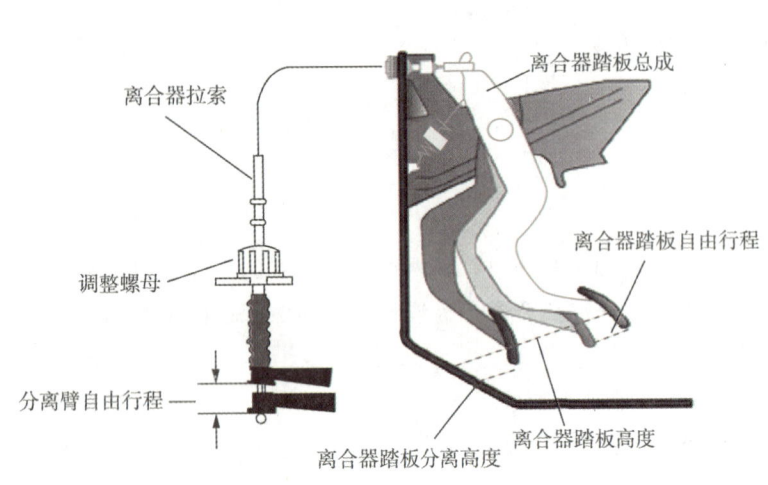

图 1-39　机械式操纵机构的离合器踏板自由行程

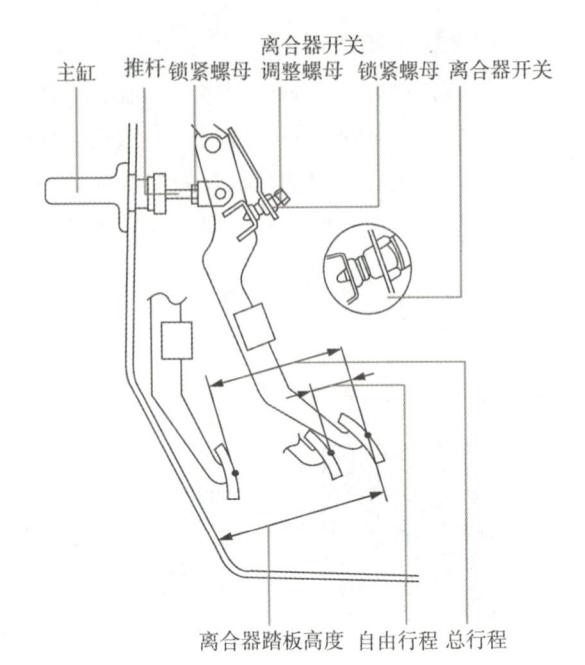

图 1-40　液压操纵机构的离合器踏板自由行程

任务小结

（1）离合器操纵机构用来控制离合器接合与分离，按照控制方式，离合器操纵机构可分为机械式和液压式两种类型。

（2）离合器机械式操纵机构主要由离合器踏板、拉索或拉杆、分离拨叉和分离轴承等组成。

（3）离合器液压操纵机构主要由主缸、液压软管、液压油、金属管、工作缸、分离拨叉、分离轴承等组成。

（4）离合器踏板自由行程过大会导致离合器分离不彻底，造成换挡困难。离合器踏板自由行程过小会打滑，因此要通过正确地检查和调整保证其在合理范围内。

实训 2　离合器操纵机构检修工作页

任务名称	离合器故障诊断与修复	总学时		总成绩	
子任务名称	离合器操纵机构检修	学时		成绩	
学生姓名		学号		班级	

一、资讯

1. 离合器操纵机构按照控制方式可分为_____式和_____式两种类型。

2. 观察下图中的离合器操纵机构，完成相关学习任务。

（1）将图中的部件名称补充完整。

（2）此种离合器操纵机构是利用_____原理对力矩进行放大的。

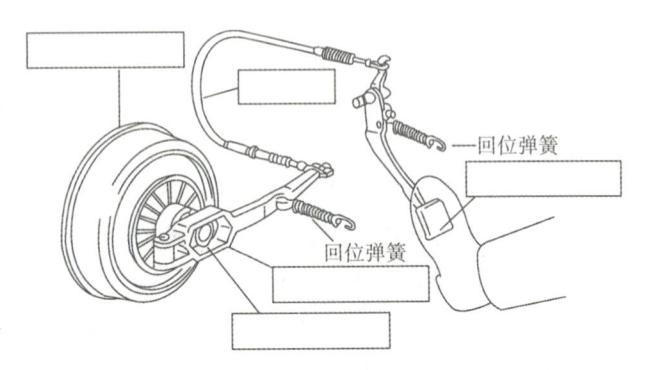

3. 观察下图中的离合器操纵机构，完成相关学习任务。

(1) 将图中的指定序号的部件名称补充完整。

(2) 此种离合器操纵机构是利用_____原理和_____原理对力矩进行放大的。

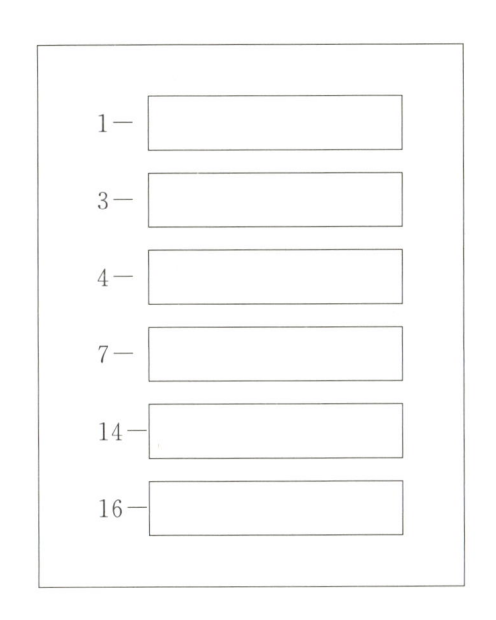

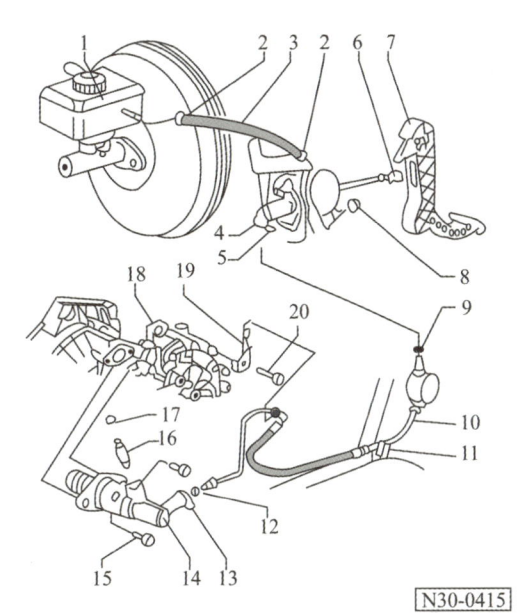

1—_____

3—_____

4—_____

7—_____

14—_____

16—_____

(3) 请结合上图说明液压离合器操纵机构的工作过程

4. 如右图所示的部件为_____。其作用是_____
_____
_____。

5. 解释离合器踏板自由行程的概念：_____
_____。

6. 离合器踏板自由行程过小或没有自由行程会造成_____，离合器踏板自由行程过大会造成_____。

造成离合器踏板自由行程过大的原因有：_____
_____。

7. 如图所示，已知液压式离合器操纵机构中驾驶员施加到离合器踏板上的力为100N，离合器踏板及分离杠杆的相关参数分别为：S1＝20cm，S2＝5cm，离合器主缸直径为4cm，工作缸直径为10cm。请根据杠杆原理及液压原理计算输出到分离轴承上的力 F2 大小。

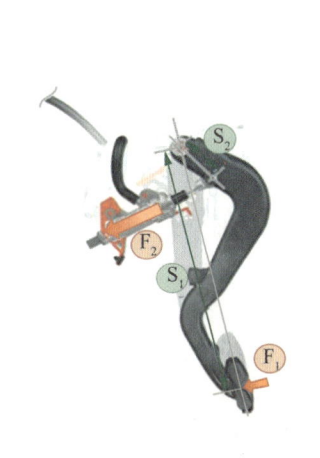

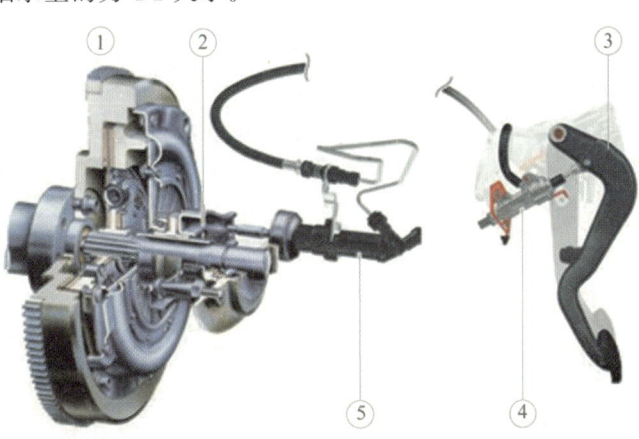

二、计划与决策

请根据检查离合器自由行程的检查和调整方法，确定所需要的工具量具，并对小组成员进行合理分工，制定详细的检查和调整计划。

1. 需要的工具、量具

2. 小组成员分工

3. 检查和调整计划

三、实施

1 机械式离合器操纵机构的离合器踏板自由行程检查和调

整车辆型号：_____

离合器踏板自由行程范围：_____

（1）做好车辆防护，使用钢板直尺测量离合器自由行程踏板的自由行程，测量值为_____mm，该离合器踏板的自由行程（合格/不合格）。

（2）若不合格，请按照维修手册的方法进行调整，记录调整方法_____
_____。调整以后的踏板自由行程为：_____。

2 液压式离合器操纵机构的离合器踏板自由行程检查和调

整车辆型号：_____

离合器踏板自由行程范围：_____

（1）做好车辆防护，使用钢板直尺测量离合器自由行程踏板的自由行程，测量值为_____mm，该离合器踏板的自由行程（合格/不合格）。

（2）若不合格，请按照维修手册的方法进行调整，记录调整方法：_____
_____。调整以后的踏板自由行程为：_____。

3 整理工位

收回翼子板布和前格栅布，关闭发动机舱盖；收回五件套，清洁车辆、清洁地面卫生，处理废弃物。

四、评价

▶ 知识评价

1 现场问答题：

（1）叙述离合器踏板自由行程的定义。

（2）说明离合器踏板自由行程过大或过小造成的不良结果。

（3）描述离合器踏板自由行程的测量和调整方法。

技能及素养评价

综合考评		自我评价	小组互评	教师评价	第三方评价
素质考评 30 分	劳动态度 6				
	遵守纪律 6				
	安全操作 6				
	学习态度 6				
	出勤情况 6				
技能考评 70 分	工具使用 10				
	任务方案 10				
	实施过程 30				
	完成结果 10				
	任务工单 10				
（总分 100 分）本次得分：					
最终得分：					

项目二 手动变速器故障诊断与修复

任务概述

手动变速器在汽车上使用的历史最为悠久，驾驶过程中由驾驶人操作变速杆实现挡位切换，从而实现改变传动比、倒挡行驶、切断动力传递的目的。手动变速器生产技术成熟，成本低，故障率相对低。对于熟练驾驶手动挡汽车的驾驶人而言汽车经济性更好，更具驾驶乐趣。

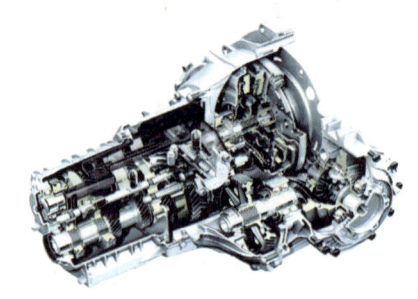

手动变速器常见的故障现象有挂挡困难、换挡噪音、自动脱挡等，通过完成本单元的学习任务，可以帮助大家更好地认识手动变速器的结构、原理，并解决其常见的故障。

主要学习任务

任务1　齿轮传动机构检修

任务2　手动变速器操纵机构检修

任务1　齿轮传动机构检修

任务描述

客户李先生的一辆2010年产捷达1.6L手动挡轿车，行驶13万km，最近出现变速器1挡切换至2挡时困难，且换挡过程中有类似打齿的噪音，其余挡位切换时正常。

项目二　手动变速器故障诊断与修复

从客户描述的故障现象，可以判断引起此故障的原因可能是由于变速器1/2挡同步器、2挡传动齿轮磨损或损坏等原因引起的，为进一步确认故障原因，需要对手动变速器进行拆卸、解体、并对各组成部件进行检查或更换，从而排除此故障。

学习目标

（1）能够正确描述变速器的功用、普通齿轮传动基本原理；
（2）能够结合手动变速器齿轮传动机构原理图或实物，说明其各挡的动力传递路线；
（3）正确描述同步器的功用、类型以及锁环式同步器的结构和工作原理；
（4）能够运用手动变速器结构和原理知识分析手动变速器挂挡困难故障原因，并对普通齿轮式手动变速器各组成部件进行检查或更换；
（5）能够依据维修手册要求，正确选用工具、设备对手动变速器进行拆卸、解体，选用合适工、量具按照技术标准对各组成部件进行检查或更换及安装；
（6）会运用所学知识和经验，为客户提供正确使用手动变速器的建议；
（7）能够按照企业5S管理要求和安全生产规范进行操作；
（8）能与同学密切合作，规范安全地完成学习活动；
（9）养成自主学习的习惯，培养操作规范的工作作风及环保意识。

知识准备

一、变速器功用

1 变速、变矩

通过不同齿数的齿轮啮合来改变传动比，以满足汽车在不同行驶条件下对转矩和汽车行驶速度的变化要求。
变向在发动机曲轴旋转方向不变的条件下，能够使汽车倒向行驶。
中断动力传递中断发动机与驱动轮的动力传递，使发动机能够起动和怠速运转，满足汽车起步或滑行的需要。
驱动其他装置变速器还可以作为动力输出装置驱动其他机构，例如驱动自卸车的液压举升装置。

二、变速器的分类

1 按照传动比级数分类

按照传动比的级数不同，变速器可分为有级式、无级式和综合式3种类型。
（1）有级式变速器：有级式变速器各个挡位有固定的传动比，多采用齿轮传动的方式，根据齿轮的结构又可分为普通齿轮变速器和行星齿轮变速器。
（2）无级式变速器：无级式变速器其传动比可以在定范围内变化，多采用锥形带轮和链条传动的方式。
（3）综合式变速器：综合式变速器由液力传动装置和机械传动装置组合而成，其传动比可以在最大值和最小值之间的几个分段的范围内作无级变化。

2 按照操纵方式分类

按照操纵方式不同，变速器可分为强制操纵式、半自动操纵式和自动操纵式3种类型。
（1）强制操纵式变速器：强制操纵式变速器由驾驶人直接操纵变速器换挡杆实现挡位变化。

（2）半自动操纵式变速器：半自动操纵式变速器由驾驶人操纵变速器换挡杆选定挡位，同时通过换挡机构的控制系统实现挡位自动变化。

（3）自动操纵式变速器：自动操纵式变速器根据发动机的负荷和车速的变化情况通过控制系统自动实现挡位的变化，驾驶人只需通过加速踏板控制车速即可。

三、普通齿轮手动变速器的基本工作原理

1 变速、变矩原理

普通齿轮手动变速器是根据不同齿数的齿轮啮合来实现转速和转矩的改变。由齿轮传动原理可知，一对齿数不同的齿轮啮合传动时，若小齿轮作为主动齿轮带动大齿轮转动时，其输出转速降低、输出转矩增大；若大齿轮作为主动齿轮带动小齿轮转动时，其输出转速增大、输出转矩降低，并且两齿轮的转速与齿数成反比，而两齿轮的转矩与其转速又成反比。设主动齿轮的转速为 n_1，齿数为 z_2；从动齿轮的转速为 n_2，齿数为 z_2。主动齿轮（即输入轴）转速与从动齿轮（即输出轴）转速的比值称为传动比，用 i_{12} 表示，即：

$$i_{12}=n_1/n_2=z_2/z_1$$

设主动齿轮的转矩为 M_1，从动齿轮的转矩为 M_2，根据传动原理 $n_1/n_2=M_2/M_1$。因此，齿轮传动的传动比 i_{12} 可表示为：

$$i_{12}=n_1/n_2=M_2/M_1=z_2/z_1$$

如图 2-1a）所示，当小齿轮为主动齿轮（z_1）带动大的从动齿轮（z_2）转动时，则输出轴的转速降低，而转矩增大，其传动比 $i>1$，实现减速增矩传动。

如图 2-1b）所示，当大齿轮为主动齿轮（z_2）带动小的从动齿轮（z_1）转动时，则输出轴的转速增大，而转矩降低，其传动比 $i<1$，实现增速减矩传动。

此外，若主动齿轮与从动齿轮大小相等，则输出轴的转速等于输入轴的转速，同时传递的转矩不变，其传动比 $i=1$，实现等速等矩传动。

手动变速器变速与变距原理

a）减速传动　　　　b）增速传

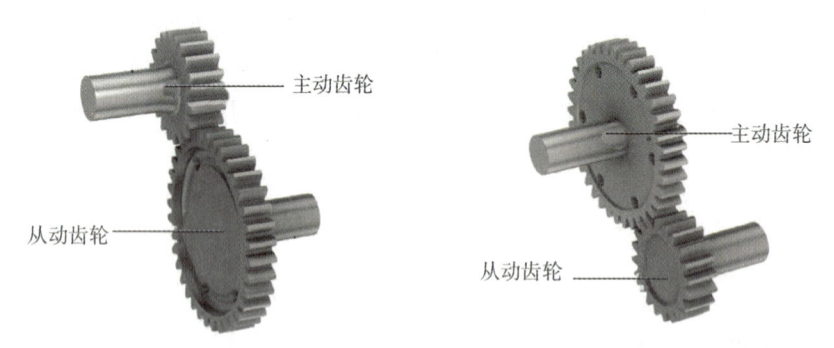

图 2-1　普通齿轮传动的基本原理

一对齿轮只能得到一个固定的传动比，从而得到一个输出转速，只能构成变速器的一个挡位。为扩大变速器的输出转速的变化范围，普通齿轮式手动变速器采用多对大小不同的齿轮啮合传动，以构成多个不同的挡位。普通齿轮手动变速器通常有 3～6 个前进挡和 1 个倒挡，每个挡位对应一个传动比。传动比 $i=1$ 挡位一般为前进挡的降速挡，传动比 $i=1$ 的挡位一般为前进挡的直接挡，传动比 $i<1$ 的挡位一般为前进挡中的超速挡。

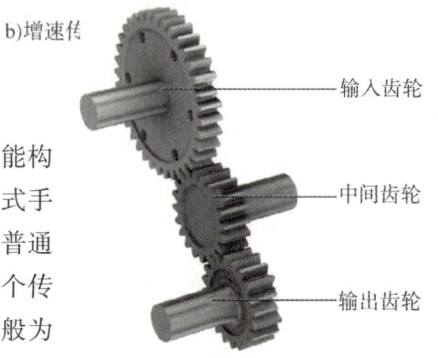

图 2-2　齿轮变向原理

2 变向原理

根据齿轮传动原理，一对外啮合的齿轮旋转方向相反，每经过一对外啮合齿轮副，输出轴改变一次转向。一般普通齿轮变速器前进挡采用 2 个外啮合齿轮副来实现同向传动，而倒挡则采用 3 个外啮合齿轮副来实现反向传动。图 2-2 所示为齿轮变向原理。

3 换挡原理

普通齿轮手动变速器每次只能以一个挡位工作，挡位的改变称为换挡。换挡时，将正在啮合的一个齿轮副分开而是另一个齿轮副进入啮合，从而使传动比发生变化，实现换挡。如图 2-3 所示为换挡的基本原理。当前齿轮 3 和齿轮 4 啮合，由于齿轮 3/4 的大小相同，因此中间轴Ⅲ和输出轴Ⅱ的转速相同，即 $n_2=n_3$。若将齿轮 6 向右滑动使之与齿轮 5 啮合，此时输出轴Ⅱ的转速低于中间轴Ⅲ的齿轮转速。

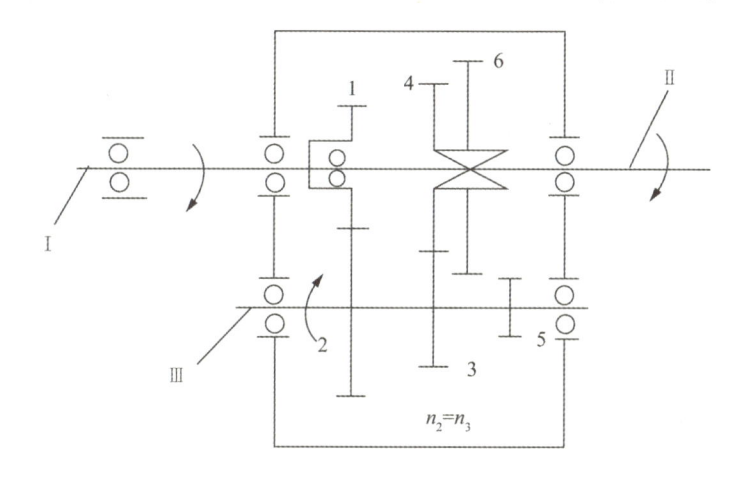

图 2-3 换挡原理示意图

Ⅰ-输入轴；Ⅱ-输出轴；Ⅲ-中间轴

1-输入轴常啮合齿轮；2-中间轴常啮合齿轮；3-二挡主动齿轮；4-二挡从动齿轮；5-一挡主动齿轮；6-一挡从动齿轮

四、手动变速器齿轮传动机构的结构和动力传递原理

1 手动变速器齿轮传动机构

手动变速器齿轮传动机构按照工作轴（不包括倒挡轴）的数量不同可分为三轴式和两轴式，下面分别介绍三轴式和二轴式普通齿轮手动变速器齿轮传动机构的结构和工作原理。

（1）三轴式手动变速器齿轮传动机构 三轴式手动变速器广泛应用于发动机前置后轮驱动的汽车上，其传动机构主要由壳体、第一轴（输入轴）、第二轴（输出轴）、中间轴、倒挡轴和各挡齿轮、轴承和同步器等组成。图 2-4 和图 2-5 所示为典型的三轴式普通齿轮手动变速器结构图。

图 2-4 三轴手动变速器齿轮实物图

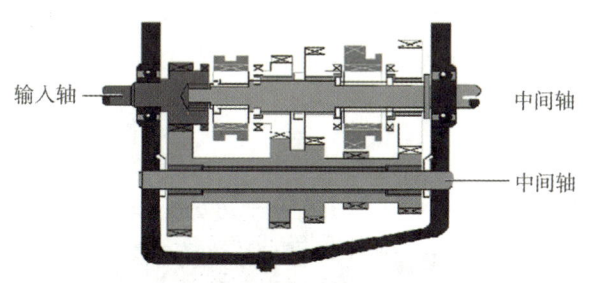

图 2-5 三轴手动变速器结构图

1）基本构造

a. 第一轴：第一轴又称输入轴，其前后端用轴承分别支承在曲轴后端的中心孔和变速器壳体的前壁座孔中，其前部花键用来安装离合器的从动盘，后部加工有带外齿圈的常啮合齿轮。

b. 中间轴：中间轴两端用轴承支承在变速器壳体的前后壁座孔中，常啮合齿轮（与第一轴上的常啮合齿轮啮合）与倒挡齿轮通过半圆键装在中间轴上，而三挡、二挡、一挡齿轮直接与轴制成一体。

c. 第二轴：第二轴又称输出轴，其前后端用轴承分别支承在第一轴常啮合齿轮的中心孔和变速器壳体孔中。一挡、二挡、三挡齿轮通过滚针轴承支承在轴上，并于中间轴上的一挡、二挡、三挡齿轮常啮合，其外部均加工有接合齿圈。倒挡滑动齿轮以花键形式与第二轴配合，并可沿轴轴向移动。另外轴上还有用于换挡的一、二挡同步器和三、四挡同步器。

d. 倒挡轴：倒挡轴固定在壳体上，倒挡齿轮通过轴承支承在倒挡轴上，与中间轴倒挡齿轮常啮合。

2）各挡动力传递路线。以五挡三轴手动变速器为例分析各挡动力传递路线。

a. 一挡：如图 2-6 所示，操纵变速器换挡杆，使一、二挡同步器接合套后移，动力传递路线为：输入轴→第一轴常啮合齿轮→中间轴常啮合齿轮→中间轴→中间轴一挡齿轮→输出轴一挡齿轮→一、二挡同步器接合套→花键毂→输出轴。

b. 二挡：如图 2-7 所示，操纵变速器换挡杆，使一、二挡同步器接合套前移，动力传递路线为：输入轴→第一轴常啮合齿轮→中间轴常啮合齿轮→中间轴→中间轴二挡齿轮→输出轴二挡齿轮→一、二挡同步器接

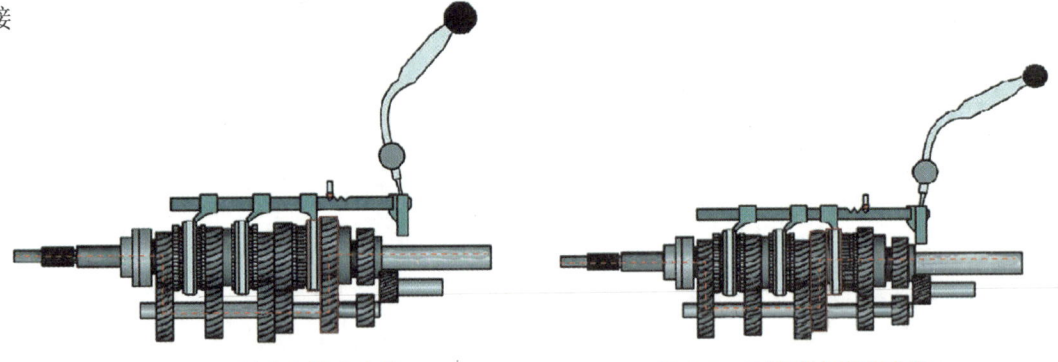

图 2-6　一挡动力传递路线　　　**图 2-7　二挡动力传递路线**

c. 三挡：如图 2-8 所示，操纵变速器换挡杆，使三、四挡同步器接合套后移，动力传递路线为：输入轴→输入轴常啮合齿轮→中间轴常啮合齿轮→中间轴→中间轴三挡齿轮→输出轴三挡齿轮→三、四挡同步器接合套→花键毂→输出轴。

d. 四挡：如图 2-9 所示，操纵变速器换挡杆，使三、四挡同步器接合套前移，此时进入直接挡，动力传递路线为：输入轴→输入轴常啮合齿轮→三、四挡同步器接合套→花键毂→输出轴。由于此时动力直接经过输入轴到达输出轴，此挡位也称为直接挡。

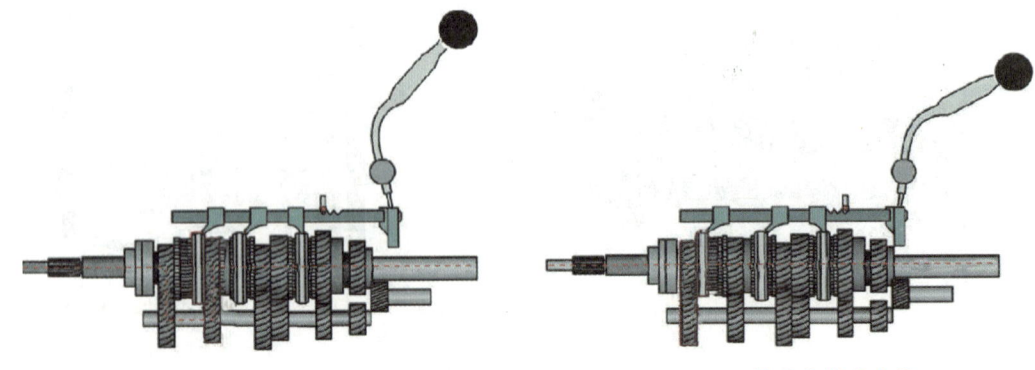

图 2-8　三挡动力传递路线　　　**图 2-9　四挡动力传递路线**

e. 五挡：如图 2-10 所示，操纵变速器换挡杆，使五挡同步器接合套后移，接入五挡，动力传递路线为：输入轴→输入轴常啮合齿轮→中间轴常啮合齿轮→中间轴→中间轴五挡齿轮→输出轴五挡齿轮→梧桐不栖接合套→花键毂→输出轴。此时传动比小于 1，为超速挡。

f. 倒挡：如图 2-11 所示，操纵变速器换挡杆，使输出轴倒挡滑动齿轮前移，动力传递路线为：输入轴→输入轴常啮合齿轮→中间轴常啮合齿轮→中间轴→中间轴倒挡齿轮→倒挡轴倒挡惰轮→输出轴倒挡齿轮→输出轴。

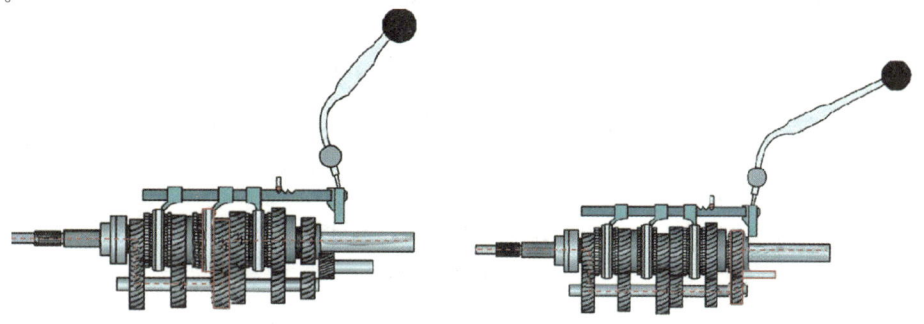

图 2-10　五档动力传递路线　　　　图 2-11　倒挡动力传递路线

g. 空挡：如图 2-12 所示，输出轴上的一、二挡同步器接合套、三、四挡同步器接合套以及倒挡滑动齿轮均处于中间位置，动力不传递给输出轴。若此时发动机运转且离合器接合，输入轴和中间轴会旋转。

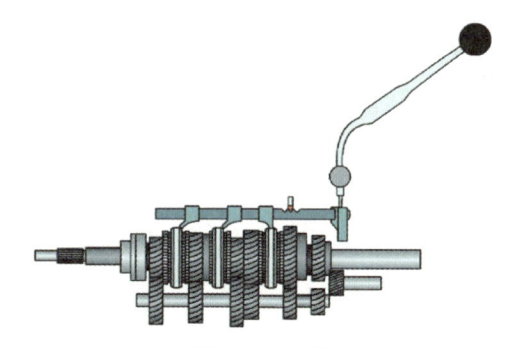

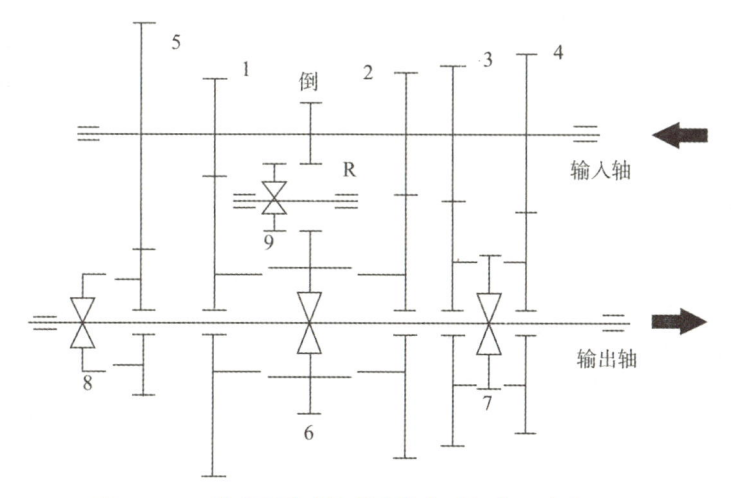

图 2-12　空挡

图 2-13　二轴式手动变速器齿轮传动机构（赛欧 D16）

1—一挡常啮合齿轮；2—二挡常啮合齿轮；3—三挡常啮合齿轮；4—四挡常啮合齿轮；
5—五挡常啮合齿轮；6—一、二挡同步器；7—三、四挡同步器；7—五挡同步器；8—倒挡同步器

（2）二轴式手动变速器齿轮传动机构

二轴式手动变速器传动机构主要由壳体、第一轴（输入轴）、第二轴（输出轴）、倒挡轴和各挡齿轮、轴承和同步器等组成。

图 2-13 所示为上汽通用赛欧等轿车使用的二轴式普通齿轮手动变速器原理图，该变速器共有五个前进挡、一个倒挡和空挡。

1）基本构造。该变速器取消了中间轴，其中五个前进挡和倒挡全部采用同步器操纵换挡，输出轴上有三个锁环式惯性同步器，倒挡轴上有一个花键连接的倒挡齿轮。输入轴上的齿轮与轴制成一体，输出轴上齿轮在轴上可以自由转动，前后滑动结合套即可以完成换挡，结构更紧凑。

2）各挡动力传递路线。图 2-14 所示为二轴式手动变速器各个挡位示意图，下面对各个挡位动力路线进行逐一分析。

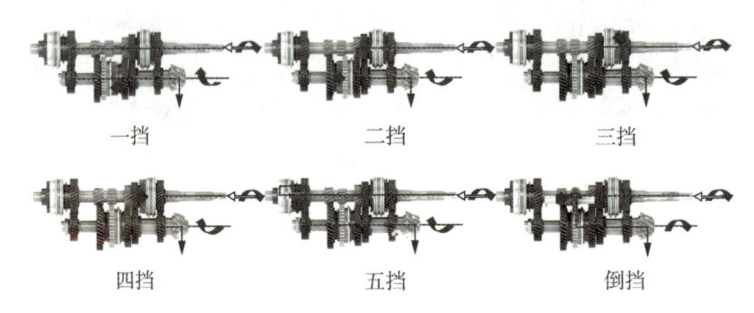

图 2-14　二轴式手动变速器挡位分析

a. 一挡：变速器操纵杆使一、二挡接合套向前移动，与一挡传动齿轮的齿圈接合，动力传递路线为：输入轴→输入轴一挡齿轮→输出轴一挡齿圈及齿轮→输出轴一、二挡同步器→输出轴花键毂→输出轴。

图 2-15 所示为输出轴齿轮与齿圈的结构，齿轮与齿轮齿圈一体，挂挡时接合套与齿轮齿圈接合，动力再经过齿轮齿圈传递给接合套，经过花键毂再传递给输出轴。

b. 二挡：变速器操纵杆使一、二挡接合套向后移动，与二挡传动齿轮的齿圈接合，动力传递路线为：输入轴→输入轴二挡齿轮→输出轴二挡齿轮齿圈及齿轮→输出轴一、二挡同步器→输出轴花键毂→输出轴。

c. 三挡：变速器操纵杆使三、四挡接合套向前移动，与三挡传动齿轮齿圈接合，动力传递路线为：输入轴→输入轴三挡齿轮→输出轴三挡齿轮及齿圈→输出轴三、四挡同步器→输出轴花键毂→输出轴。

图 2-15　输出轴齿轮与齿圈的结构

d. 四挡：速器操纵杆使三、四挡接合套向后移动，与四挡传动齿轮齿圈接合，动力传递路线为：输入轴→输入轴四挡齿轮→输出轴四挡齿轮及齿圈→输出轴三、四挡同步器→输出轴花键毂→输出轴。

e. 五挡：速器操纵杆使五挡接合套向后移动，与五挡传动齿轮齿圈接合，动力传递路线为：输入轴→输入轴五挡齿轮→输出轴五挡齿轮及齿圈→输出轴五挡同步器→输出轴花键毂→输出轴。

f. 倒挡：变速器操纵杆使倒挡惰轮与倒挡齿轮啮合，动力传递路线为：输入轴→输入轴倒挡齿轮→倒挡惰轮→倒挡从动齿轮→输出轴→动力反向输出。

g. 空挡：输入轴上的三、四挡同步器接合套、五挡同步器接合套，输出轴上的一、二挡同步器接合套以及倒挡轴上的倒挡惰轮均处于中间位置，动力不传递给输出轴。

2 同步器的结构及原理

(1) 作用

变速器在换挡过程中,所选挡位的待啮合齿轮线速度必须相等(即同步),才能平顺啮合而顺利挂挡。如果两齿轮轮齿速度不相同而强行挂挡,则两齿轮之间会出现冲击,导致齿轮端面磨损,甚至因打齿造成轮齿折断。因此,当前手动变速器的前进挡设置有同步器,其作用是使接合套和待接合的齿圈迅速同步,并阻止两者在同步前进入啮合,从而消除换挡冲击,缩短换挡时间。

同步器有多种结构形式,目前汽车上广泛使用的是惯性同步器。根据其结构,惯性同步器又分为锁环式和锁销式两种,而目前轿车以及轻型汽车上广泛采用的是锁环式同步器,本书主要介绍锁环式同步器。

锁环式惯性同步器工作原理

(2) 锁环式同步器

1) 构造

锁环式同步器结构如图 2-16 所示,花键毂通过内花键套装在第二轴外花键上,用垫圈、卡环轴向定位。花键毂两端与第一轴齿轮和第二轴齿轮之间各有一个青铜制成的锁环,锁环上短花键齿圈,与第一轴齿轮和第二轴齿轮上的接合齿圈的外花键齿均相同。两个齿轮和锁环上的花键齿在靠近接合套的一端都有倒角(称为锁止角),与接合套齿端的倒角相同。锁环有内锥面,其锥面与第一轴齿轮和第二轴齿轮上的外锥面锥角相同,锁环内锥面上制有细密的内螺纹,当与锥面接触后,它能及时破坏油膜,增加锥面之间的摩擦力。锁环上还有 3 个均匀分布的缺口,3 个滑块分别装在花键毂上 3 个均匀分布的轴向切槽内,可沿槽轴向移动,滑块被 2 个弹簧圈的径向力压靠在接合套上,滑块中部的凸起,压嵌在接合套中部的环槽内,滑块两端伸入锁环的缺口内,滑块窄、缺口宽,两者之差等于锁环的花键齿宽。

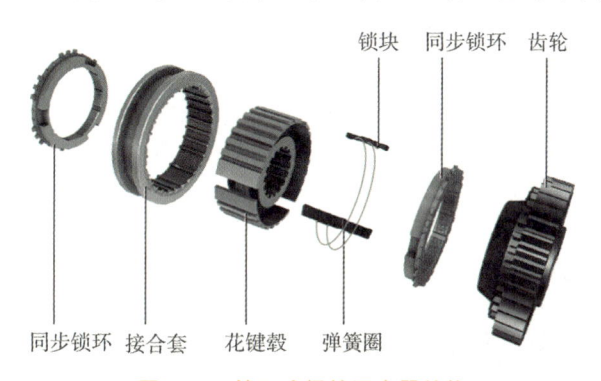

图 2-16 锁环式惯性同步器结构

2) 工作原理

下面以低速挡换高速挡为例分析同步换挡过程。当踩下离合器踏板时,输入轴与飞轮之间的动力传递被切断,拨叉使接合套从低速挡退出到空挡位置,在惯性作用下,接合套、同步环和接合齿圈继续保持原来的速度转动。同步环可以轴向自由移动,接合齿圈与同步环的摩擦锥面之间没有接触,如图 2-17a) 所示。

换挡拨叉继续推动接合套向高速挡接合齿圈移动,带动滑块左移。当滑块与同步环缺口端面接触时,便推动同步环向接合齿圈方向移动,同步环内锥面与接合齿圈外锥面接触,由于两者有转速差,两个锥面间产生摩擦力。接合齿圈通过摩擦力带动同步环相对接合套向前进方向转动一个角度,同步环缺口的一个侧面紧贴滑块(图 2-17b),然后继续与接合套同步转动。此时,同步环花键齿相对接合套内花键齿错开半个齿,两者的齿端倒角相互抵触(图 2-17b),接合套无法继续向左移动,即锁止。

由于拨叉始终给接合套一个向左的轴向推力，接合套齿端倒角紧压同步环齿端倒角，并给其施加一个正压力 F_n。正压力 F_n 分解为轴向力 F_1 和切向力 F_2（图2-17b），切向分力 F_2 产生一个使同步环相对接合套向后退方向转动地拨环力矩。轴向压力 F_1 使同步环压紧接合齿圈锥面而产生摩擦力矩，该摩擦力矩既使同步环相对于接合套向前进方向转动，又阻碍接合齿圈转动，因此两者转速迅速接近。同步环通过接合套、花键毂、输出轴等与驱动轮乃至整个车辆相联系，其转动惯量大，转速变化慢，因此同步环转速基本认为是不变的；而接合齿轮仅与输入轴及离合器从动部件相联系，其转动惯量小，转速下降快。摩擦力矩是由于接合齿圈转动惯性产生的，从而使同步环对接合套产生锁止作用，因此这种同步器称为惯性式同步器。

同步环和花键毂的齿端倒角在设计上保证摩擦力矩大于拨环力矩，当同步环与接合齿圈转速不等时，摩擦力矩始终存在，滑块始终位于同步环缺口一侧，同步环与接合套处于锁止状态；当两者转速相等时，摩擦力矩消失，拨环力矩依然存在，使同步环转动一个角度，滑块回到缺口中央位置，同步环端倒角与接合套齿端倒角相互抵触状态解除，即锁止解除。此时，由于拨叉给接合套施加的轴向推力依然存在，接合套继续向左移动，其内花键与同步环花键齿完全啮合（图 2-17c），进而与接合齿圈花键完全接合，完成换挡过程（图 2-17d）。

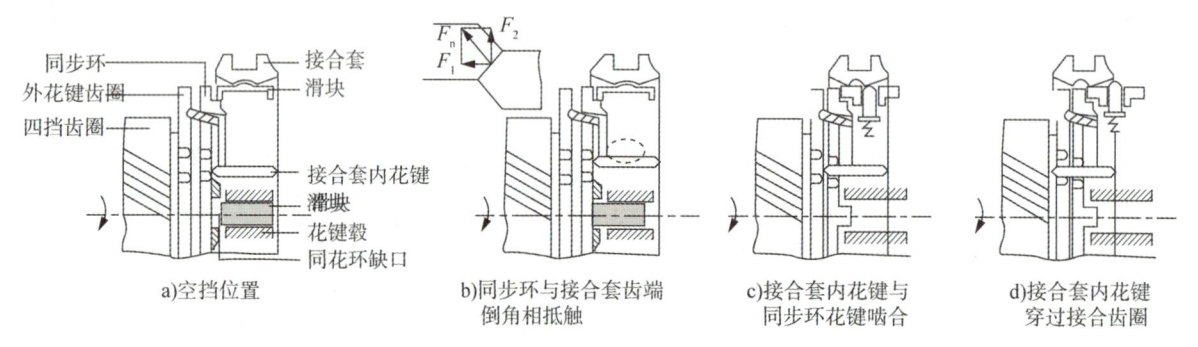

图 2-17 锁环式同步器工作原理

操作指引

1 组织方式

（1）场地设施：变速器台架 4 个，工作台 4 张。
（2）设备设施：手动挡变速器 4 台。
（3）工量具：常用拆装工具 4 套，百分表及磁力表座 4 套，游标卡尺 4 把，外径千分尺 4 把，相关型号变速器专用工具 4 套。
（4）耗材：变速器油、润滑脂。

2 操作要求

（1）做好人身防护，穿工作服、工作鞋、戴手套。
（2）遵守场地安全规定，避免野蛮操作。
（3）按照维修手册指引进行操作，正确使用工量具。
（4）结合维修手册完成手动变速器的拆装和检测工作。

任务实施

不同型号的手动变速器拆卸、检测和组装方法及流程有所差异，下面结合上汽通用赛欧、凯越等轿车使用的 D16 型手动变速器说明其拆卸、检修、组装的基本流程。

项目二 手动变速器故障诊断与修复

1 手动变速器拆卸

（1）泄放并回收变速器油液，从车上拆卸变速器总成。（具体步骤参加学习任务一离合器常见故障诊断与修复中的流程）。在变速器总成上拆卸换挡盖螺栓，如图 2-18 所示。

（2）拆卸换挡盖，做好部件之间的位置标记，以便后期安装，如图 2-19 所示。

（3）拆卸轴承板端盖及其螺栓，做好部件之间的位置标记，同时要注意不同型号螺栓的安装位置，必要时做好标记或记录，如图 2-20 所示。

变速器分解与装配

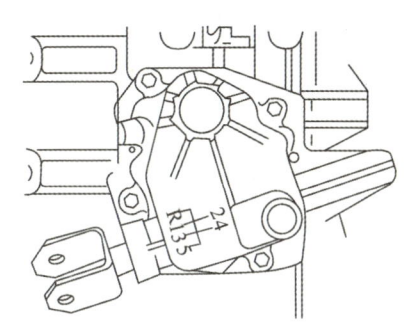

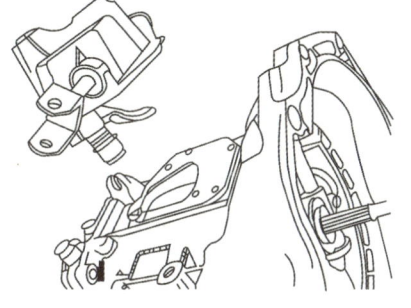

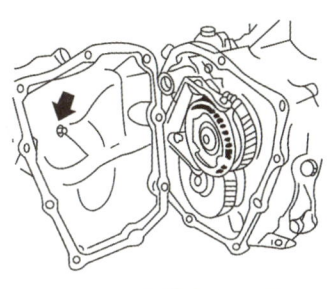

图 2-18 拆卸换挡盖螺栓　　图 2-19 拆卸换挡盖　　图 2-20 拆卸轴承端盖

（4）把排挡拨叉拨向指示的方向，拨入第二挡。拨入二挡的目的是便于齿轮传动机构总成的拆卸和安装，如图 2-21 所示。

（5）拆下变速器壳体至轴承板的螺栓，分离变速器壳体与齿轮传动机构给总成，如图 2-22 所示。

（6）将齿轮传动机构固定于专用工具上，以便下一步分解操作，如图 2-23 所示。

（7）拆卸五挡拨叉。拆卸五挡拨叉的两个螺栓，使用卡簧钳拆卸五挡齿轮的固定卡钳，如图 2-24 所示。

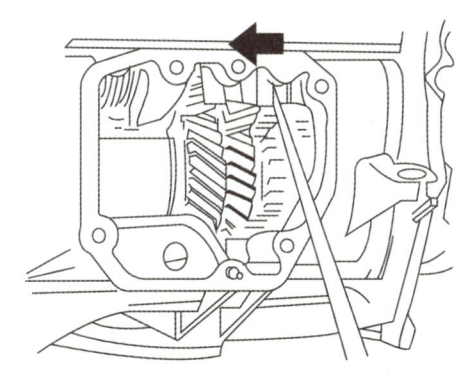

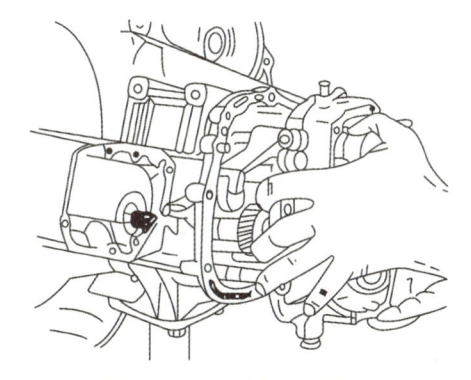

图 2-21 拨入二挡位置　　图 2-22 分离齿轮传动机构

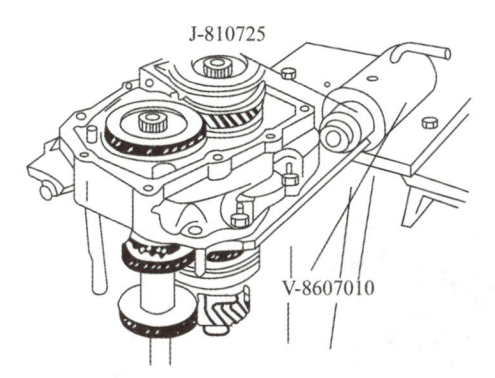

图 2-23 固定齿轮传动机构总成　　图 2-24 拆卸五挡拨叉

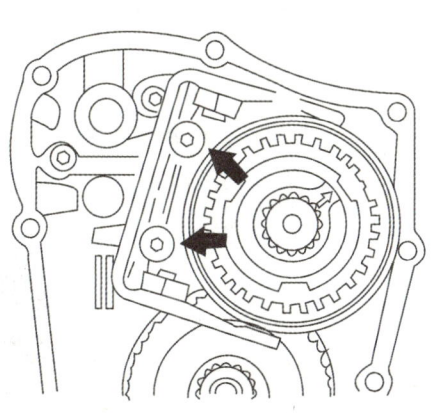

(8) 使用拉拔器拆卸五挡接合套,如图 2-25 所示。注意避免野蛮操作。

(9) 使用拉拔器拆卸输入轴五挡主动齿轮,如图 2-26 所示。注意避免野蛮操作。

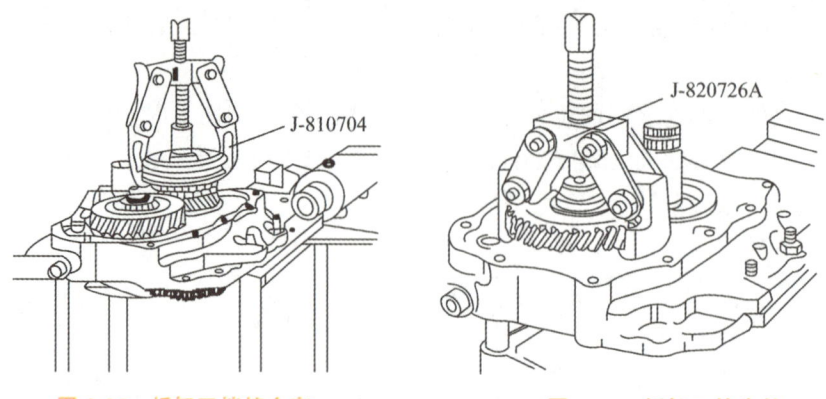

图 2-25 拆卸五档接合套　　图 2-26 拆卸五档齿轮

(10) 使用专用工具 1 和 2 拆卸变速器齿轮外壳上的 4 个锁止销,如图 2-27 所示。

(11) 使用专用卡簧钳 1 和 2 分别拆卸输入轴和输出轴上的卡环,如图 2-28 所示。

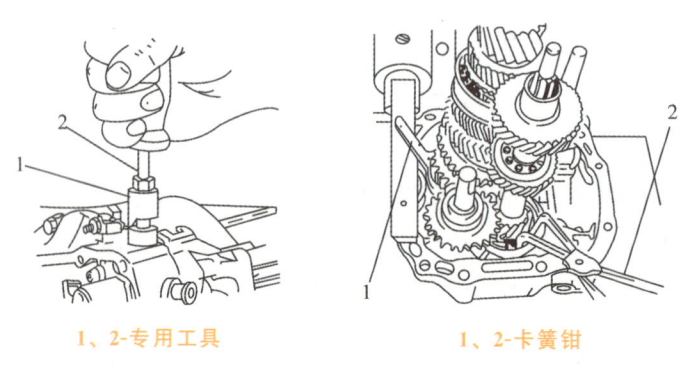

1、2-专用工具　　1、2-卡簧钳

图 2-27 拆卸变速器挡位锁止销　　图 2-28 拆卸输入轴及输出轴卡环

(12) 拆卸所有换挡锁止机构,取下齿轮传动机构总成。对齿轮传动机构接合套、齿轮、花键等部件进行外观检查,观察是否有异常损伤。如图 2-29 所示。

2 手动变速器齿轮传动机构检修

手动变速器齿轮传动机构检修

手动变速器齿轮传动机构的主要检修项目有目视检查齿轮是否有异常磨损或损坏、接合套及同步环是否有异常磨损,如有必要可测量各挡位输出轴齿轮的轴向和径向间隙、输出轴的弯曲度、拨叉与接合套槽之间的间隙等。通过这些检查,判断变速器的故障所在位置,从而实施有针对性的维修。检修时,可参考如下程序和方法。

(1) 变速器五挡齿轮轴向间隙检查。齿轮轴向间隙过大会造成挂挡困难、异响或齿轮异常损坏,如图 2-30 所示。D16 变速器五挡齿轮轴向间隙范围:0.10~0.50mm。

(2) 变速器五挡齿轮径向间隙检查。径向间隙过大会造成换挡或运行期间异响,如图 2-31 所示。五挡齿轮径向间隙范围:0.01~0.06mm。

图 2-29 齿轮传动机构外观检查

图 2-30　五挡齿轮轴向间隙检查 　　　图 2-31　五挡齿轮径向间隙检查

（3）其他挡位齿轮轴向和径向间隙检查，如图 2-32 所示。
D16 变速器挡位齿轮轴向间隙范围：0.10～0.55mm。
径向间隙范围：0.01～0.05mm。

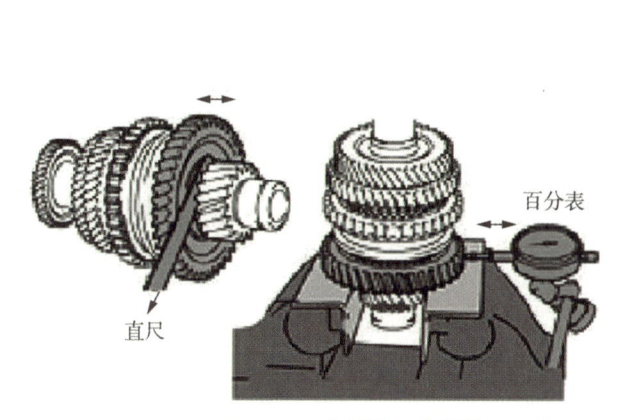

图 2-32　其他挡位齿轮轴向、径向间隙检查 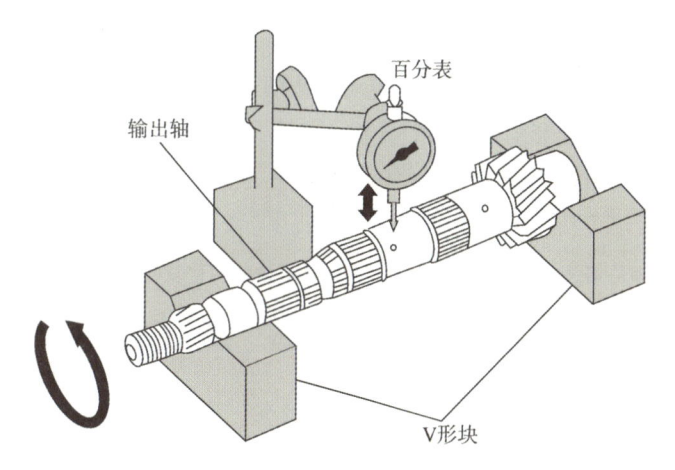　　图 2-33　输出轴及输入轴弯曲度检查

（4）输出轴及输入轴弯曲度检查。输出轴及输入轴弯曲度过大会造成换挡困难、运行期间异响等故障，如图 2-33 所示。D16 变速器输入及输出轴弯曲度极限值：0.02mm。

（5）换挡拨叉与接合套间隙检查。该间隙过大，会造成挂挡困难甚至无法挂入挡位，如图 2-34 所示。D16 变速器换挡拨叉与接合套间隙：0.20～0.40mm。

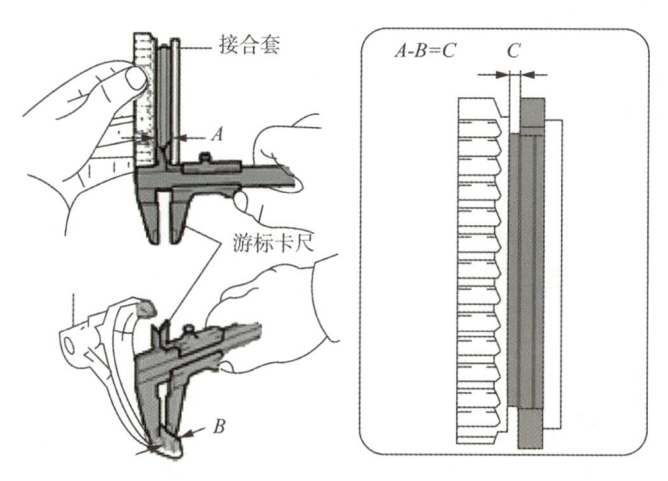

图 2-34　换挡拨叉与接合套间隙检查

手动变速器组装程序与拆卸程序相反，在安装过程中要严格按照维修手册的程序进行，必要时一定要借助卡簧钳、压力机、台虎钳等专用工具进行，要保证所有部件均安装到位。安装完毕要重新加注变速器油并进行变速器测试。

任务小结

（1）变速器应具备变速、变矩、变向、中断动力传递等功能。

（2）主动齿轮（即输入轴）转速与从动齿轮（即输出轴）转速的比值称为传动比。传动比大于1时为减速传动，传动比小于1时为增速传动，传动比等于1时为等速传动。

（3）手动变速器齿轮传动机构按照工作轴（不包括倒挡轴）的数量不同可分为三轴式和两轴式。三轴是指输入轴、中间轴、输出轴，二轴是指输入轴和输出轴。

（4）手动变速器传动机构主要由壳体、第一轴（输入轴）、第二轴（输出轴）、中间轴（三轴式）、倒挡轴和各挡齿轮、轴承和同步器等组成。

（5）同步器的作用是使接合套和待接合的齿圈迅速同步，并阻止两者在同步前进入啮合，从而消除换挡冲击，缩短换挡时间。

（6）手动变速器传动机构的主要检修项目有各挡齿轮轴向间隙和径向间隙、齿轮轴的弯曲度、拨叉与接合套的间隙等。

实训1 齿轮传动机构检修工作页

任务名称	手动变速器故障诊断与修复	总学时		总成绩	
子任务名称	齿轮传动机构检修	学时		成绩	
学生姓名		学号		班级	

一、资讯

1. 观察如下的汽车传动系统示意图，该车使用_____变速器，变速器的标号是_____。

2. 结合汽车传动系统示意图说明变速器的主要功用有：

（1）_____；（2）_____；（3）_____。

3. 若主动齿轮的转速为 n_1，齿数为 Z_1；从动齿轮的转速为 n_2，齿数为 Z_2。传动比 i＝____或____。请根据齿轮传动比关系将下图中的信息补充完整。

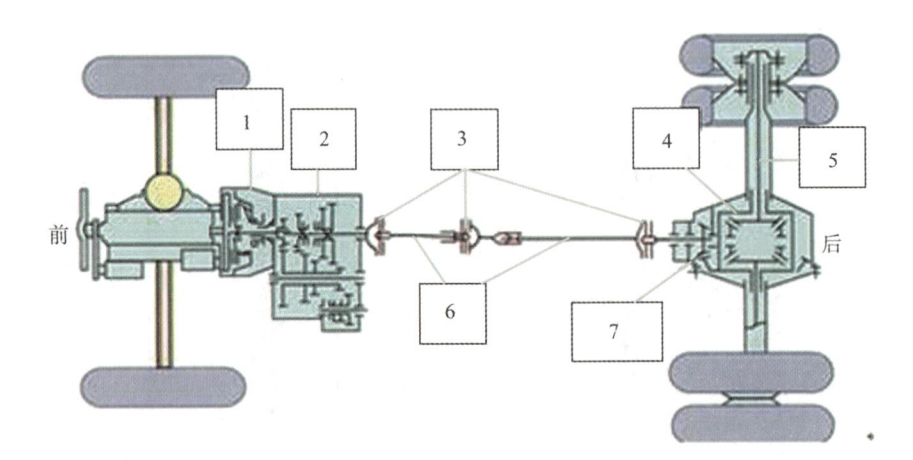

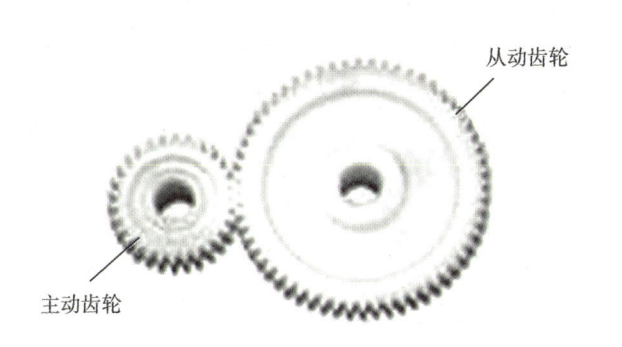

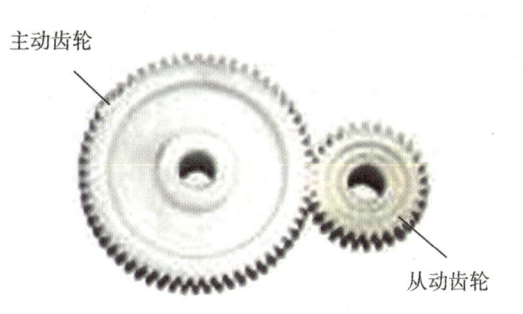

项目二 手动变速器故障诊断与修复

该组齿轮的传动比 i _____ 1（>、<、=）　　该组齿轮的传动比 i _____ 1（>、<、=）
此种齿轮传递具有 _____ 特点。　　　　此种齿轮传递具有 _____ 特点。

4. 如下图所示的手动变速器中，输入轴齿轮 A 有 21 个齿，中间轴输入齿轮 B 有 35 个齿，中间轴 1 挡齿轮 C 有 13 齿，输出轴 1 挡齿轮 D 有 3 个齿，请通过计算确定此变速器一档的传动比。

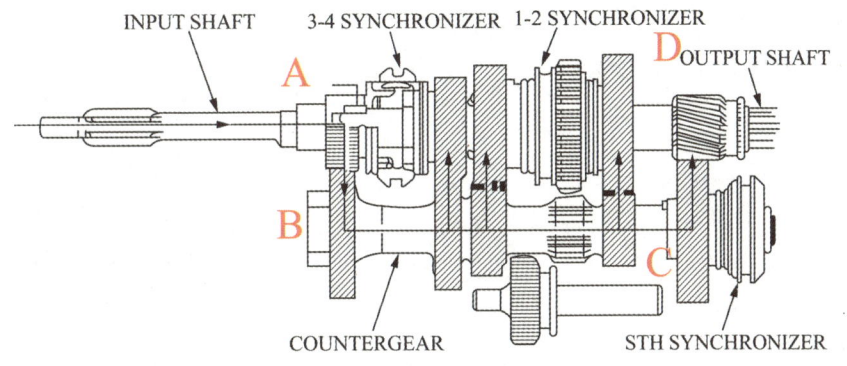

5. 如下图所示为 _____ 轴式手动变速器结构和原理图，请结合图完成学习任务。

（1）请在左图①②③上标明各轴的名称。

（2）请结合右图分析 1/3 档换挡过程和动力传递路线。

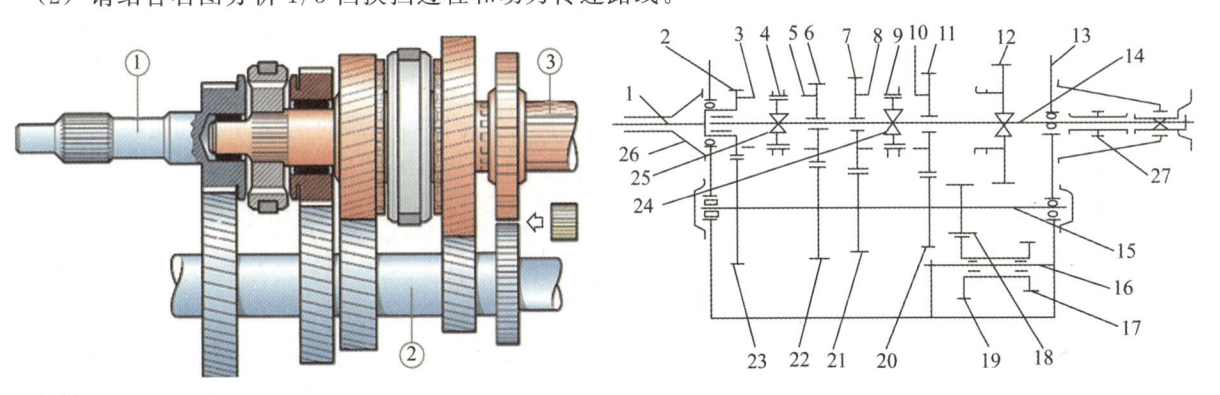

1 档：_____

3 档：_____

6. 如下图所示为 _____ 轴式手动变速器结构和原理图，请结合图完成学习任务。

（1）请在左图上标明各轴的名称。

（2）请结合下图分析 2/4/5 档的动力传递路线。

2 档：_____

043

4 档：_____

5 档：_____

_____

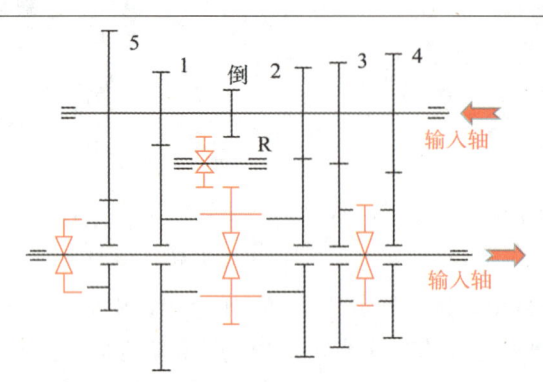

7. 下图为同步器的结构，请仔细观察，完成下列学习任务。

（1）请将图中的部件名称补充完整。

部件 1：_____

部件 2：_____

部件 3：_____

部件 4：_____

部件 5：_____

（2）同步器的作用是什么？

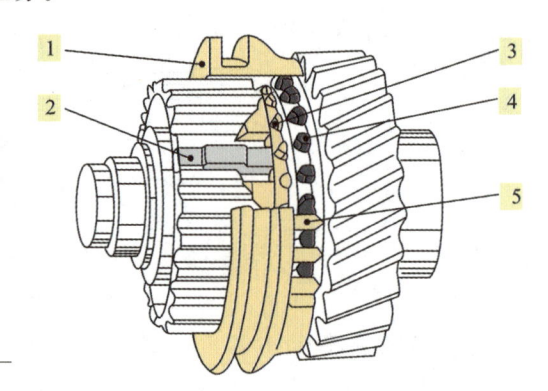

_____

_____

二、计划与决策

请根据实训车型使用的手动变速器维修资料，查询手动变速器同步器的更换方法和更换流程，确定所需要的工具和量具，并对小组成员进行合理分工，制定详细的检查和更换计划。

1. 需要的工具、量具

2. 小组成员分工

3. 手动变速器拆装及检查工作计划

三、实施

1 手动变速器的分解（在实训台上操作）

手动变速器型号：_____。

首先确认变速器内是否有齿轮油，若有齿轮油先进行泄放回收，按照维修手册要求将变速器挡位移动至规定位置；

请参照下表记录手动变速器的分解流程及注意事项：

工作内容	注意事项	是否完成
拆卸换挡盖	分次拆卸螺栓，做好换挡盖与变速器壳体之间的相对位置标记	□是　□否
拆下轴承板端盖	分次拆卸螺栓，做好端盖与变速器壳体的相对位置标记，记录不同型号螺栓位置	□是　□否
分离变速器壳体与齿轮传动机构	拆卸固定螺栓，做好齿轮传动机构的安装位置标记	□是　□否
拆卸五挡拨叉及同步器齿轮	使用专用工具拆卸，注意安装位置	□是　□否
拆卸变速器齿轮锁销	使用专用工具，避免野蛮操作	□是　□否
取下变速器齿轮传动机构总成	使用专用工具拆卸卡环，注意做好安装位置标记	□是　□否
检查结合套、齿轮、花键等部件	重点检查外观是否有损坏	□是　□否

2　齿轮传动机构的检查

请参照维修手册和教材中有关齿轮传动机构的检查流程及方法，对齿轮传动机构进行检查并在下表中记录检查结果。

（1）齿轮传动机构外观目视检查

传动轴轴承	各挡位齿轮	换挡结合套	花键毂齿轮	同步环

（2）变速器传动机构部件测量检查

项目 测量及结果	五挡齿轮轴向间隙	五挡齿轮径向间隙	输入及输出轴弯曲度	换挡拨叉与接合套间隙
测量值（mm）				
结果判断及处理				

3　手动变速器的组装

（1）组装手动变速器用到的专用工具及设备有：_____、台钳、卡簧拆装工具等；

（2）组装变速器的步骤与拆卸步骤相反，请结合维修手册确定具体操作流程及方法，并对组装过程

中的注意事项逐一进行总结。

表 1-1 电容器分类表

操作步骤	注意事项
安装传动机构总成	1. 注意压力的使用安全，密切观察齿轮是否安装到位；2. 确保齿轮的安装位置正确，到位。
安装变速器锁销	
安装五挡同步器及五挡齿轮	
安装盖板	1. 注意盖板的安装位置正确，对齐原标记；2. 按照对角的顺序紧固螺栓并紧固至规定力矩。

四、评价

知识评价

1 现场问答题：

（1）请结合变速器手动传动机构确认各个齿轮、接合套的名称。

（2）请结合变速器同步器结构说明其工作过程。

（3）请说明拆卸和安装换挡齿轮的方法和注意事项。

（4）请说明 1/2 档同步锁环过度磨损可能会导致哪些故障现象。

技能及素养评价

综合考评		自我评价	小组互评	教师评价	第三方评价
素质考评 30 分	劳动态度 6				
	遵守纪律 6				
	安全操作 6				
	学习态度 6				
	出勤情况 6				
技能考评 70 分	工具使用 10				
	任务方案 10				
	实施过程 30				
	完成结果 10				
	任务工单 10				
（总分 100 分）本次得分：					
最终得分：					

任务 2　手动变速器操纵机构检修

任务描述

客户李先生的一辆 2010 年产雪佛兰 1.6L 科鲁兹手动挡轿车，行驶 13 万 km，最近出现变速器五挡行驶期间急加速自动脱挡故障，其余挡位工作正常。

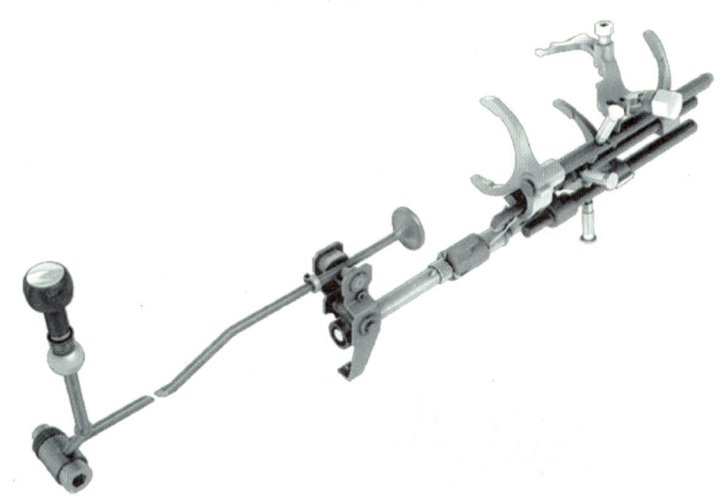

从客户描述的故障现象可以判断，引起此故障的原因可能是由于五挡自锁装置损坏，为进一步确认故障原因，需要对手动变速器的操纵机构进行进一步检查。

学习目标

(1) 正确描述手动变速器操纵机构的功用、类型及工作原理；
(2) 能够结合维修手册完成手动变速器操纵机构的调整、拆装和检查工作；
(5) 能够按照企业 5S 管理要求和安全生产规范进行操作；
(6) 能与本组成员密切合作，规范安全地完成学习活动；
(7) 养成自主学习的习惯、培养操作规范的工作作风及环保意识。

知识准备

一、手动变速器操纵机构的功用和类型

1 功用

保证驾驶人根据使用条件准确可靠的将变速器挂入所需要的挡位。

2 类型

(1) 直接操纵式：有些车辆的变速器布置在驾驶人座位附近，变速杆经驾驶室底板直接伸入变速器，变速器杆及其他换挡操纵装置都设在变速器盖上，直接操纵变速器盖内的换挡装置工作进行换挡，如图 2-35 所示。

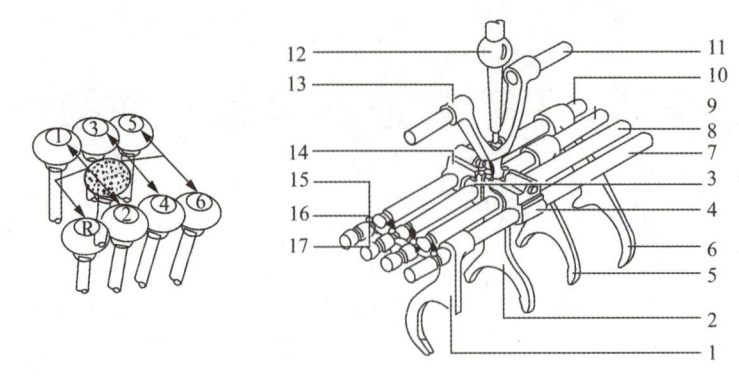

图 2-35 直接操纵式换挡机构

1-五、六挡拨叉；2-三、四挡拨叉；3-一、二挡拨块；4-五、六挡拨块；5-一、二挡拨叉；6-倒挡拨叉；7-五、六挡拨叉轴；7-三、四挡拨叉轴；8-一、三挡拨叉轴；9-倒挡拨叉轴；11-换挡轴；12-变速杆；13-叉形拨杆；14-倒挡拨块；15-自锁弹簧；16-自锁钢球；17-互锁销

（2）远距离操纵式：变速器的安装位置离驾驶人座位较远，变速杆不能直接布置在变速盖上，在变速器杆及变速器之间加装杠杆或钢丝绳等传动装置，进行远距离换挡控制，如图 2-36 所示。

图 2-36 远距离操纵式换挡机构

二、手动变速器操纵机构的结构及原理

无论直接操纵式还是远距离操纵式，手动变速器的操纵结构一般由变速器换挡操作杆、换挡拨叉、拨叉轴、拨块（有的与拨叉制成一体）、安全锁止装置等组成，如图 2-37 所示。为保证变速器在任何情况下都能准确、安全、可靠的工作，变速器操纵机构都具有安全锁止装置，其主要包括自锁装置、互锁装置和倒挡锁装置。

1 自锁装置

自锁装置用于防止变速器自动脱挡或挂挡，并保证轮齿全齿长啮合。大多数自锁装置都采用自锁钢球和自锁弹簧对拨叉轴进行轴向定位锁止。如图 2-38 所示，钢球式自锁装置由自锁钢球、自锁弹簧、拨叉轴凹槽等组成。每一根拨叉轴加工有三个（或两个）凹槽，当拨叉轴轴向移动到空挡或某一工作挡位时，必有一个凹槽对准自锁钢球。钢球在弹簧弹力作用下嵌入凹槽内，固定了拨叉轴的轴向位置。于是，接合套的轴向位置也被固定在空挡或某一工作挡位，实现自锁。

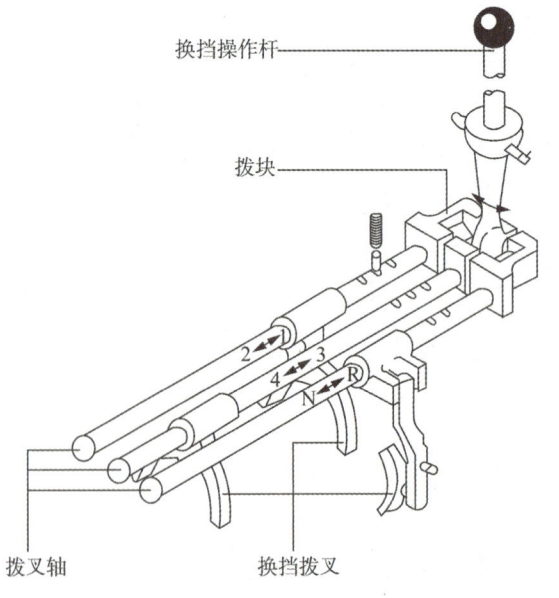

图 2-37 手动变速器操纵机构结构示意图

图 2-38 自锁装置

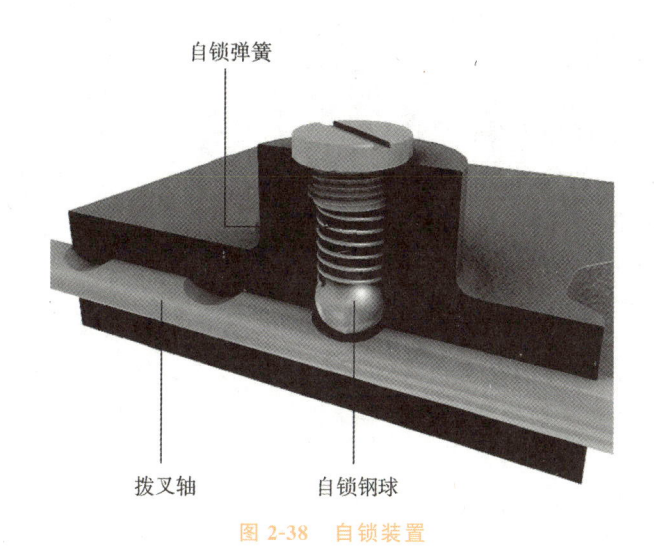

2 互锁装置

互锁装置用于防止同时挂上两个挡位。如图 2-39 所示，互锁装置一般由互锁钢球和互锁销组成。在相邻两根拨叉轴的侧表面加工有凹槽，每相邻两根拨叉轴的凹槽之间装有两个钢球，两钢球的直径等于两拨叉轴之间的距离加上一个凹槽的深度。而中间拨叉轴两个凹槽之间有通孔，内装一个随拨叉轴横向移动的互锁销，互锁销的长度等于拨叉轴的直径减去一个凹槽的深度。当变速器处于空挡位置时，拨叉轴上侧面的凹槽、钢球以及互锁销在同一直线上，每个拨叉轴此时都可以移动，当移动中间拨叉轴时，两侧面钢球分别嵌入侧面拨叉轴的凹槽中，并将两轴锁死。如果想移动这两根拨叉轴中的任意一根，则必须将中间拨叉轴重新移回到空挡位置，这样就能防止同时挂上两个挡。

3 倒挡锁装置

倒挡锁装置用于防止误挂入倒挡。多数汽车采用结构简单的弹簧锁销式倒挡锁。如图 2-40 所示，在倒挡拨叉轴的拨块凹槽内有一个受弹簧控制的锁销，如果想挂入倒挡，驾驶人必须施加比挂其他挡位更大的力才能克服弹簧的力将锁销压入变速器盖相应的孔中，使变速器杆下端移入拨块中方可挂入倒挡。

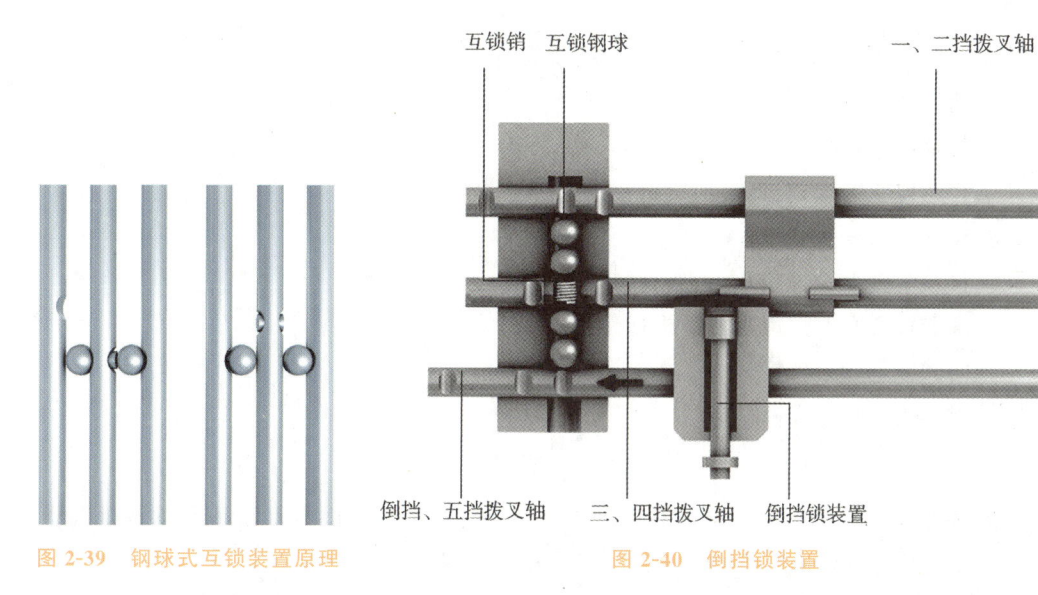

图 2-39 钢球式互锁装置原理

图 2-40 倒挡锁装置

三、手动变速器常见的故障

手动变速器常见的故障有换挡困难、跳挡、异响等（图 2-41），故障的原因有可能是变速器内部故障、操作机构故障，也有可能与离合器有关，为此应结合具体故障现象进行诊断和维修。

1 换挡困难

换挡困难是指变速器不能顺利地挂入挡位，或无法挂挡，同时伴有齿轮撞击声。换挡困难的根本原因是待啮合轮齿的圆周速度不相等，或拨叉轴及拨叉阻力过大。具体检查范围包括：

(1) 离合器是否调整不当或分离不彻底；
(2) 换挡杆是否弯曲变形；
(3) 操作机构是否调整不当；
(4) 拨叉轴是否弯曲变形；
(5) 拨叉轴与支承孔配合是否过紧或锈蚀；
(6) 同步器是否失效；
(7) 自锁、互锁装置是否卡死。

图 2-41 手动变速器常见的故障

另外，根据换挡时是否存在异响、挂挡手感是否明显等现象，具体检查范围可以适当缩小。若换挡存在异响，表明待啮合轮齿的圆周速度不等，应检查离合器分离是否彻底，润滑油量是否充足或质量是否合格，同步器是否损坏。若换挡时没有异响，表明操作机构出现故障，检查换挡杆挂挡手感是否明显。若挂挡感觉明显，检查拨叉与拨叉轴连接是否正常；若挂挡感觉不明显，则检查换挡控制器及自锁、互锁装置是否卡死，换挡杆及变速控制器、换挡拉索是否出现错位、间隙过大。

2 跳挡

跳挡是指在汽车行驶过程中，尤其在加速或爬坡时，换挡杆自动跳回到空挡位置。变速器跳挡的根本原因是啮合齿轮在传递动力时产生较大的轴向力，从而脱离啮合；或啮合齿未能全齿宽啮合导致跳挡。具体检查范围包括：

(1) 变速器/发动机固定支座螺栓是否松动或断裂；
(2) 变速器离合器壳体是否对正或松动；
(3) 换挡拉索是否调整不当；
(4) 拨叉是否弯曲或磨损；
(5) 拨叉轴支承轴承是否磨损；
(6) 拨叉轴自锁装置是否失效；
(7) 接合齿圈或接合套花键齿是否磨损成锥形；
(8) 齿轮轴向间隙是否过大；
(9) 输入轴或输出轴轴向间隙是否过大。

3 异响

异响是指变速器在工作过程中发出不正常的响声。变速器异响的根本原因是变速传动机构间隙偏大、松旷，齿轮/花键等啮合不正确，或润滑不良。具体检查范围包括：

(1) 变速器缺油或润滑油规格是否正确；

(2) 齿轮轮齿是否磨损严重；

(3) 齿轮内孔是否磨损严重；

(4) 齿轮轮齿是否折断或齿面剥落、缺损；

(5) 齿轮端面跳动量是否偏大；

(6) 轴承是否磨损严重；

(7) 输入轴、输出轴等是否弯曲变形；

(8) 花键是否过度磨损；

(9) 自锁装置是否损坏。

另外，变速器响声特征是诊断异响的重要线索：

(1) 如果变速器在任何挡位（包括空挡）均发出无节奏的"呼隆"声，且车速越快响声越大，但在空挡时踩下离合器踏板，响声消失，则故障在第一轴轴承。

(2) 如果变速器在任何挡位（不包括空挡）均发出无节奏的"呼隆"声，且车速越快响声越大，但在空挡时不响，则故障应在输出轴或中间轴轴承。

(3) 如果汽车行驶中换挡有撞击声，表明同步器或自锁装置损坏。

(4) 发动机怠速运转，空挡有尖锐的金属撞击声。如果响声均匀，则是常啮合齿轮齿面磨损过量，造成啮合或配合间隙过大；如果响声不均匀，则是常啮合齿轮齿面损伤变形，齿轮折断或齿轮轴变形。

(5) 发动机怠速运转，空挡时无异响，但挂入其他一些挡位有异响。如果响声均匀，是相应挡齿轮齿面磨损过量，造成啮合或配合间隙过大；如果响声不均匀，是相应挡齿轮齿面损伤变形，齿轮折断或齿轮轴变形。

变速器的故障诊断过程通常要进行静态测试、动态测试和道路测试，静态测试在发动机熄火状态下进行挂挡操作，观察操作过程中变速器挂挡和换挡是否顺畅，是否有异响等。此项检查主要用来判断变速器操纵机构中的拨叉、接合套、锁止装置等是否正常。动态测试需要起动发动机，完全踩下离合器后进行所有挡位的挂挡和换挡操作，观察操作过程中是否存在异响、振动等。此项检查主要用来判断离合器、变速器中同步器、齿轮、轴承等是否正常。道路测试是在驾驶过程中进行的，对变速器施加了比较大的载荷，是对变速器、传动系统乃至整个动力系统的综合测试。在车辆加速、减速、转弯、下坡滑行等操作过程中，注意变速器的工作是否正常。

操作指引

1 组织方式

(1) 场地设施：举升机 4 个，工作台 4 张。

(2) 设备设施：使用手动挡变速器的轿车 4 辆。

(3) 工量具：常用拆装工具 4 套。

(4) 耗材：润滑脂。

2 操作要求

(1) 做好人身防护，穿工作服、工作鞋、戴手套。

(2) 遵守场地安全规定，避免野蛮操作。

(3) 按照维修手册指引进行操作，正确使用工量具。

(4) 结合维修手册完成手动变速器拉线的更换工作。

任务实施

不同车型的换挡操纵机构不同，在进行操纵机构部件更换时请参考车型的维修手册。下面以更换2012款科鲁兹手动挡轿车换挡拉线这一任务进行简要说明，该车型使用的手动变速器型号为D16。正式工作前首先拆下蓄电池及蓄电池托盘，以方便后期拆装操作。

（1）拆下换挡操作装置的前地板控制台。拆下换挡杆和换挡杆拉索调节器锁扣1，如图2-42所示。

（2）从换挡控制杆和换挡杆拉索托架1上断开换挡杆和换挡杆拉索，如图2-43所示。

（3）从变速器换挡控制装置上拆下换挡杆和换挡杆拉索固定件1。从换挡控制调节器上断开换挡杆和换挡杆拉线2，如图2-44所示。

（4）从隔板上拆下换挡杆和换挡杆拉索护圈1。最后拆下换挡杆和换挡杆拉索，如图2-45所示。

按照相反的顺序安装新的换挡杆拉索，安装完毕后进行挂挡、换挡操作，若工作不正常应进行必要的调整。

图2-42 拆卸换挡杆调节器锁扣
1-锁扣

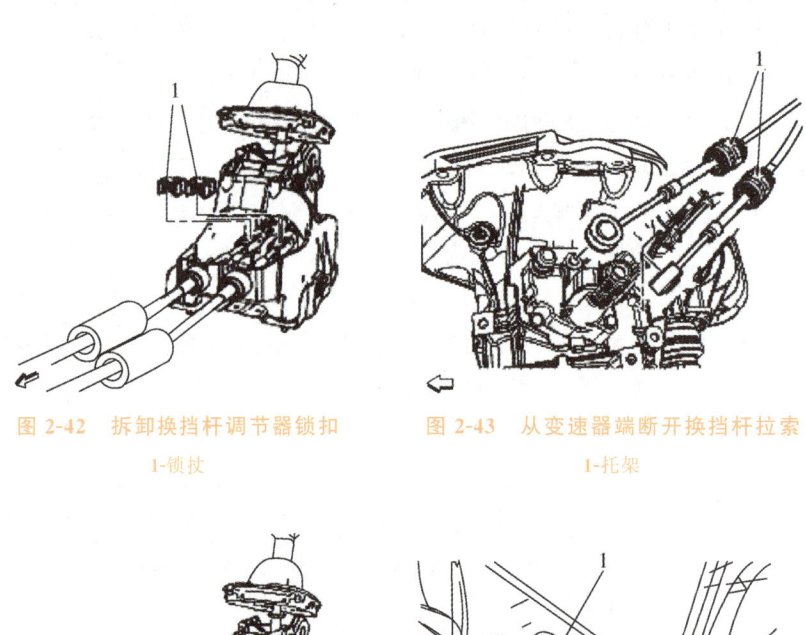

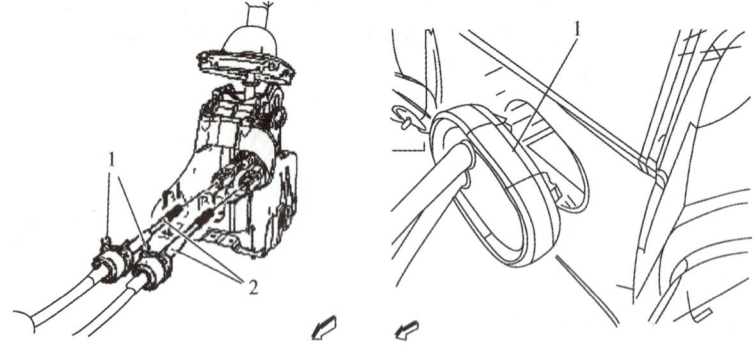

图2-43 从变速器端断开换挡杆拉索
1-托架

图2-44 从控制调节器上断开换挡拉索
1-固定件；2-拉索

图2-45 取下换挡杆拉索
1-护圈

任务小结

（1）手动变速器操纵机构分为直接操纵式和远距离操纵式两种类型。

（2）手动变速器的操纵机构一般由变速器换挡操作杆、换挡拨叉、拨叉轴、拨块（有的与拨叉制成一体）、安全锁止装置等组成。

（3）手动变速器操纵机构中设有自锁装置、互锁装置和倒挡锁装置。自锁装置用来锁止某一个挡位，互锁装置可以防止同时挂入两个挡位，倒挡锁装置用来防止误挂倒挡。

（4）检修手动变速器操纵机构时要根据具体的车型查阅相关的维修手册进行。

实训 2　手动变速器操纵机构检修工作页

任务名称	手动变速器故障诊断与修复	总学时		总成绩	
子任务名称	手动变速器操纵机构检修	学时		成绩	
学生姓名		学号		班级	

一、资讯

1. 手动变速器换挡操纵机构主要有_____、_____两种形式。
2. 手动变速器换挡操纵机构主要由_____、_____、拨块、_____等组成。
3. 手动变速器操纵机构中的锁止机构主要有_____、_____、倒挡锁装置。
4. 手动变速器自锁装置的作用是_____；互锁装置的作用是_____；倒挡锁装置的作用是_____
5. 观察下图，完成以下学习任务：
（1）请在图中框格里填写相应部件的名称。
（2）请说明自锁装置的工作原理。

_____
_____
_____
_____

6. 自锁装置钢球磨损过度可能会导致_____。互锁装置的钢球磨损过度可能会导_____。

二、计划与决策

请根据实训车型中手动变速器换挡拉线的更换流程，确定所需要的工具，并对小组成员进行合理分工，制定详细的检查和更换计划。

1. 需要的工具

2. 小组成员分工

3. 手动变速器换挡拉线的更换工作计划

三、实施

注意：操作之前要确认车辆换挡情况是否正常，认真记录换挡操纵机构与变速器之间的连接关系。

1. 做好车辆安全防护，安装_____、_____、_____、方向盘套、脚垫等。
2. 分别断开蓄电池_____和_____，拆卸蓄电池及其托架。
3. 拆卸换挡杆的中控台总成。要注意保护饰板，按照维修手册标记的位置使用撬板拆卸。
4. 断开换挡杆与换挡拉线之间的连接，注意连接位置，提前做好标记。
5. 从变速器端断开换挡杆与变速器的连接，注意安装位置，提前做好标记。
6. 断开换挡杆与换挡拉线之间的连接，从防火墙的位置拆卸旧的换挡拉线。
7. 安装新的拉线，并连接好拉线与换挡杆各部分的连接。
8. 安装完毕后要_____，如不合格做好调整。

四、评价

> **知识评价**

1 现场问答题：

（1）叙述变速器锁止机构的名称及作用。
（2）描述更换变速器换挡拉线的流程和方法。技能及素养评价

> **技能及素养评价**

综合考评		自我评价	小组互评	教师评价	第三方评价
素质考评30分	劳动态度6				
	遵守纪律6				
	安全操作6				
	学习态度6				
	出勤情况6				
技能考评70分	工具使用10				
	任务方案10				
	实施过程30				
	完成结果10				
	任务工单10				
（总分100分）本次得分：					
最终得分：					

项目三 自动变速器故障诊断与修复

项目概述

自动变速器可以根据汽车的速度和踩下加速踏板的量自动换挡。由于自动变速器的结构和控制原理都比较复杂，而且部件比较精密，如使用不当或维护不当，容易出现车辆振动、加速不良、无法行驶等故障现象。

主要学习任务

任务1　液力变矩器检测
任务2　换挡执行元件检测
任务3　液压控制系统检测
任务4　电控系统检测

任务1　液力变矩器检测

任务描述

车主李先生反映，其驾驶车辆车型为14款卡罗拉，自动挡，最近出现了起步不走车的状况，主要表现为起步时，松开制动踏板，车辆起步困难，但高速行驶时驱动状况又很正常。经检查，怀疑是自动变速器中的液力变矩器有问题。

现在需要你对液力变矩器进行进一步检修。

学习目标

（1）能描述自动变速器的组成、结构与功用；
（2）能描述液力变矩器组成、各部件的位置关系及作用；
（3）能够初步进行液力变矩器的检查维护；
（4）会运用所学知识和经验，为客户提供自动变速器日常维护的建议；
（5）具备信息查询和维修手册使用的基本能力；
（6）能够按照企业5S管理要求和安全生产规范进行操作；
（7）能与同学密切合作，规范安全地完成学习活动；
（8）养成自主学习的习惯，培养操作规范的工作作风及环保意识。

自动变速器组成

知识准备

一、自动变速器基本组成

自动变速器主要由液力变矩器、齿轮机构、液压控制系统、冷却滤油装置等组成（图3-1）。电控自动变速器除上述四部分外还有电子控制系统。

图3-1 自动变速器

1 液力变矩器

液力变矩器作为现代汽车自动变速器的一个重要部件，安装在发动机和变速器之间，平稳地将发动机动力传递给变速器，实现自动离合，并驱动液压控制系统的油泵。

2 换挡齿轮机构

自动变速器换挡齿轮机构有行星齿轮机构、平行轴式齿轮机构等形式。我们以常见的行星齿轮变速器为例说明，其由2～3排行星齿轮机构组成，不同的运动状态组合可得到2～5种传动比，其功用主要有：

（1）在液力变矩器的基础上再将转矩增大2～4倍，以提高汽车的行驶适应能力；
（2）实现倒挡传动。

3 液压控制系统

液压控制系统是由油泵、各种控制阀及与之相连通的液压换挡执行元件，如离合器、制动器油缸等组成液压控制回路。汽车行驶中根据驾驶员的要求和行驶条件的需要，控制离合器和制动器的工作状况的改变来实现机械变速器的自动换挡。

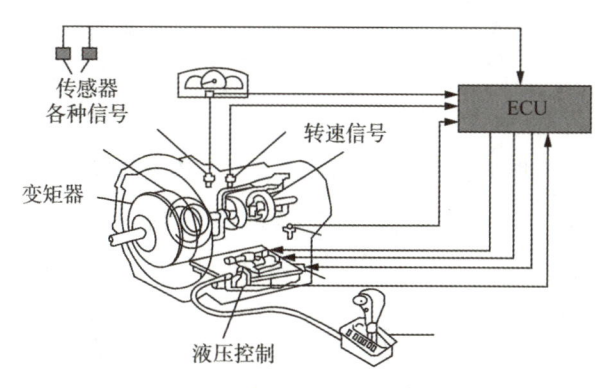

图 3-2 自动变速器电控系统组成

4 电子控制系统

电子控制系统将自动变速器的各种控制信号输入电子控制单元（ECU），经 ECU 处理后发出控制指令控制液压系统中的各种电磁阀实现自动换挡，并改善换挡性能，如图 3-2 所示。

5 ATF 散热器和滤清器

自动变速器油（ATF）在自动变速器工作过程中会因冲击、摩擦产生热量，并还要吸收齿轮传动过程中所产生的热量，油温将会升高。油温升高将导致 ATF 黏度下降，传动效率降低，因此必须对 ATF 进行冷却，保持油温在 80~90℃。ATF 是通过油冷却器与冷却水或空气进行热量交换的。自动变速器工作中各部件磨损产生的机械杂质，由滤油器从油中过滤分离出去，以减小机械的磨损、堵塞液压油路和控制阀卡滞。

近年来，电控自动变速器向着多挡位、利用微机控制方向发展，不仅使换挡程序更加符合驾驶员的意愿，而且还能利用模糊控制理论，解决特殊情况下变速程序的复杂问题，使自动变速器的控制能力及可靠性大幅度提高，如图 3-3 所示。

现代电子控制自动变速器的主要特点是一机（微机）多参数、多规律性的控制。多参数指输入微机的控制参数多元化，即控制参数不仅有发动机转速、车速、节气门开度等信号，而且有反映发动机、变速器工作环境和行驶等信号。多规律是指控制微机中存储多种不同的换挡规律，如最佳经济性、动力性，各种加速行驶时的最佳经济性、最佳排放量等，微机可按需要调用相应的规律实现最佳控制，使发动机和变速器在不同节气门开度和各种行驶环境下都能处于最佳工作状态。

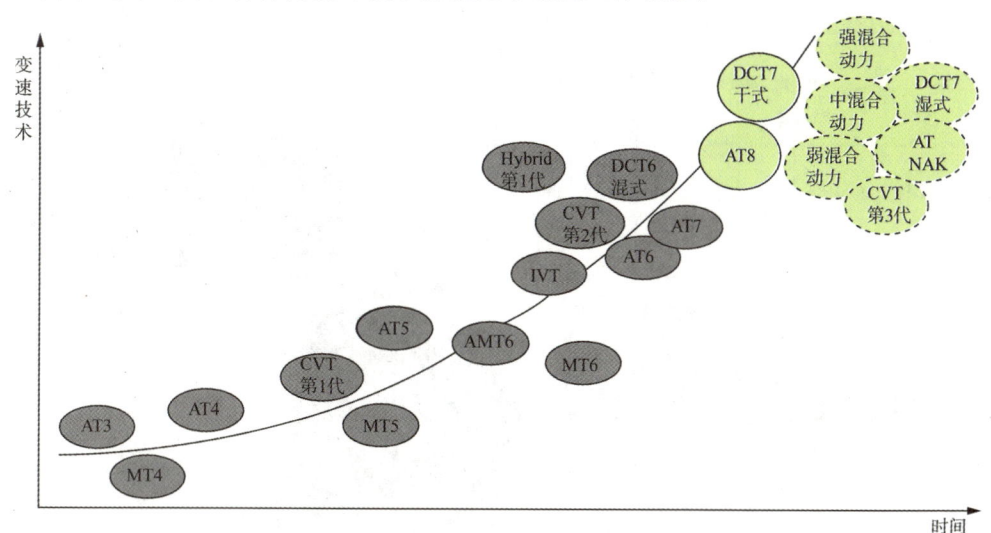

图 3-3 自动变速器发展趋势

二、液力变矩器

1 功用

液力变矩器以 ATF 作为介质把来自发动机的转矩倍增后传给自动变速器。液力变矩器是一个通过自动变速器油（ATF）传递动力的装置，其具体作用是：

（1）在一定范围内自动、连续地改变转矩比，以适应不同行驶阻力的要求。

（2）具有自动离合器的功用。

（3）在发动机不熄火、自动变速器位于动力挡（D 或 R 位）的情况下，汽车可以处于停车状态。

（4）驾驶员可通过控制节气门开度控制液力变矩器的输出转矩，逐步加大输出转矩，实现动力的柔和传递。

液力变矩器结构

2 组成

液力变矩器由泵轮、涡轮、单向离合器、导轮和外壳组成，如图 3-4 所示。

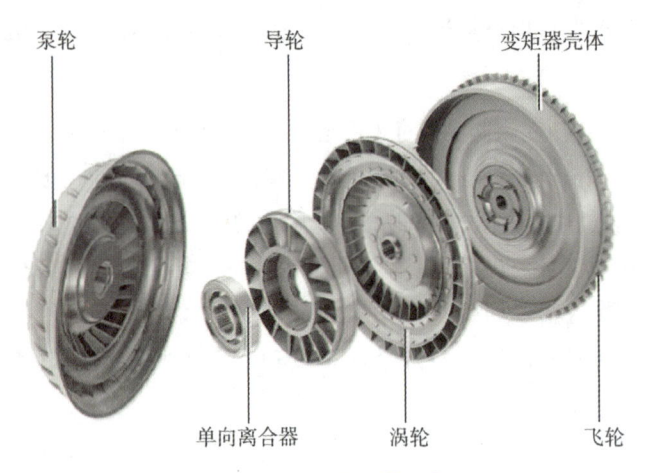

图 3-4 液力变矩器组成

3 液力变矩器结构

泵轮与变矩器外壳构成一整体，并通过传动板连接至曲轴。很多曲线型的叶片安装在泵轮内侧。一个导环安装在叶片的内边缘，为平稳的液流提供通道，如图 3-5 所示。

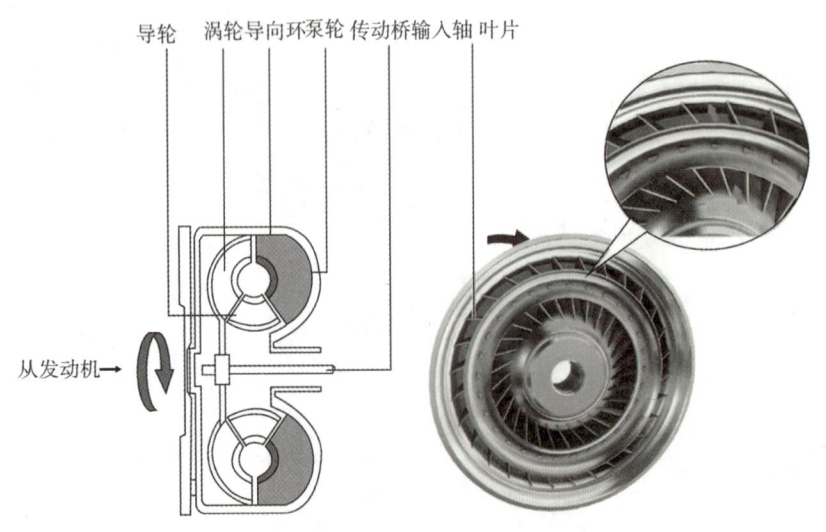

图 3-5 液力变矩器结构

导轮位于泵轮和涡轮之间。通过导轮轴上的单向离合器，固定在传动桥外壳上，单向离合器根据工作的需要实现导轮的锁止与旋转。

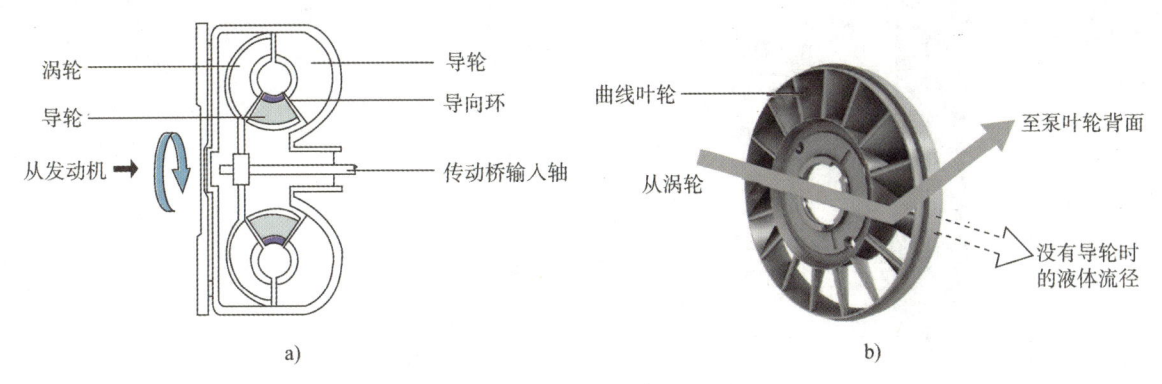

图 3-6 导轮的作用

单向离合器锁止时，导轮作用是改变液流的方向以使其冲击泵轮的背面，给予泵轮一个附加"助力"，从而增加转矩，如图 3-6 所示。涡轮通过花键与变速器输入轴相连接，由于离心力使液体从泵轮中心向外流动，迫使液体远离泵轮，冲击涡轮的叶片，使涡轮开始以与泵轮相同的方向旋转，如图 3-7 所示。

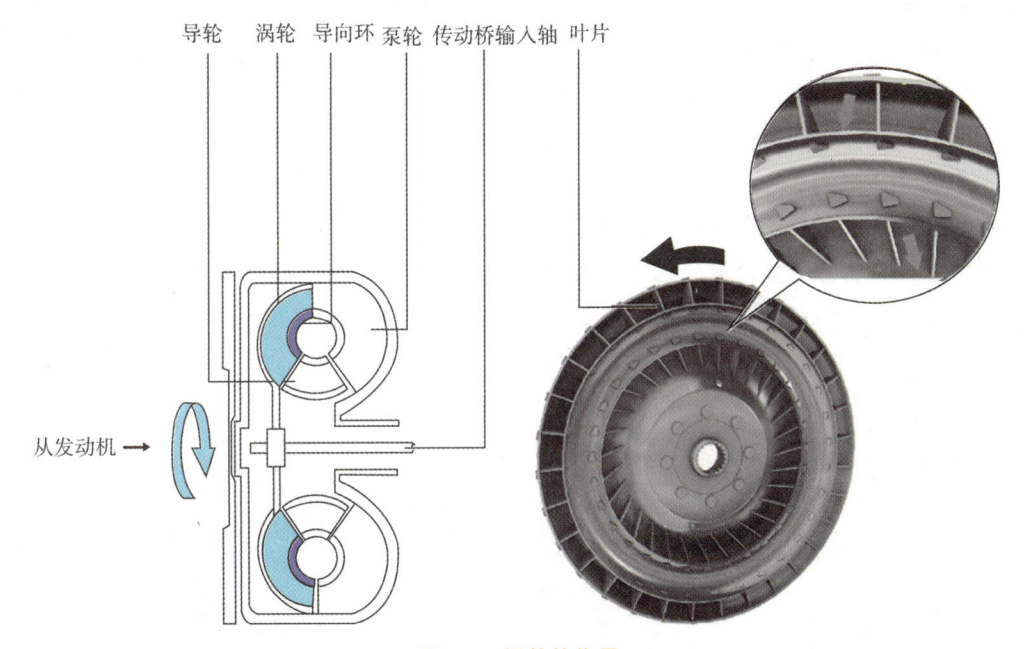

图 3-7 涡轮的作用

液体沿着涡轮的叶片向内流动。在到达涡轮内部时，涡轮的曲线形内表面使液体改变方向流向泵轮，这一周期又开始。转矩的传递利用通过泵轮和涡轮的液体循环实现。

4 液力变矩器工作原理

液力变矩器工作时，液体流动存在两种形式：一种是环流，即液体沿着泵轮和涡轮旋转方向的流动；另一种是涡流，即液体在泵轮、涡轮和导轮叶片形成的通道之间的流动。当泵轮和涡轮之间的转速差大时，既有涡流又有环流，而两者转速差很小时，就只有环流没有涡流，如图 3-8 所示。

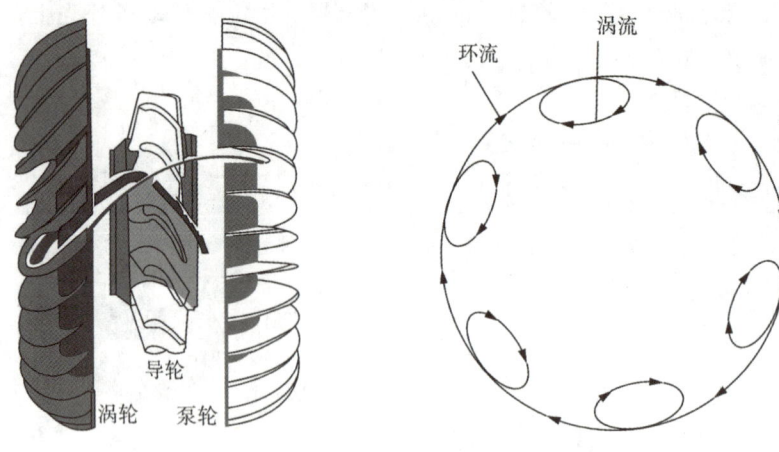

图 3-8　环流与涡流

(1) 增矩原理

液力变矩器的转矩的倍增是通过利用导轮使流经涡轮但仍有能量的液体返回到泵轮来实现的。也就是说，发动机产生的转矩使泵轮旋转，并增加了从涡轮返回的液体的转矩。即泵轮使传递到涡轮的原输入转矩倍增。如图 3-9 所示。

当泵轮与涡轮的转速差大时，从涡轮叶片甩出的油液经导轮叶片导向后冲击泵轮叶片的背面，此冲击方向与飞轮带动泵轮旋转的方向一致，使泵轮得到的转矩增大。泵轮搅动油液的力矩增大、油液冲击涡轮叶片的力增大，从而使涡轮输出的转矩大于泵轮输入的转矩。转矩增大作用仅发生在涡轮转速远小于泵轮转速的时候。如：汽车起步、超车、爬坡时。

液力变矩器工作原理

(2) 耦合原理

当涡轮的转速接近于泵轮的转速时，液力变矩器进入耦合器工作区，没有转矩增大作用。增大转矩是由涡流实现的，耦合状态只有环流，没有涡流，如图 3-10 所示。

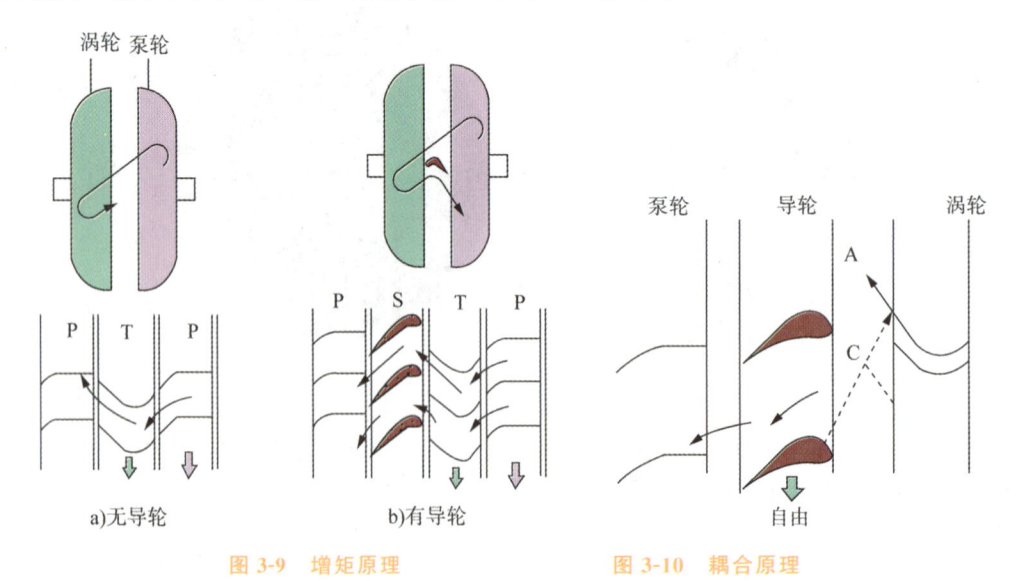

图 3-9　增矩原理

图 3-10　耦合原理

(3) 转矩比和传递效率

液力变矩器产生的转矩倍增是与涡流成比例地增大。变矩区：转矩发生倍增。耦合区：只有转矩传递而不产生转矩倍增。转矩比和传递效率如图 3-11 所示。

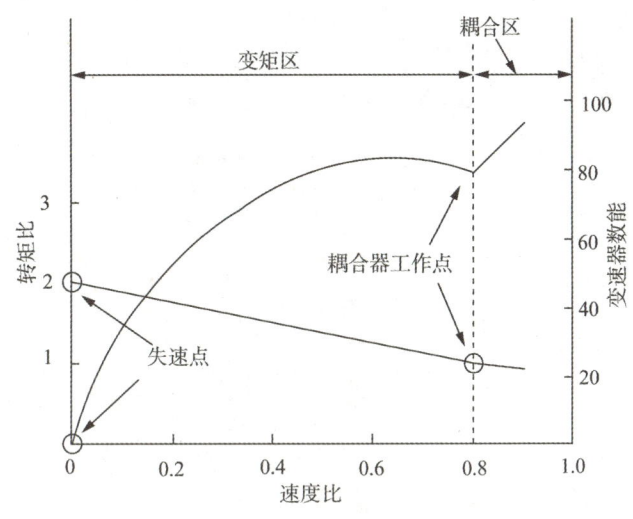

图 3-11 转矩比和传递效率

转矩比＝涡轮输出转矩/泵轮输入转矩
传动比＝涡轮转速/泵轮转速
传动效率＝（涡轮转矩/泵轮转矩）×传动比×100%

1) 失速点。失速点是指涡轮不运动的情况，泵叶轮和涡轮之间的转速差最大。液力变矩器的最大转矩比位于失速点（一般在 1.7～2.5 之间的范围）。传递效率为 0。

2) 耦合点。在涡轮开始转动和转速增加时，涡轮和泵叶轮之间的转速差开始减小。但在此之时，传动效率增加。传动效率在刚到耦合点之前为最大。当转速比达到规定的水平，转矩比也几乎成为 1：1。

5 锁止离合器

锁止离合器工作原理

(1) 作用

用机械方式直接连接泵轮和涡轮，将发动机输出动力 100%传给变速器，如图 3-12 所示。

(2) 工作过程：

1) 分离

当车辆低速行驶时，压缩液体（变矩器压力）流至锁止离合器的前面。因此，锁止离合器的前侧和后侧的压力相等，于是锁止离合器脱开，如图 3-13 所示。

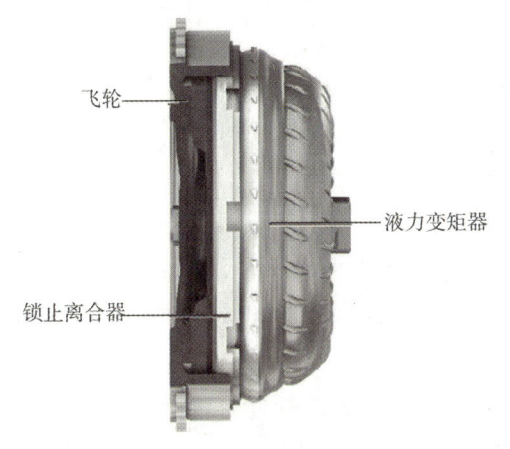

图 3-12 锁止离合器结构

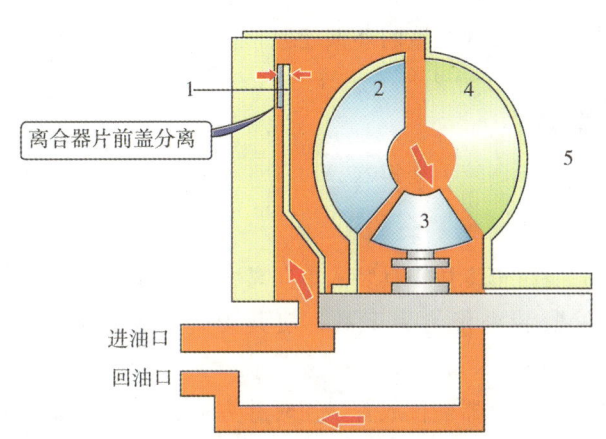

图 3-13 锁止离合器分离过程

1-锁止离合器；2-涡轮；3-导轮；4-泵轮；5-变矩器壳体

2）接合

当汽车以中速或高速行驶时，压缩液体流至锁止离合器后面。因此，变矩器外壳和锁止离合器直接连接。其结果是锁止离合器和变矩器外壳一起转动，如图3-14所示。

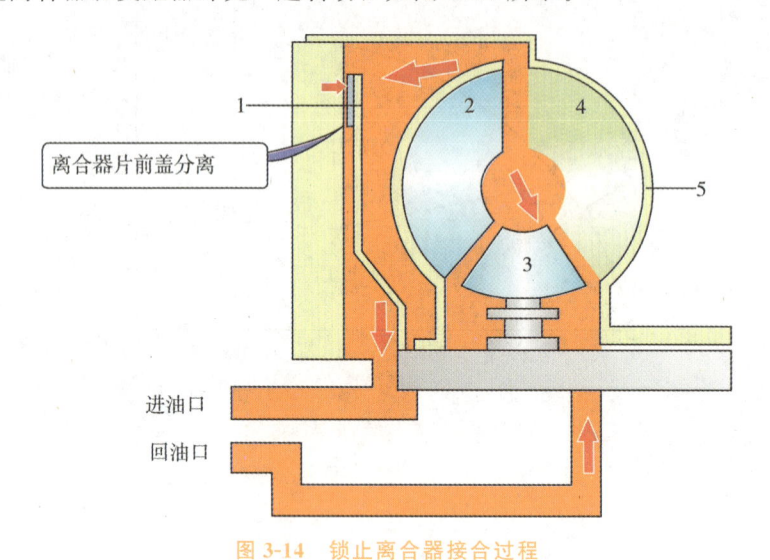

图3-14 锁止离合器接合过程

1-锁止离合器；2-涡轮；3-导轮；4-泵轮；5-变矩器壳体

操作指引

1 组织方式

（1）场地设施：工作台4张。

（2）设备设施：自动变速器总成4套；分解的液力变矩器4套。

（3）工量具：常用工具1套、单向离合器检测工具8个。

（4）耗材：自动变速器液、清洁布等。

2 操作要求

（1）穿着干净整洁的工作服。

（2）遵守场地安全规定，注意操作安全。

（3）正确使用工量具。

（4）自动变速器液的环保处理。

任务实施

任务：检测液力变矩器。

1 检查单向离合器

（1）将维修专用工具装入单向离合器的内座圈中。维修专用工具09350-32014（09351-32020）。

（2）安装维修专用工具，使其配合变矩器轮毂的切口和单向离合器的外座圈。维修专用工具09350-32014（09351-32020）。

（3）将变矩器侧位放置，逆时针方向转动离合器，离合器锁住，顺时针方向转动，离合器自由和平滑地旋转。必要时，清洁变矩器，重新测试离合器，如图3-15所示。

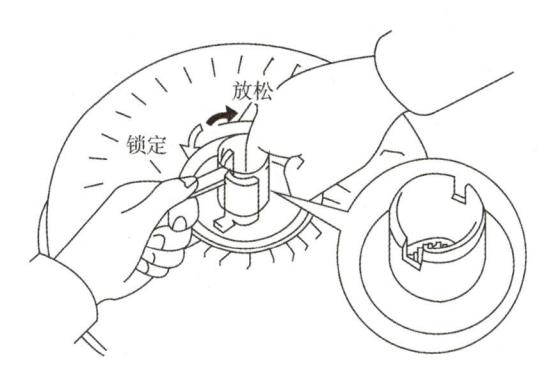

图 3-15 变矩器单向离合器检查

如离合器测试仍与上述不符，则更换变矩器。

2 测量传动板跳动量，检查齿圈

安装千分表，测量传动板的跳动量。最大跳动量为 0.20mm。如果偏摆不在规定值以内，更换传动板。

3 测量变矩器轮毂的跳动量

（1）临时将液力变矩器安装在传动板上。

（2）装上千分表，测量变矩器轮毂的跳动量。

最大跳动量为 0.30mm，如果偏摆不在规定值以内，要重新定向安装变矩器来校正。

提示：在变矩器上做好位置记号，以确保正确地安装。

任务小结

（1）液力变矩器安装在发动机之后的驱动盘上，其功用是通过液力传递动力并可以增大发动机的输出转矩。

（2）目前车辆上普遍使用的是带锁止离合器的液力变矩器，这样可以有效增加传递动力的效率，节省油耗。

（3）液力变矩器一旦出现故障，动力不能正常传动，会使车辆运行出现加速无力、制动熄火等故障现象。

（4）液力变矩器不解体检测项目主要是针对单向离合器的检测。

实训 1　液力变矩器检测工作页

任务名称	自动变速器故障诊断与修复	总学时		总成绩	
子任务名称	液力变矩器检测	学时		成绩	
学生姓名		学号		班级	

一、资讯

1. 自动变速器由哪几部分组成？并叙述各组成部分的功用。

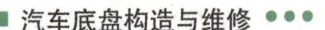

2. 写出图中所示标号的中文和英文名称。

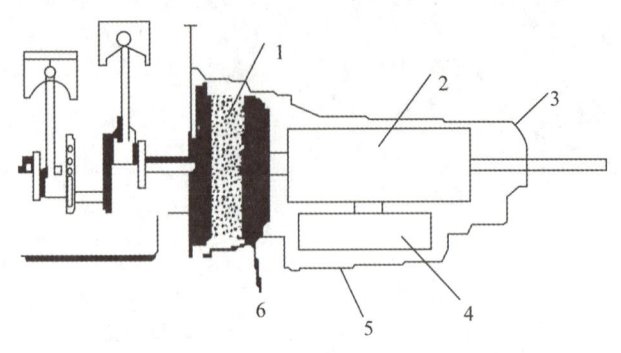

3. 画出自动变速器操作杆下端面板上的档位标识图，并记录哪些档位需要按住锁止键才能进入或移出。

4. 写出图中所示自动变速器换挡手柄面板上各符号的含义和功能。

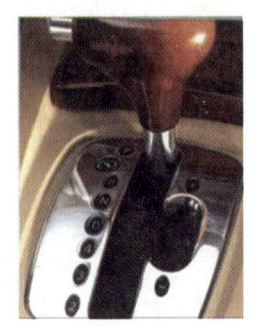

5. 简述液力变矩器的功用。

6. 写出图中所示标号的中文和英文名称，并叙述液力变矩器的工作原理。

7. 变矩器的导轮起什么作用？对照简图分析液力变矩器的增矩原理。

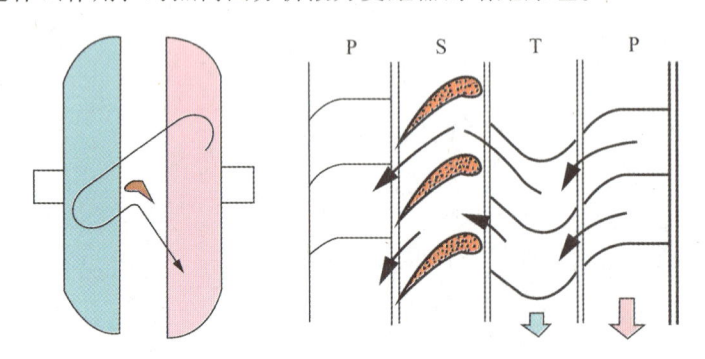

8. 以下图片分别表示什么类型的单向离合器，简述单向离合器的作用。

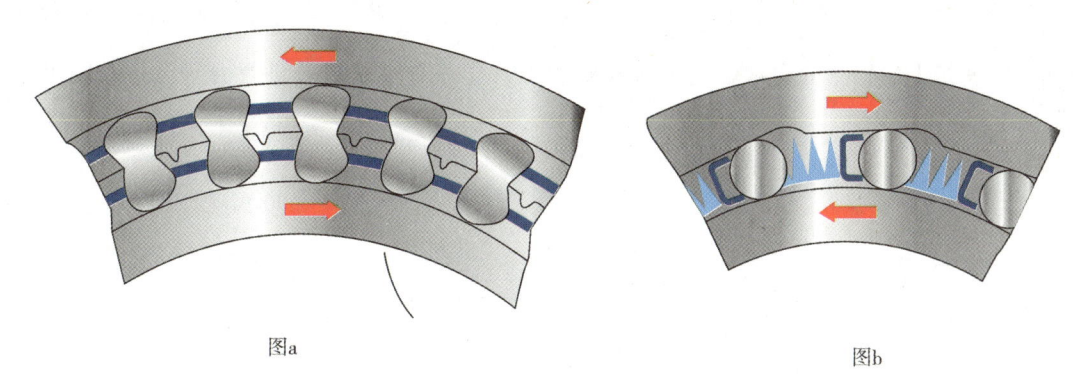

图a　　　　　　　　　　　　　图b

9. 什么是失速转速？什么是耦合器工作点？

10. 对照下图分析液力变矩器转矩比和传动比之间的关系。

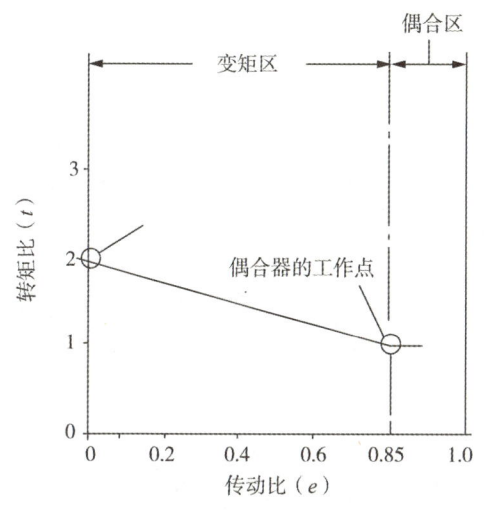

11. 下图是带_____离合器的_____结构图，写出图中标号的中文名称，并叙述其工作原理。

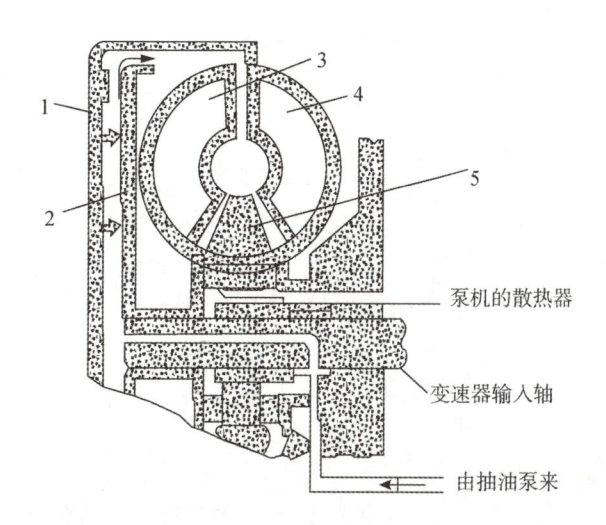

二、计划与决策

请根据液力变矩器的检测的要求，确定所需要的工具，并对小组成员进行合理分工，制定详细的检查和更换计划。

1. 需要的工具

2. 小组成员分工

3. 检查计划

三、实施

1 维修问诊

（1）情景模拟，角色扮演客户与服务顾问，进行维修问诊环节演练。
（2）环车检查，记录车辆基本信息：

车辆品牌型号：_____
车辆 VIN 号码：_____
车辆行驶里程：_____
车辆故障信息记录：_____

2 液力变矩器结构认知

观察液力变矩器解剖件，指认部件名称和位置安装关系。

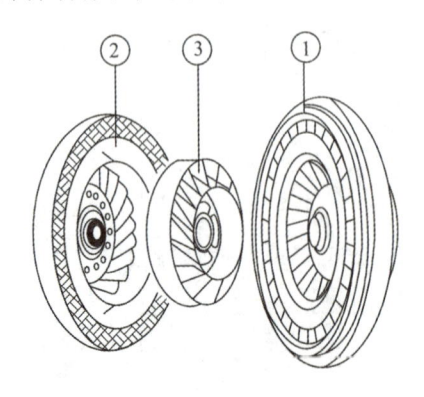

3 检查单向离合器

（1）工具选择，写出工具编号：_____。
（2）工具安装，确认安装是否正确：_____。
（3）单向离合器检查结果记录：_____
_____

4 测量传动板和变矩器轮毂跳动量

（1）量具选择，写出量具名称：_____。
（2）写出测量步骤：_____、_____、_____、_____、_____、
_____。
（3）记录测量结果：_____，
（4）判断是否正常：_____。

四、评价

知识评价

1 现场问答题：

（1）叙述液力变矩器的功用与组成。
（2）说出液力变矩器的动力传递路线。
（3）说出液力变矩器的检测项目。

技能及素养评价

综合考评		自我评价	小组互评	教师评价	第三方评价
素质考评 30 分	劳动态度 6				
	遵守纪律 6				
	安全操作 6				
	学习态度 6				
	出勤情况 6				
技能考评 70 分	工具使用 10				
	任务方案 10				
	实施过程 30				
	完成结果 10				
	任务工单 10				
（总分 100 分）本次得分：					
最终得分：					

任务 2　换挡执行元件检测

任务描述

车主李先生反映，早上开车出现了车辆无法前进，而倒车没有问题的状况。

现代车辆的自动变速器，绝大多数采用了行星齿轮机构，它是由齿圈、太阳轮、行星轮（又称卫星轮）和齿轮轮轴组成，通过以不同的方式对行星齿轮机构的基本元件进行约束就可以使该机构具有不同的传动比，从而组成不同的挡位。

行星齿轮变速器的换挡执行元件主要有离合器、制动器和单向离合器三种，基本作用是连接、固定和锁止。让行星齿轮机构获得不同的传动比，从而实现各挡位的变换。现在需要你对换挡执行元件进行进一步检测。

单排行星齿轮机构工作原理

学习目标

(1) 能描述行星齿轮机构的组成、结构与运动关系；
(2) 能描述换挡执行元件组成、各部件的位置关系及作用；
(3) 能够初步进行换挡执行元件的检查维护；
(4) 会运用所学知识和经验，为客户提供自动变速器正确使用的建议；
(5) 具备信息查询和手册使用的基本能力；
(6) 能够按照企业 5S 管理要求和安全生产规范进行操作；
(7) 能与同学密切合作，规范安全地完成学习活动；
(8) 养成自主学习的习惯、培养操作规范的工作作风及环保意识。

知识准备

一、行星齿轮机构

行星齿轮机构因类似于太阳系而得名。它的中央是太阳轮，太阳轮的周围有几个围绕它旋转的行星轮，行星轮之间，有一个共用的行星架。行星轮的外面，有一个大齿圈，如图 3-16 所示。

1 功用

根据齿圈、太阳轮和行星轮的运动关系，可以实现输入轴与输出轴传动与分离、转速改变、旋转方向改变。

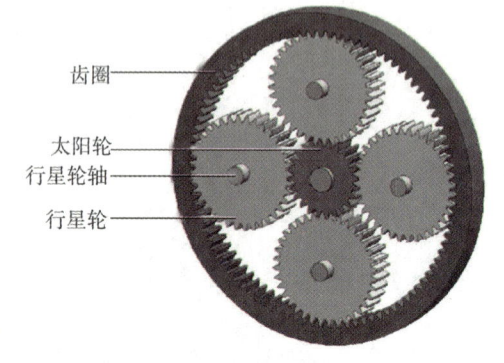

图 3-16　单排行星齿轮机构

1 类型

在自动变速器上普遍使用的行星齿轮机构，应用较多的有辛普森（Simpson gearset）齿轮机构和拉维挪（Ravigneaux gearset）齿轮机构，此外，还有各公司自主开发的独特组合齿轮机构。

（1）辛普森（Simpson）齿轮机构

辛普森齿轮机构，该行星变速机构的主要构件有太阳轮、行星轮和外齿圈，各行星排共用一个太阳轮。具有结构简单紧密、传动效率高、工艺性好、制造费用低、换挡平稳、操纵性能好等一系列优点。

（2）改良型辛普森行星齿轮机构

此类主要是将辛普森行星齿轮机构中带式制动器用片式制动器代替，增加一个单向超速离合器（F1），使得从二挡换到三挡时，换挡平稳性得以改善。

（3）拉维挪（Ravigneaux）行星齿轮机构

此类主要是在拉维挪行星齿轮机构基础上增加换挡单向超速离合器，使得从低挡换到二挡时，换挡平稳性得以改善。

3 行星齿轮机构运动特性

单排行星齿轮机构的行星齿轮安装于行星架的行星齿轮轴上，与齿圈和太阳轮同时啮合，行星齿轮即可围绕行星齿轮轴旋转（称为自转），又可在齿圈内行走，围绕太阳齿轮旋转（称为公转）。如图3-17所示。

图3-17 行星齿轮运动特性

在行星齿轮机构的三个构件：太阳轮、齿圈和行星架中，形成八个自由度。要实现动力的正常输出，可以将任意一个可以作为输入，同时必须将其他两个构件中一个固定或强行以一定的转速旋转，这样才会形成动力输出。

所以液力自动变速器的不同挡位换挡，就需要多个行星排组合，通过不同的离合器连接不同的元件，通过不同的制动器约束不同的部件，以实现动力的组合传动。

在单级行星排中，太阳轮和齿圈的齿数是可以看得见，数得清的；对于行星架的齿数，即看不见，也数不清，但是可以计算出一个当量齿数，它等于太阳轮齿数加齿圈齿数。所以在单级行星排中，行星架的齿数是最多的，意味着在动力传递过程中，太阳轮或齿圈某一方驱动行星架时必是减速运动。

单排行星齿轮机构特性见表3-1。

表3-1 单排行星齿轮机构特性

固定件	主动件	从动件	传动效果	从动件转动方向
太阳轮	行星架	齿圈	加速	与主动件相同
	齿圈	行星架	减速	
齿圈	行星架	太阳轮	加速	与主动件相同
	太阳轮	行星架	减速	
行星架	齿圈	太阳轮	加速	与主动件相反
	太阳轮	齿圈	减速	

以上分析只假设将第三个元件固定或整体旋转情况，如果太阳轮以一个转速顺转，行星架以另一个转速顺转，那么齿圈该如何旋转呢？在此引入矢量分析法，如图3-18所示。

图 3-18 传动比矢量分析法

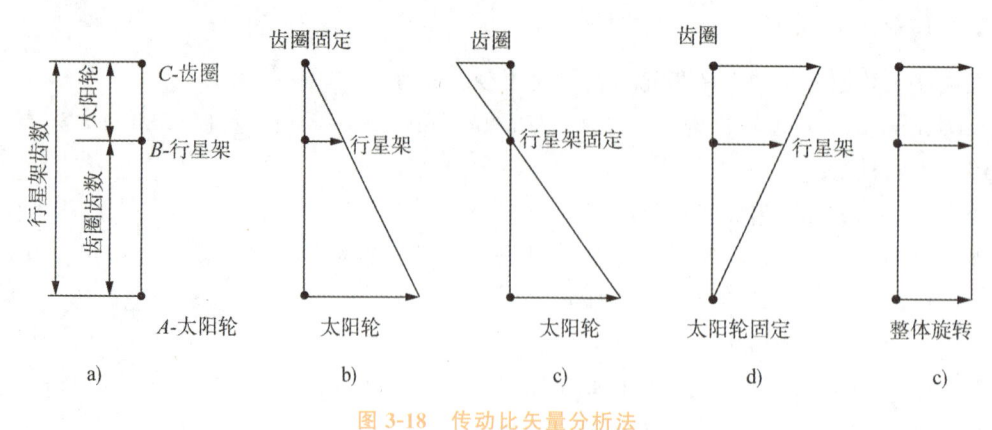

A 点表示太阳轮、BC 点表示行星架、C 点表示齿圈。AB 之间的距离代表齿圈的齿数、BC 之间的距离代表太阳轮的齿数、AC 之间代表行星架齿数。用带箭头的线段表示构件动作，箭头方向代表旋转方向，长度代表转速。图中给出了齿圈固定、行星架固定、太阳轮固定和整体旋转状态，这实际是对以上规律的总结。如将齿圈固定情况，从图中可以看出，行星架与太阳轮转向相同，行星架转速/太阳轮转速 = BC/AC = 太阳轮齿数 / 行星架齿数。

二、换挡执行元件

行星齿轮变速器的换挡执行元件主要有离合器、制动器和单向离合器三种，基本作用是连接、固定和锁止。所谓连接是指将行星齿轮变速器的输入轴与行星排中的某个基本元件连接，以传递动力，或将前一行星排的某一个基本元件与后一个行星排的某一个基本元件连接，以约束这两个基本元件的运动；所谓固定是指将行星排的某一个基本元件与自动变速器的壳体连接，使之被固定而不能旋转；所谓锁止是指把某个行星排的三个基本元件中的两个连接在一起，从而将该行星排锁止，使其三个基本元件以相同的转速一同旋转，产生直接传动。换挡执行元件通过一定的规律对行星齿轮机构的某些元件进行连接、固定或锁止，让行星齿轮机构获得不同的传动比，从而实现各挡位的变换，如图 3-19 所示。

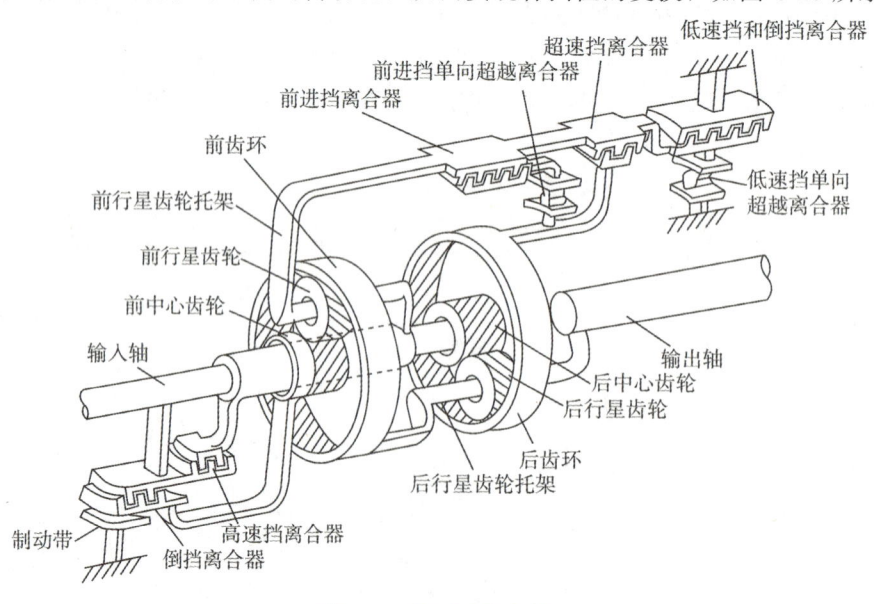

图 3-19 行星齿轮机构

1 离合器

（1）功用

1) 连接作用：即将行星齿轮变速器的输入轴和行星排的某个基本元件连接，使该元件成为主动元件。

2) 连锁作用：即将行星排的某两个基本元件连接在一起，使之成为一个整体，实现同速直接传动。

（2）离合器的结构

在自动变速器的换挡执行元件中，采用的离合器是多片湿式离合器。这是由于其表面积较大，所传递的转矩也较大，并且离合器片表面单位面积压力分布均匀摩擦材料磨损均匀，还能通过增减片数和改变施加压力的大小，即可按要求容量调节工作转矩，便于系列化和通用化。多片湿式离合器通常由离合器鼓、离合器活塞、回位弹簧、弹簧座、钢片、摩擦片、调整垫片、离合器毂及几个密封圈组成，如图3-20所示。离合器鼓和离合器毂分别以一定的方式和变速器输入轴或行星排的某个基本元件连接，一般离合器鼓为主动件，离合器毂为从动件。离合器活塞安装在离合器鼓内，它是一种环状活塞，由活塞内外圈的密封圈保证密封，从而和离合器鼓一起形成一个密封的环状液压缸，并通过离合器鼓内圆轴颈上的进油孔和控制油道相通。

钢片和摩擦片交错排列，两者统称为离合器片。钢片的外花键齿安装在离合器鼓的内花键齿圈上，可沿齿圈键槽做轴向移动；摩擦片由其内花键齿与离合器毂的外花键齿连接，也可沿键槽做轴向移动。摩擦片两面均为摩擦系数较大的铜基粉末冶金层或合成纤维层，受压力和温度变化影响很小。并且在摩擦衬面表面上都带有油槽，其作用是：一是破坏油膜，提高滑动摩擦时的摩擦系数；二是保证液流通过，以冷却摩擦表面。有些离合器在活塞和钢片之间有一个碟形环，它具有一定的弹性，可以减缓离合器接合时的冲击力。

离合器活塞的回位弹簧有四种形式，即圆周均布螺旋弹簧式、中央螺旋弹簧式、波形弹簧式、膜片弹簧式。圆周均布螺旋弹簧式具有压力分布均匀，轴向尺寸小，成本低等优点，为绝大多数自动变速器的离合器所采用，其缺点是占据较大的径向空间。中央螺旋弹簧式的轴向尺寸较大，而且压力分布不够均匀，因此较少采用。

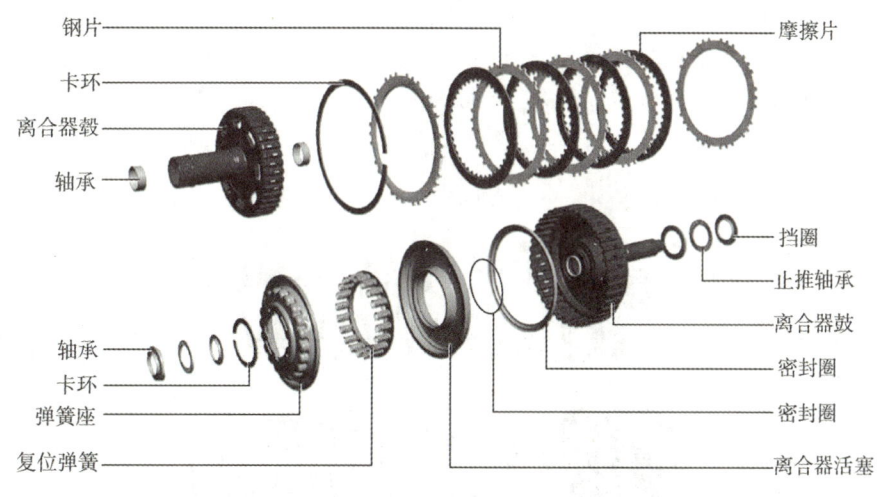

图 3-20 离合器结构

（3）离合器的工作情况

当液压油流入活塞缸内，活塞在缸体内移动，使主动片和从动片互相压紧，因为有较高的摩擦力，便以相同速度旋转，离合器处于接合状态；当撤除油压时，回位弹簧使活塞复位至原始位置，使离合器片相互脱开，离合器处于分离状态。

(4) 活塞止回阀

在离合器的活塞缸内仅有一条油路，通常油路设在缸体旋转的中心部位，当阀处于顶端位置时，液压油通过油路流入缸体内，离合器接合；当阀处于下端位置时，液压油从同一油路排出，离合器脱开。在车辆被驱动时，离合器高速旋转，带动液压油将产生较大的离心力，在离合器分离时，部分液压油按油路相反方向移动，残留在液压缸内，并产生一定的油压，这会引起离合器脱开不良或阻滞。为防止此类问题，在活塞的外圆处设有止回阀，当液压油流入缸体时，球阀在油压的推动作用下压紧在阀座上，止回阀处于关闭状态，保证了液压缸的密封，因此液压油不能从缸体排出，缸体内的工作液压力上升。当缸体内的油压解除时，缸体内的工作液压力下降，球阀在离心力的作用下，离开阀座，使止回阀处于开启状态，残留在液压缸内的液压油在离心力的作用下从止回阀的阀孔流出，因此，工作液不是滞留在缸体内，而是通过止回阀排出，使离合器快速、完全脱开。

自动变速器离合器工作原理

(5) 内、外活塞

有些离合器和制动器具有两个活塞：内活塞和外活塞。当使用两个活塞时，离合器和制动器所传递的额定扭矩能根据发动机产生的扭矩而变化。当油压施加于外活塞时，它具有较大的压力接收区，其传递额定扭矩较大，当油压施加于内活塞时，它具有较小压力接收区，其传递额定扭矩较小，在内活塞动作后操作外活塞，传递扭矩由小到大的变化，能够减小离合器接合时产生的冲击，使接合柔和。

(6) 自由间隙 多片湿式离合器装配后，在卡簧和压板之间要预留一定的间隙，称为自由间隙。一般平均每片之间间隙为 0.3～0.5mm，总间隙因片数不同而不同，一般为 2～5mm。多片湿式离合器在使用中必须十分注意离合器的自由间隙。间隙过小，离合器分离不彻底；间隙过大，当复位弹簧已被压紧至极限状态，而离合器仍未完全接合时，离合器将严重打滑，不能传递动力。装好后，用力压住压板，在压板与卡簧之间用厚薄规测量。

2 制动器

制动器通常是湿式多片制动器，其结构与湿式多片离合器基本相同，不同之处是制动器用于连接转动件和变速器壳体，使转动件不能转动。制动器的作用是将行星齿轮机构中某一元件与变速器壳体相连，使该元件受约束而固定，制动器有湿式多片制动器和带式制动器，湿式多片制动器结构和工作原理与离合器完全相同，只不过在作用上有所不同。盘式制动器连接运动元件与变速器壳体，而离合器连接的是两个运动元件，如图3-21所示。

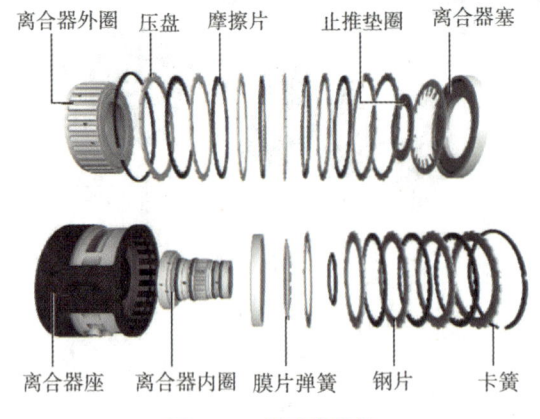

图 3-21 制动器结构

3 辛普森式自动变速器动力路线分析

辛普森式自动变速器是由辛普森式行星齿轮机构和相对的换挡操作组件组成的，它是由两个或三个内啮合式单排行星齿轮机构组合而成，其结构特点是：

（1）前后两个行星排的太阳轮连接为一个整体，称为前后太阳轮组件；

（2）前一个行星排的行星架和后一个行星排的环齿轮连接为另一个整体，称为前行星架和后环齿轮组件；

（3）输出轴通常与前行星架和后环齿轮组件连接，如图3-22所示。根据前进挡的挡数不同，可将辛普森式行星齿轮变速箱分为辛普森式3挡行星齿轮变速器和辛普森普森式4挡行星齿轮变速器两种。

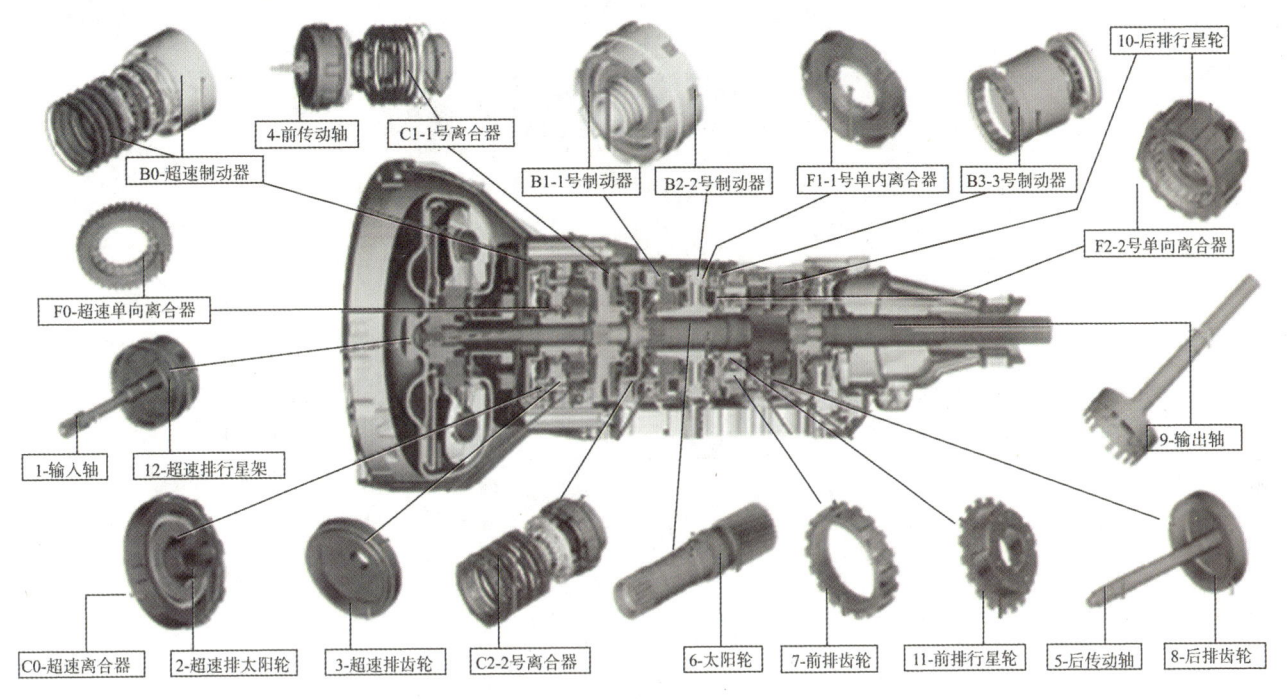

图 3-22　辛普森自动变速器结构

下面以三挡为例，说明各挡位动力路线，如图3-23所示。

（1）D_1和2_1挡（图3-24）：C_1和F_2工作。

离合器C_1工作，动力通过输入轴传递给C_1，由C_1传给中间轴，中间轴再传递给后排齿圈，因为车辆未动，所以后排行星架固定，此时行星轮顺转而使太阳轮逆转，太阳轮逆转使前排行星轮顺转，而由于前排行星架被单向离合器锁止，所以前排齿圈顺时针转动并带动输出轴转动，动力输出且方向与输入轴相同，传动比为齿圈齿数比上太阳轮齿数，减速增扭。

（2）D_2挡（图3-25）：C_1、B_2和F_1工作。

离合器C_1工作，动力通过输入轴传递给C_1，由C_1传给中间轴，中间轴再传递给后排齿圈，此时行星轮顺转力图使太阳轮逆转，因太阳轮被B_2和F_1共同作用而固定，所以后排行星架顺时针转动并带动输出轴转动，动力输出且方向与输入轴相同，传动比为行星架齿数比齿圈齿数，减速增扭。

（3）D_3挡（图3-26）：C_1、C_2工作。

离合器C_1、C_2工作，动力通过输入轴传递给C_1，由C_1传给中间轴，中间轴再传递给后排齿圈，通过输入轴传递给C_2，由C_2传给太阳轮，所以后排行星架顺时针转动且转速相同，带动输出轴转动，动力输出且方向与输入轴相同，传动比为1，直接挡位。

（4）倒挡（图3-27）：C_2、B_3工作。

离合器C_2工作，动力通过输入轴传递给C_2，由C_2传给太阳轮，太阳轮顺转并带动行星轮逆转，此时因行星架被B_3固定，所以行星轮逆转并带动前排齿圈逆转，前排齿圈带动输出轴转动，动力输出且方向与输入轴相反，传动比为齿圈齿数比上太阳轮齿数，减速增扭，倒挡。

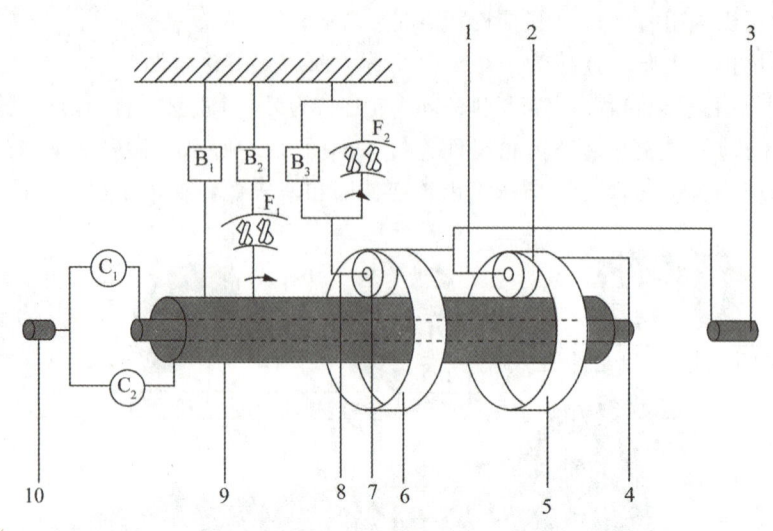

图 3-23 变速器动力路线

1-后齿轮架；2-后小齿轮；3-输出轴；4-丫间轴；5-后内齿圈；6-前内齿圈；7-前小齿轮；7-前齿轮架；8-前后太阳轮；9-输出轴

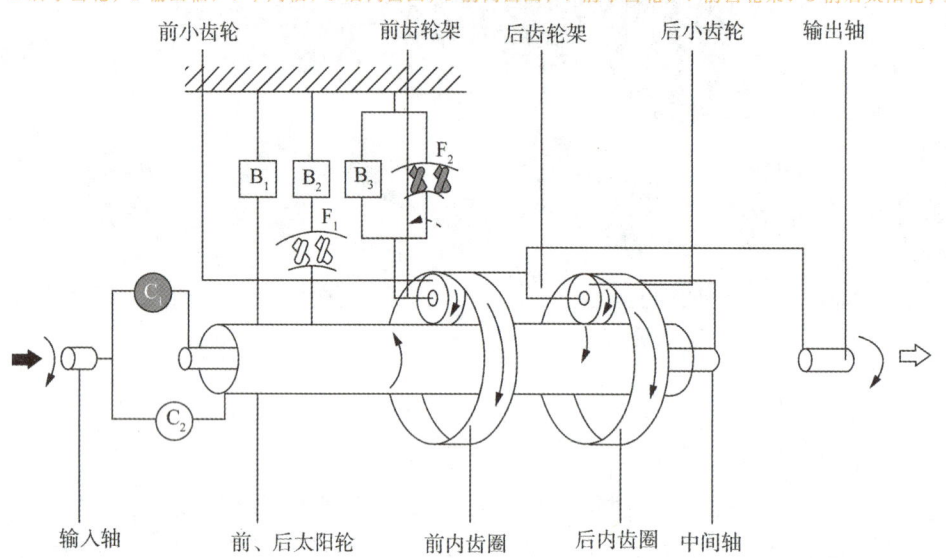

图 3-24 D_1 和 2_1 动力路线

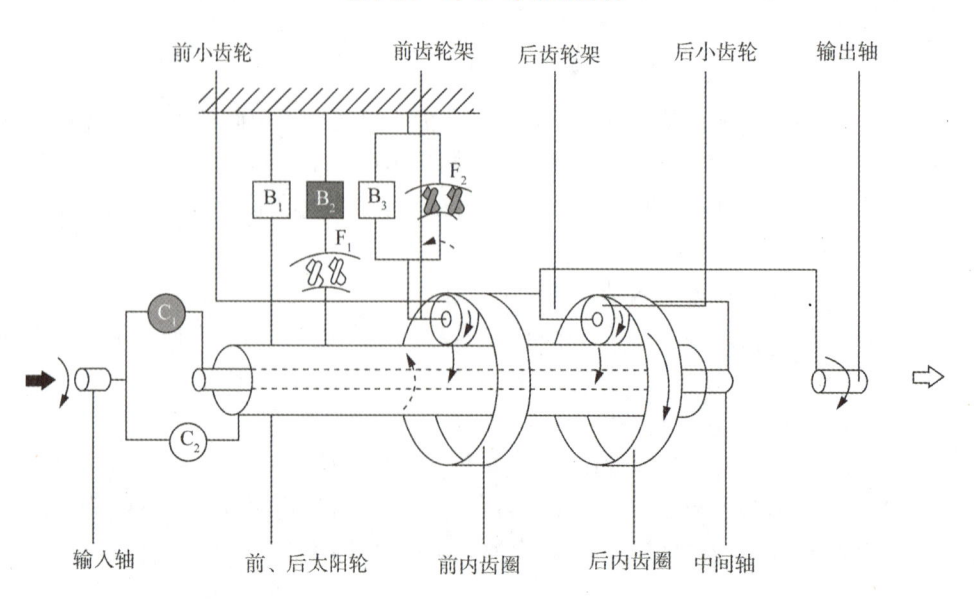

图 3-25 D_2 动力路线

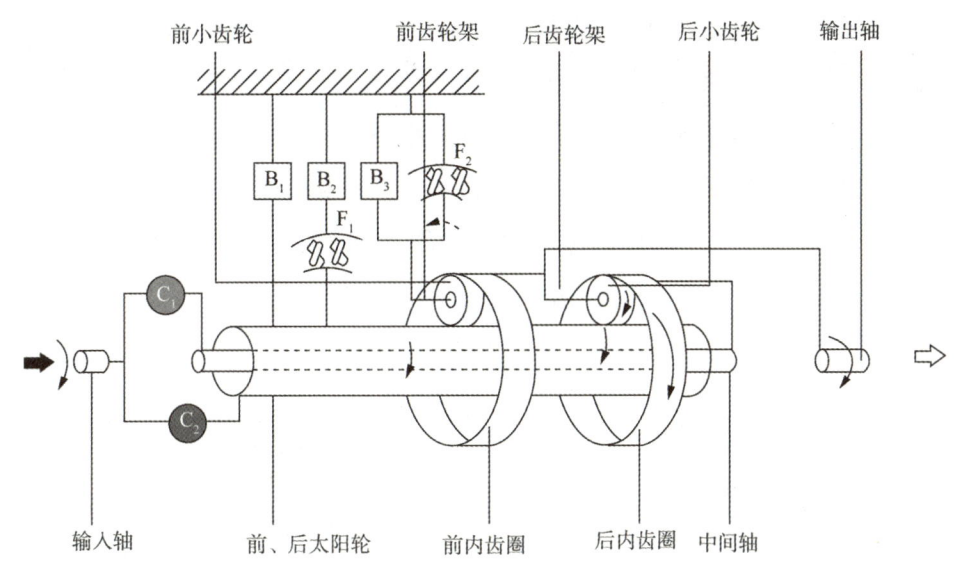

图 3-26 D₃ 动力路线

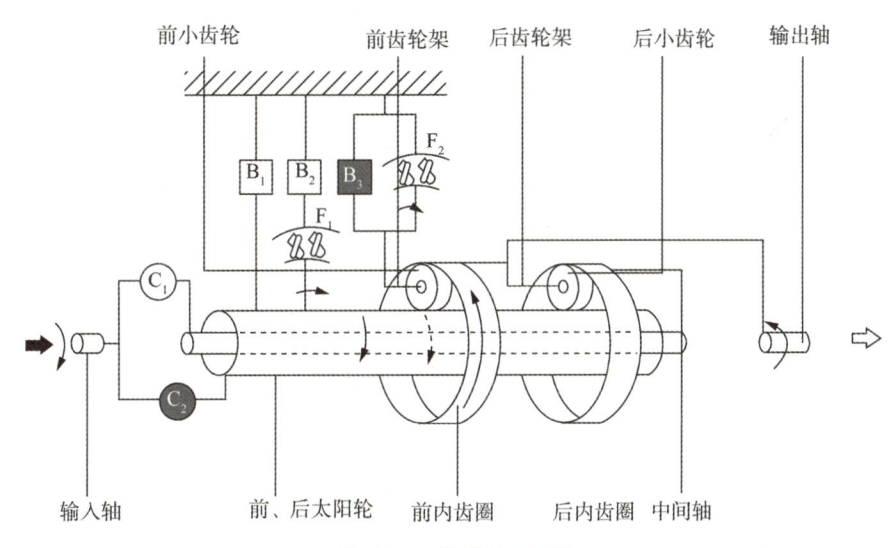

图 3-27 倒挡动力路线

4 拉威挪式自动变速器

拉威挪式行星齿轮变速器采用的是一种复合式行星齿轮机构，它由一个单行星轮式行星排和一个双行星轮式行星排组合而成，如图 3-28 所示：后太阳轮和长行星小齿轮、行星架、环齿轮共同组成一个单行星轮拉威挪式行星齿轮机构式行星排；前太阳轮、短行星小齿轮、长行星小齿轮、行星架和环齿轮共同组成一个双行星轮式行星排。2 个行星排共享一个齿圈和一个行星架，因此它只有 4 个独立组件，即前太阳轮、后太阳轮、行星架、环齿轮。这种行星齿轮机构具有结构简单、尺寸小、传动比变化范围大、灵活多变化等特点，可以组成有 3 个前进挡或 4 个前进挡的行星齿轮变速箱。

下面我们以拉威挪式 3 挡行星齿轮变速器为例说明其结构特点。

在拉威挪式行星齿轮机构中设置 5 个换挡操作组件（2 个离合器、2 个制动器和 1 个单向超速离合器），即可使之成为一个具有 3 个前进挡和 1 个倒挡的 3 挡行星齿轮变速器。

拉威挪式 3 挡行星齿轮变速器的结构如图 3-29 所示，图中，前太阳轮、长行星小齿轮、行星架和环齿轮组成一个单行星轮式行星排,也称为前行星排;后太阳轮、短行星小齿轮、长行星小齿轮、行星架和环齿轮组成一个双行星轮式行星排,也称为后行星排。在5个换挡操作组件中,离合器 $\boxed{}_1$ 用于连接输入轴和后太阳轮,它在所有前进挡中都处于接合状态,故称为前进离合器;离合器 $\boxed{}_2$ 用于连接输入轴和前太阳轮,它在倒挡和3挡(直接挡)时接合,故称为倒挡及高档离合器;制动器 $\boxed{}_1$ 用于固定前太阳轮,它在2挡时工作,故称为2挡制动器;制动器 $\boxed{}_2$ 用于固定行星架,它在倒挡或自动变速器换挡杆位于前进低挡时工作,故称为低挡及倒挡制动器。

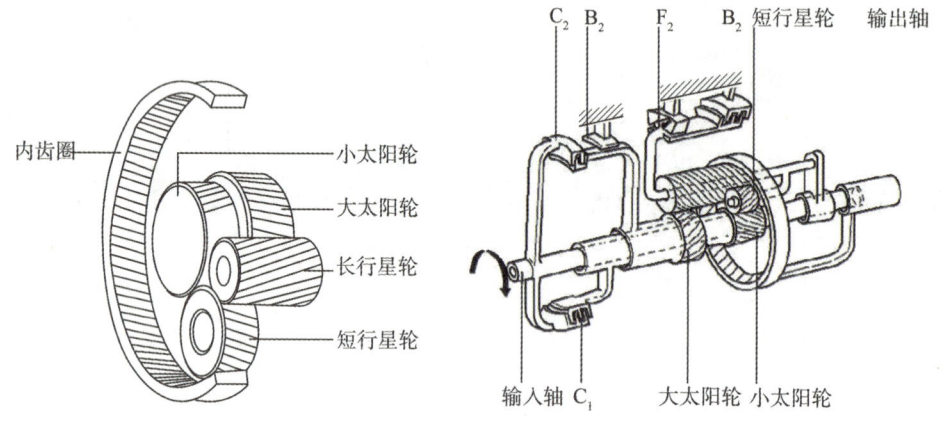

图 3-28 单排拉威挪行星齿轮机构   图 3-29 三挡拉威挪变速器结构

F_1 在逆时针方向对行星架有锁定作用,它只在1挡时工作,故称为1挡单向超速离合器。

在拉威挪式3挡行星齿轮变速器的输入轴和行星架之间增加一个离合器,就可以使之成为具有超速挡的4挡行星齿轮变速器,与拉威挪式3挡行星齿轮变速器相比,它仅仅在输入轴和行星架之间增加了一个高档离合器 C_3,如图3-30所示。这种行星齿轮变速器的工作特点是:

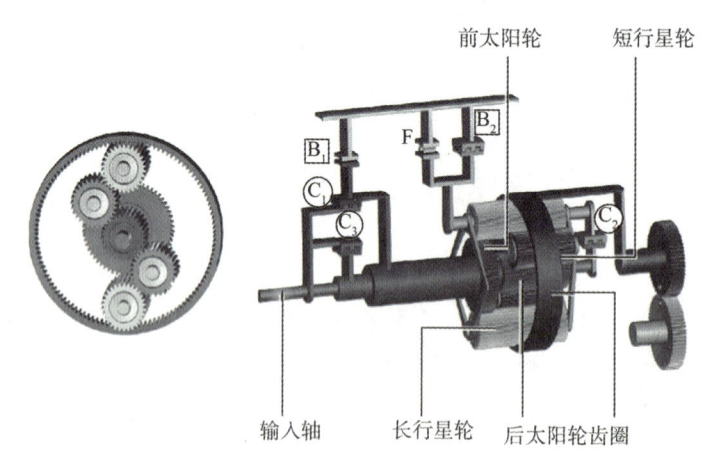

图 3-30 四挡拉威挪变速器结构

(1)在1挡、2挡及倒挡的工作情况和拉威挪式3挡行星齿轮变速器完全相同。

(2)在3挡工作时,高档离合器 C_2 和前进离合器 C_1 同时工作,使后行星排有2个基本组件互相连接,形成直接挡。

(3)4挡时,高档离合器 C_3 和2挡及4挡制动器 B_1 同时工作,使输入轴与行星架连接,同时前太阳轮被固定。发动机动力经高档离合器 C_3 传至行星架,行星架带动长行星小齿轮朝顺时针方向一边自转一边公转，并带动环齿轮和输出轴朝顺时针方向转动，此为超速挡。

操作指引

1 组织方式

(1) 场地设施：工作台 4 张。

(2) 设备设施：辛普森和拉维娜自动变速器总成各 2 套，空压机。

(3) 工量具：常用工具 4 套、卡簧钳 4 套、百分表、深度规、厚薄规、游标卡尺各 4 个。

(4) 耗材：自动变速器液、清洁布等。

2 操作要求

(1) 穿戴干净整洁的工作服。

(2) 遵守场地安全规定，注意操作安全。

(3) 正确使用工量具。

(4) 自动变速器液的环保处理。

任务实施

任务：检测换挡执行元件

1 检查离合器和制动器自由间隙

(1) 按照手册标准组装好离合器和制动器，注意盘片的安装位置和方向。

(2) 安装好卡簧，用螺丝刀转动卡簧，确认安装到位。

(3) 用厚薄规检查离合器和制动器的自由间隙，范围一般为 0.5～1.5mm，具体数值请参考相关车型修理手册，如图 3-31 所示。

2 测量活塞行程

(1) 清洁并将离合器或制动器组件置于液力变矩器上或平台上。

(2) 安装百分表，并将百分表测量杆顶靠在离合器或制动器片上；预压 1～2mm。

(3) 在对应活塞的控制油道中充入和释放压缩空气；读取百分表指针的摆动量，一般范围在 3～4mm，具体数值请参考修理手册，如图 3-32 所示。

图 3-31　自由间隙检查

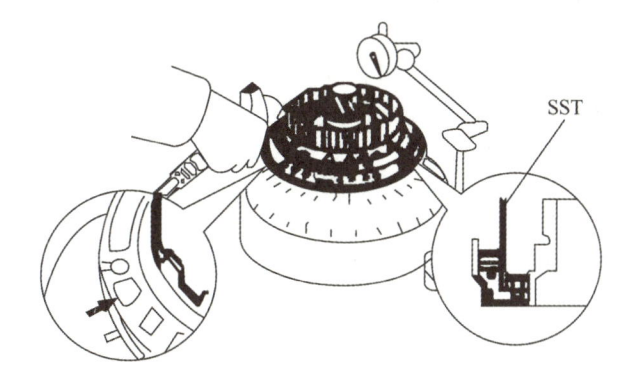

图 3-32　活塞行程检查

3 测量活塞弹簧自由长度

(1) 清洁活塞弹簧。

(2) 使用游标卡尺测量活塞弹簧自由长度，具体数据请参考修理手册。

> **任务小结**

（1）行星齿轮机构安装在液力变矩器之后的变速器壳体里，其功用是实现车辆的变速、变矩和变向，以适应车辆不同运行工况要求。

（2）目前车辆上普遍使用的是拉维挪式行星齿轮机构的自动变速器，因为其可以通过改变换挡执行元件的布置方式就可以获得更多的挡位。

（3）换挡执行元件一旦出现故障，自动变速器就会出现行驶无力、无法行进、冲击等故障现象。

（4）换挡执行元件检测项目包括：

1）离合器自由间隙检查；

2）制动器自动间隙检查；

3）活塞弹簧自由长度检查；

4）离合器、制动器盘片检查。

实训 2 换挡执行元件检测工作页

一、资讯

任务名称	自动变速器故障诊断与修复	总学时		总成绩	
子任务名称	换挡执行元件检测	学时		成绩	
学生姓名		学号		班级	

1. 写出图中所示标号的中文和英文名称，图中所示部件中哪几个部件影响传动比？各部件齿数关系如何？

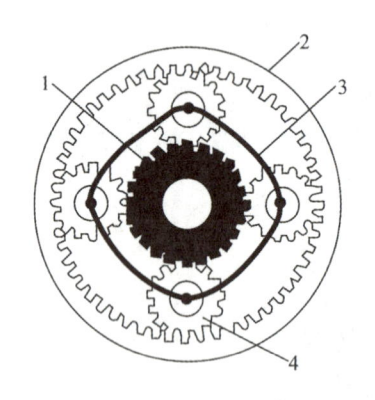

2. 总结单排行星齿轮机构的工作情况。

固定件	主动件	从动件	传动效果	从动件转动方向

(续表)

固定件	主动件	从动件	传动效果	从动件转动方向

3. 写出图中所示各执行元件的名称，以及各挡位的动力传递路线。

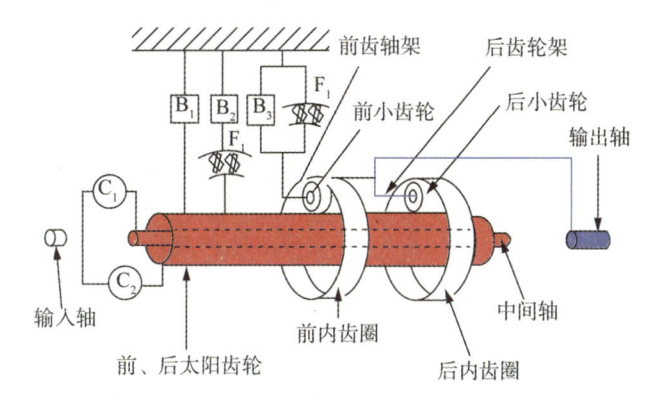

4. 下图为_____行星齿轮机构，写出图中所示标号的名称，写出图中所示各执行元件的作用，以及 D1 挡、D2 挡、D3 挡、OD 挡、R 挡的动力传递路线。

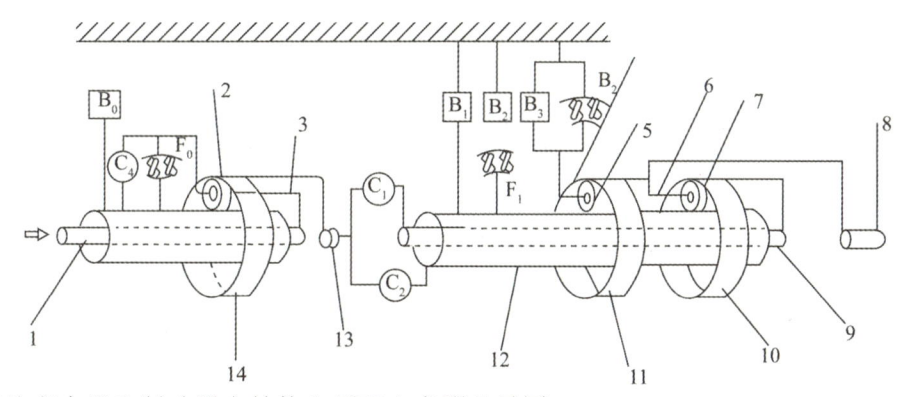

5. 湿式多片离合器和制动器在结构和原理上有哪些异同？

6. 自动变速器中的单项离合器具有哪些作用？

7. 下图是为_____行星齿轮机构，有何特点？

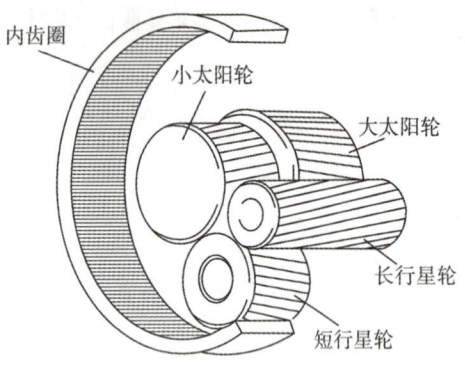

内齿圈
小太阳轮
大太阳轮
长行星轮
短行星轮

8. 画出所拆卸的拉维奈尔赫行星齿轮机构结构示意图，标出各部件的名称，写出各执行元件的作用，及各档动力传递路线。

9. 简述所拆卸拉维奈尔赫行星齿轮机构的操作步骤和操作注意事项。

二、计划与决策

请根据齿轮机构的拆装要求检测，确定所需要的工具，并对小组成员进行合理分工，制定详细的检查和更换计划。

1. 需要的工具

2. 小组成员分工

3. 拆装和检测计划

三、实施

1 查阅维修手册，写出三挡或四档辛普森行星齿轮机构的拆装步骤和拆装注意事项。

（1）拆装工具：

(2) 拆装步骤：

(3) 注意事项：

2 检查离合器和制动器自由间隙

(1) 选择检测量具：
(2) 离合器、制动器组装注意事项：
(3) 检测结果：
(4) 是否合格：

四、评价

知识评价

1 现场问答题：

(1) 叙述发动机润滑油的功用。
(2) 说出机油 5W-40 的含义。
(3) 描述发动机润滑油的检查和更换方法。

技能及素养评价

综合考评		自我评价	小组互评	教师评价	第三方评价
素质考评 30 分	劳动态度 6				
	遵守纪律 6				
	安全操作 6				
	学习态度 6				
	出勤情况 6				
技能考评 70 分	工具使用 10				
	任务方案 10				
	实施过程 30				
	完成结果 10				
	任务工单 10				
(总分 100 分) 本次得分：					
最终得分：					

任务3　液压控制系统检测

任务描述

车主李先生反映，最近车子出现了行驶中换挡冲击的状况，主要表现为车辆挡位变换时，出现明显的顿挫感觉。

液控自动变速器是通过机械传动方式，将汽车行驶时的车速和节气门开度这两个主控制参数转变为液压控制信号；液压控制系统的阀板总成中的各控制阀根据这些液压控制信号的变化，按照设定的换挡规律，操纵换挡执行元件的动作实现自动换挡。请你根据内容的学习对故障进行检测。

学习目标

(1) 能描述液压控制系统的组成、结构与功用；
(2) 能描述主要控制阀的结构和在阀体中的位置及作用；
(3) 能够初步进行液压测试工作；
(4) 会运用所学知识和经验进行自动变速器测试；
(5) 具备信息查询和手册使用的基本能力；
(6) 能够按照企业5S管理要求和安全生产规范进行操作；
(7) 能与同学密切合作，规范安全地完成学习活动；
(8) 养成自主学习的习惯、培养操作规范的工作作风及环保意识。

知识准备

一、自动变速器的液压操纵系统的主要部件结构与工作原理

1 油泵结构与工作原理

液压泵是自动变速器液压控制系统的压力来源。液压泵通常安装在自动变速器前方，由液力变矩器泵轮驱动；也有部分汽车液压泵安装在自动变速器的后方。自动变速器中常用的液压泵有外啮合式齿轮泵、内啮合式齿轮泵、转子泵和叶片泵。内啮合式齿轮泵的结构如图 3-33 所示。

当发动机运转时，小齿轮和内齿轮同向旋转，下腔容积不断增加，形成真空而吸油，上腔容积不断减小，将液压油

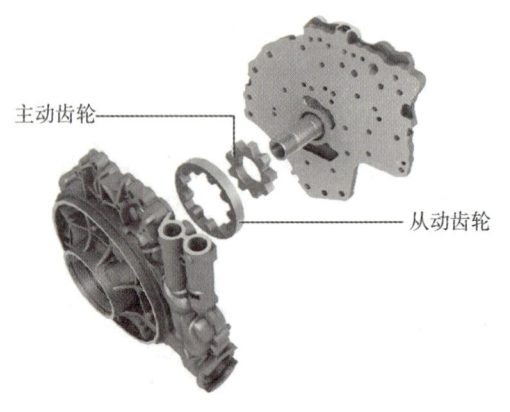

图 3-33　油泵结构

抽出。油泵油压经主调压阀调节成为最基本的工作油压 - 主油压。由于主调压阀只能降压和保压，所以油泵油压过低时，主油压也过低。如油滤器堵塞后，发动机中高速运转时会造成油泵油量不足，油泵油压过低，自动变速器内的离合器、制动器打滑。油泵内工作间隙是很小的，通常齿轮泵的齿隙只有 0.08～0.15mm。油泵驱动装置油泵轴或变矩器驱动端径向跳动量过大会造成油泵早期磨损，导致汽车中低速行驶时主油压过低。

2 液力变矩器控制装置

（1）液力变矩器控制装置的作用就是把变矩器中的高温油引出加以冷却，然后加压送回到变矩器进行补偿。

（2）液力变矩器控制装置由压力调节阀、锁止信号阀、锁止继动阀（也称锁止中继阀）等阀及相应油路组成。

（3）液力变矩器中闭锁离合器的工作是由锁止信号阀和锁止继动阀共同控制。锁止信号阀阀芯上方作用着调速阀压力，下方与超速挡换挡阀油路相通。

（4）当车速较低时，调速阀油压也低，锁止信号阀在弹簧的作用下保持在上方位置，从而将通往锁止继动阀下端的主油路切断，使锁止继动阀在上方弹簧力和油压力的作用下保持在下方位置，变矩器的闭锁离合器压盘左侧与变矩器阀进油道相通，闭锁离合器处于分离状态，自动变速器为液力传动工况，发动机动力全部经变矩器传递。

3 主调压阀

主调压阀是根据节气门开度和换挡杆位置的变化将油泵油压调整到规定值，形成稳定的工作油压即主油压，结构如图 3-34 所示。它是自动变速器内最基本、最重要的压力，是自动变速器内所有的离合器、制动器的工作油压，是自动变速器所有其他控制压力的压力源。主油压过高可能造成所有挡位换挡冲击；主油压过低会造成自动变速器内离合器、制动器打滑。

主调压阀工作原理

主调压阀的压力调节平时主要靠调压弹簧和节气门油压。由于调压弹簧的张力是相对稳定的，所以主油压压力主要受节气门油压控制，节气门油压越高主油压越高。原理如图 3-35 所示。

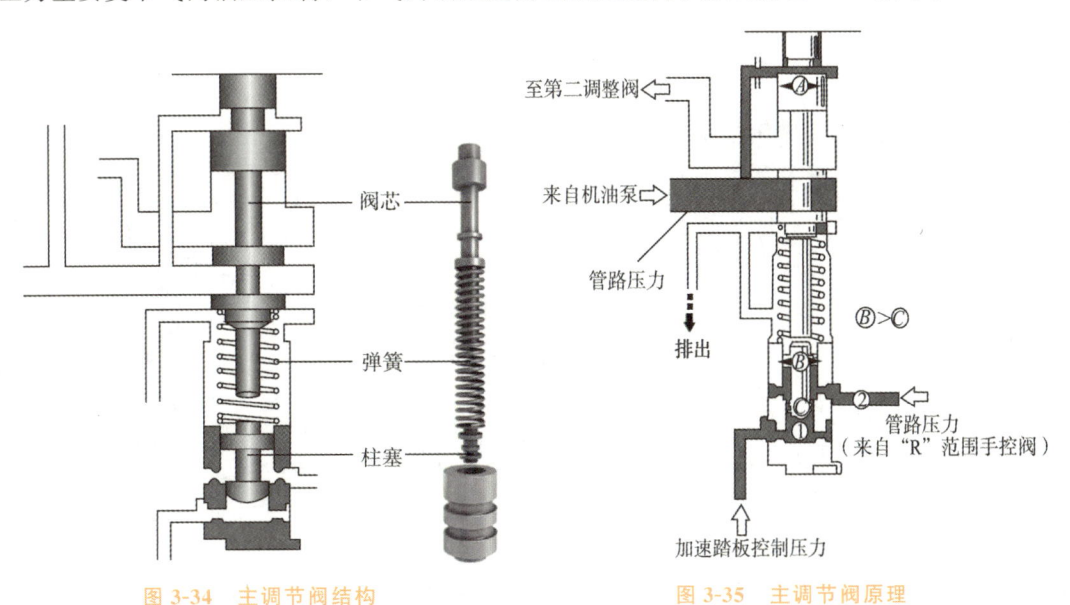

图 3-34 主调节阀结构　　　　图 3-35 主调节阀原理

汽车行驶 30 万 km 以上时，调压弹簧容易变得过软，使主油压过低，会造成所有离合器、制动器的早期磨损。此外主调压阀的压力调节在平时还要通过两个泄油孔完成。油泵向主调压阀泵油,压力升高 1.05MPa 时,主调压阀向次调压阀泄油。当压力继续升高,作用于滑阀上端的油压推动滑阀下移向油底泄油,稳定系统压力。通常主油压压力在低怠速时为 0.3～0.8MPa 节气门开度在 50% 左右时,为 1.2～1.4MPa;倒挡时为 1.6～1.8MPa。节气门开度增大时,节气门阀的油压通过节气门压力修正阀修正后,作用于主调压阀弹簧下端的滑阀上,推动滑阀上移减小或关闭向油底的泄油口,主油压压力升高,如图 3-36 所示。

在某些工况下主调压阀的工作还受到其他一些因素的影响。如倒挡时,手控阀给主调压阀节气门油压一侧一个主油压,使主调压阀暂时停止泄油,使当节气门开度很小时,主油压上升到 1.6～1.8MPa,以满足倒挡工况,如图 3-37 所示。

部分自动变速器主调压阀是可以进行调节的。打开油底壳,直接看到的较小的阀体是上阀体,里边较大的阀体为下阀体,下阀体中直径最大的,通常装在阀体的一侧是主调压阀。大部分主调压阀是用一字形螺丝刀进行调节,个别的需用专用工具,如内六方套管。当主油压过高时,调整时需将控制阀拆下,每旋转一圈大约改变压力 39～69kPa。有的调整端为台阶式,共有 5 级台阶,调整时先用螺丝刀将阀向内侧推进,然后根据需要旋转,使其停留在合适的台阶上,即可完成主油压的调节。

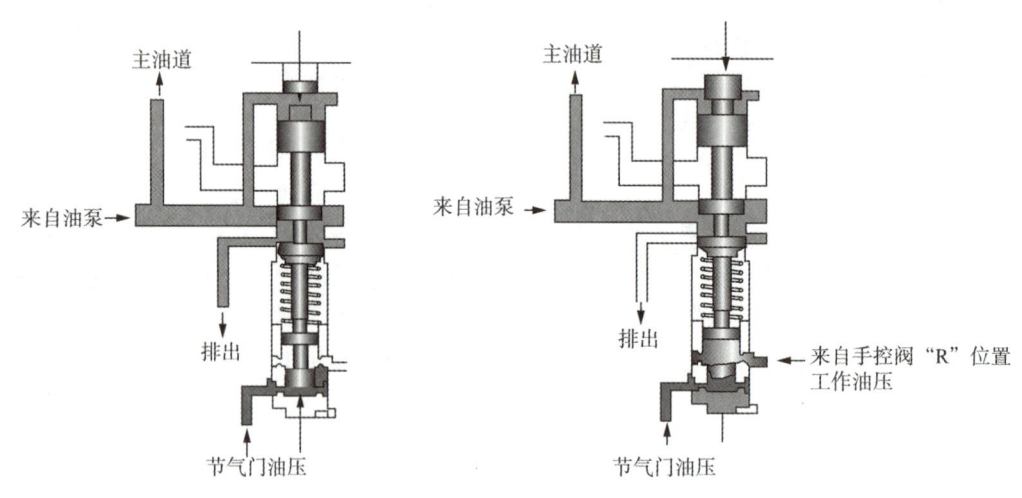

图 3-36 压力调节过程

图 3-37 倒挡油压调节

4 节气门阀

(1) 节气门阀受发动机、加速踏板所控制、随节气门开度大小(即发动机负荷大小)而改变其输出油压力的液压阀,输出的油压高低即为自动换挡的一个信号,如图 3-38 所示。

根据输入方式的不同,节气门阀分为机械式和真空式两种。

(2) 机械式节气门阀由上部的节气门阀体、复位弹簧、下部的强制低挡柱塞和调压弹簧等组成。节气门阀体和强制低挡柱塞并不直接接触,而是通过调压弹簧连在一起,强制低挡柱塞下装有滚轮,与凸轮接触。凸轮经钢丝缆绳与加速踏板相连。

(3) 来自液压泵的压力油由节气门阀的进油口进入,须经阀口节流后,方能从出油口接至换挡阀。另

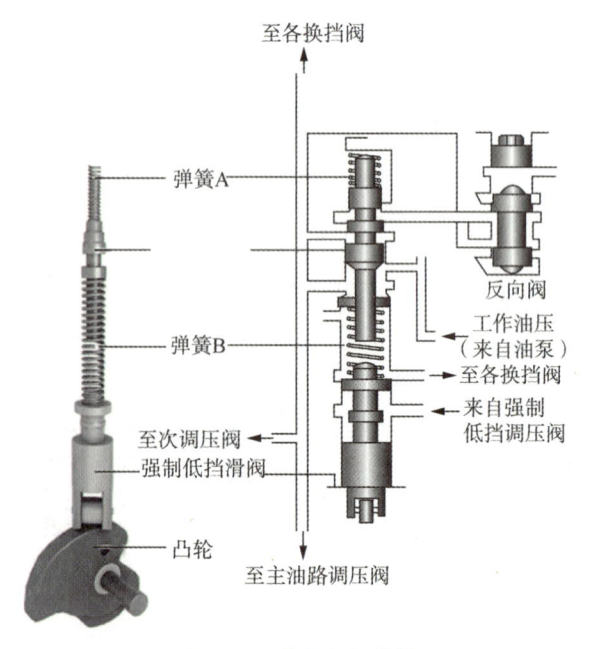

图 3-38 节气门阀结构

外节气门阀上还有两个控制油口，分别与来自断流阀的油压及出油口油压相通，使阀体受到向下的液压作用力。当发动机怠速运行时，阀上进油口处的节流口开度很小，输出的油压很低。

（4）当踩下加速踏板时，节气门拉索被拉动，凸轮作顿时针转动，将强制低挡柱塞上推，压缩调压弹簧。调压弹簧则推动节气门阀体向上，使节流口开大，从节气门阀输出的油压力增高。

5 离心调速阀

离心调速阀有时也被称作离心调速器或速控阀。其作用是为自动变速器换挡阀提供一个随车速大小而变化的控制油压。因其基本原理是利用轴旋转时重块所产生的离心力来控制滑阀阀芯的位置，故称为离心调速阀，如图 3-39 所示。

（1）离心调速阀通常装在变速器的输出轴上，由输出轴直接驱动。离心调速阀的外壳与盖用螺钉连接，套装并用锁紧螺钉固定在变速器输出轴上，使整个离心调速阀可随变速器的输出轴转动。

（2）当自动变速器输出轴不转动时，离心调速阀无速控油压输出，如图 3-40 所示。

（3）当自动变速器输出轴转动时，离心调速阀输出油压的高低与车速相对应。车速低，离心调速阀输出的油压低；车速高，离心调速阀输出的油压高，如图 3-41 所示。

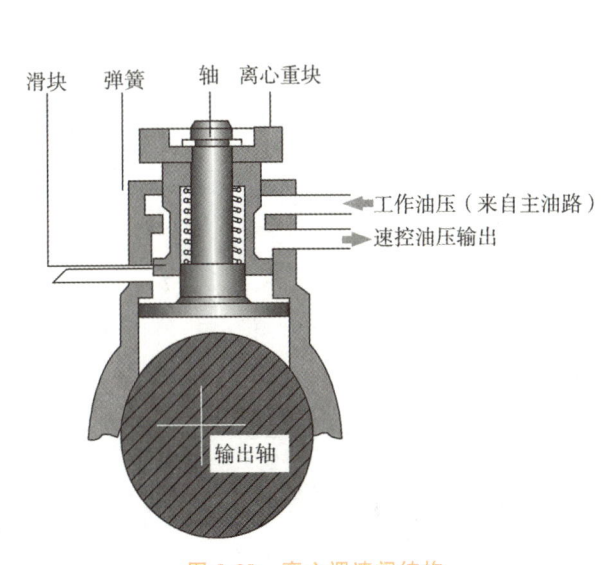

图 3-39 离心调速阀结构

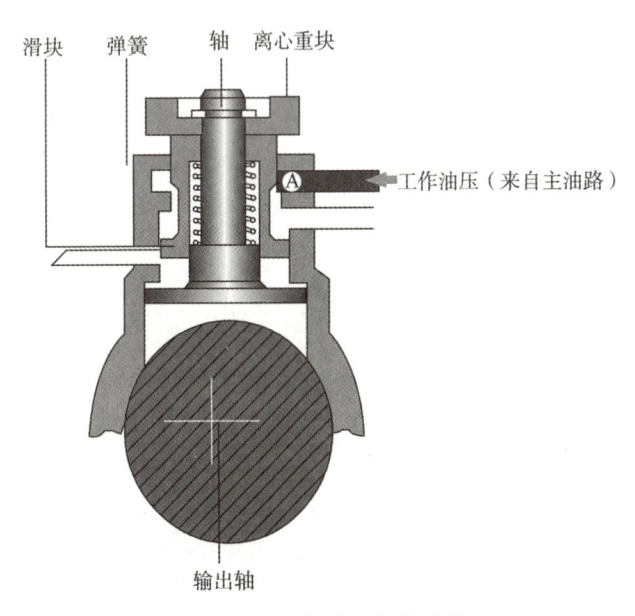

图 3-40 无转动时调节原理

6 手动阀

（1）手动阀是安装于控制系统阀板总成中的多路换向阀，由驾驶室内的自动变速器操纵手柄控制。自动变速器操纵手柄的位置是自动变速器的工作方式，与挡位数并不对应。

（2）手动阀还提供倒挡（R）、空挡（N）、停车挡（P）等功能。

（3）手动阀结构：在阀体上有多条油道，一条进油道与液压泵主油路相连，其余为出油道，分别通至"D"、"2"、"L"、"P"和"R"挡位相应的滑阀或直接通往换挡执行元件，如图 3-42 所示。

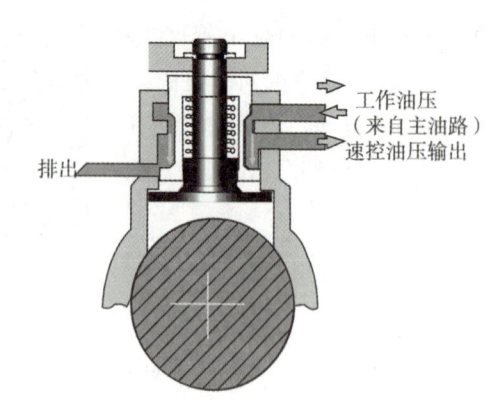

图 3-41 转动时调节原理　　　　　　　图 3-42 手控阀原理

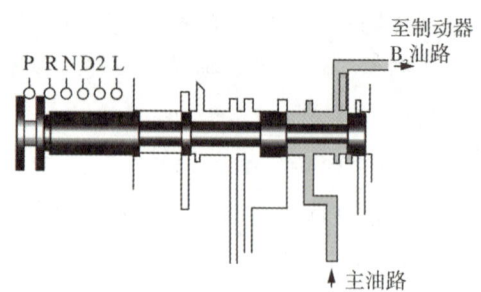

7 换挡阀

当车速较低而发动机节气门开变较大时，换挡阀阀芯右端的节气门阀油压较高，作用力大；左端的调速阀油压较小，作用力小，阀芯被推至左位，主油路油压只能通往低档的执行元件，自动变速器在低挡工作。当车速增大时，阀芯左端的调速阀油压随之升高，作用力增大。当压力增至某一值时，阀芯被推至右位，主油路油压接通与高档相应的执行元件，自动变速器自动换至高档工作，如车速下降，离心调速阀油压也会降低，换挡阀阀芯在节气门阀油压和弹簧力作用下左移，自动变速器又回到低挡工作。

（1）换挡阀是弹簧液压作用式的方向控制阀，它有两个工作位置，可以实现升挡或降挡的自动变换，如图 3-43 所示。

（2）节气门开度大、车速底时，节气门油压与弹簧力之和大于速控油压，阀芯下移，自动变速器处于低挡，如图 3-44 所示。

（3）节气门开度小、车速高时，节气门油压与弹簧力之和小于速控油压，阀芯上移，接通制动器 B_2 油路，自动变速器处于高档，如图 3-45 所示。

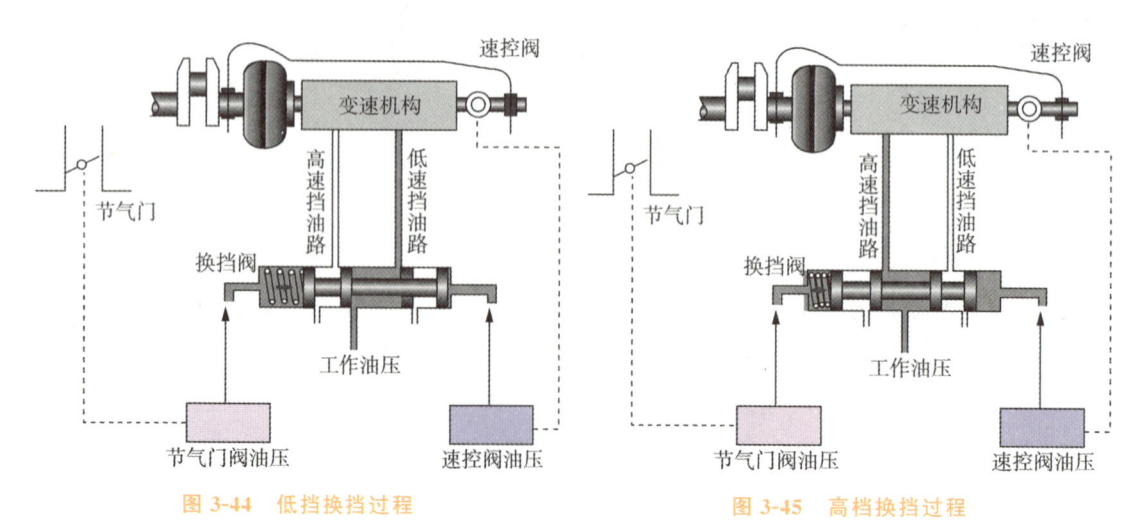

图 3-43 换挡阀原理

图 3-44 低挡换挡过程　　　　　　　图 3-45 高档换挡过程

1-2 挡换挡阀结构与原理如图 3-46 所示。

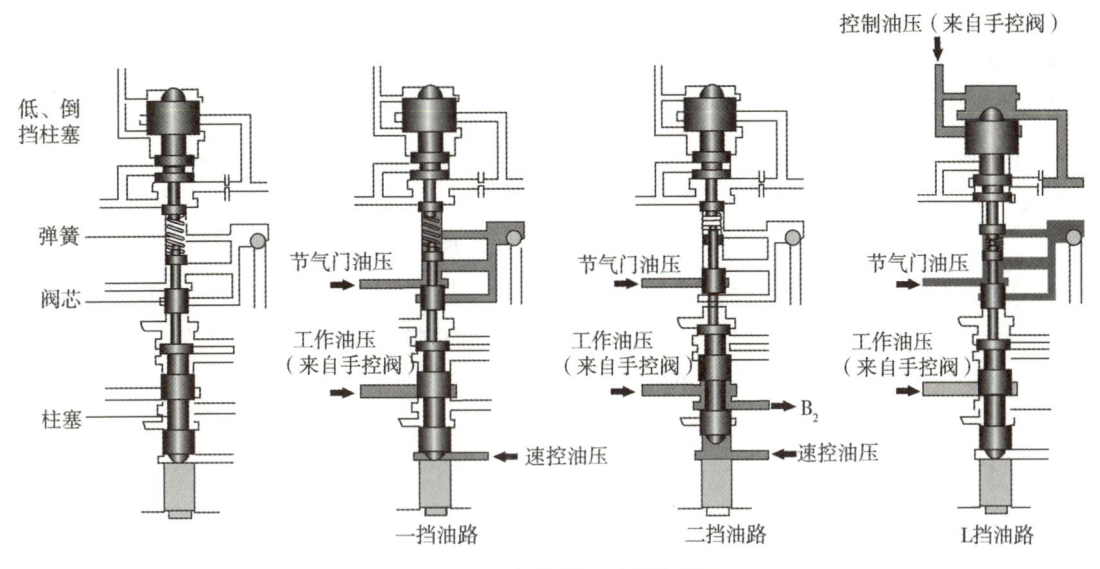

图 3-46　1-2 挡换挡阀结构与原理

二、控制特点

1. 升挡的车速高于降挡车速目的避免在换挡的临界点行驶时，变速器内换挡阀进行频繁地换挡动作，如图 3-47 所示。

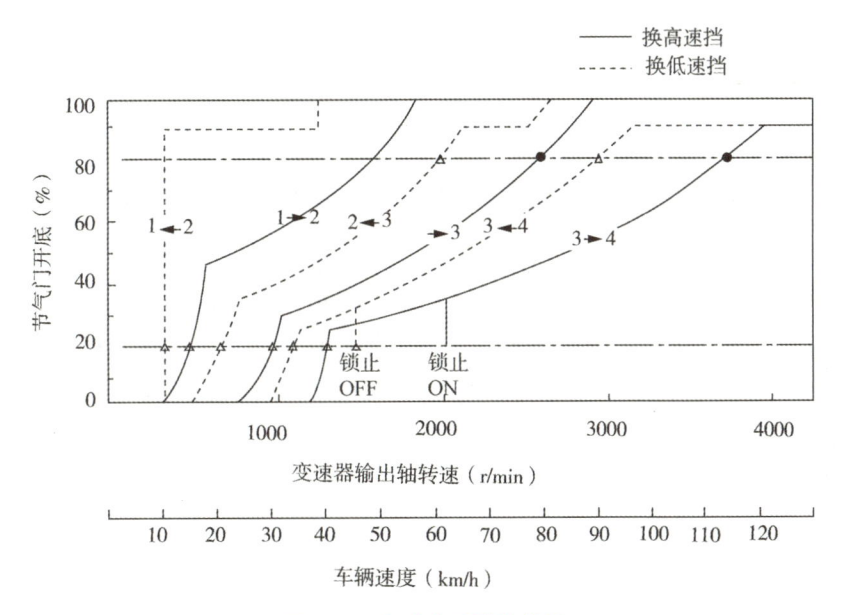

图 3-47　自动变速器换挡图

2 强制降挡

在车辆行驶过程中，如果将加速踏板踩到底（节气门开度 >85%），变速器会在原来挡位的基础上自动降低一个挡位，这个过程叫强制降挡。

三、液压控制系统检测

自动变速器液压控制系统检测主要包括以下几个内容。

1 自动变速器常规检查

自动变速器的常规检查，主要是指依靠看、听、摸、闻等方法，根据用户反映的自动变速器的表面现象分析故障原因。

（1）看：查看变速器型号；自动变速器是否漏油，油底壳是否变形，导线插接头是否松动。

（2）听：利用人的耳朵来判断异响产生的部位，以区别变速器或发动机的故障，并分析可能的原因，借助一些工具、设备，如使用较长的螺丝刀、专用听诊器、内窥镜等仪器工具可以使诊断结果更准确。

（3）摸：主要是感觉自动变速器温度的变化和电器元件的温度。

（4）闻：嗅闻自动变速器有无异常的气味。

2 自动变速器失速试验

失速试验可以快捷的判断引起故障现象的是发动机还是自动变速器。是判断发动机功率大小、液力变矩器性能好坏及自动变速器中有关换挡元件的工作是否正常的一种常用办法。

3 自动变速器油压试验

自动变速器在做完失速试验后，如果发现失速转速与要求偏差较大，或者通过检测故障代码的方法判断出故障出现在液压系统或机械系统时，应该进行液压试验，以进一步发现故障的根源。检查液压控制系统各管路及各元件是否漏油及各元件是否工作正常，是判断液压控制系统是否有故障的主要依据。

失速试验操作

4 迟滞试验

在发动机怠速运转时将换挡手柄从 N 挡移动到 D 挡或 R 挡后，经过一段短暂时间的延时才能使自动变速器完成挡位的接合，这段延时称为迟滞。根据迟滞时间的长短可判断主油路油压及换挡执行元件的工作是否正常。自动变速器油路油压、油路密封情况、离合器和制动器的磨损情况。

5 自动变速器路试检查

自动变速器的道路试验可以验证失速试验、液压试验和时滞试验的结果，进一步确定故障的原因与部位，检查换挡（升、降挡）车速、换挡质量、换挡执行元件有无打滑、锁止离合器是否工作以及检查发动机制动效果。

操作指引

1 组织方式

（1）场地设施：工作台 4 张，自动挡汽车 4 辆。

（2）设备设施：阀体总成 4 套，油压表 4 套，秒表 4 个。

（3）工量具：常用工具 1 套。

（4）耗材：清洁布。

2 操作要求

（1）穿着干净整齐的工作服。

（2）遵守场地安全规定，注意操作安全。

（3）正确使用油压表。

(4) 自动变速器油的环保处理。

任务实施

1 失速试验

(1) 失速试验准备

检查确认发动机性能是否良好；变速器内的油面高度、油温以及油质都必须正常；确认汽车周围不应有影响安全的人或障碍物。

(2) 失速实验步骤（图 3-48）

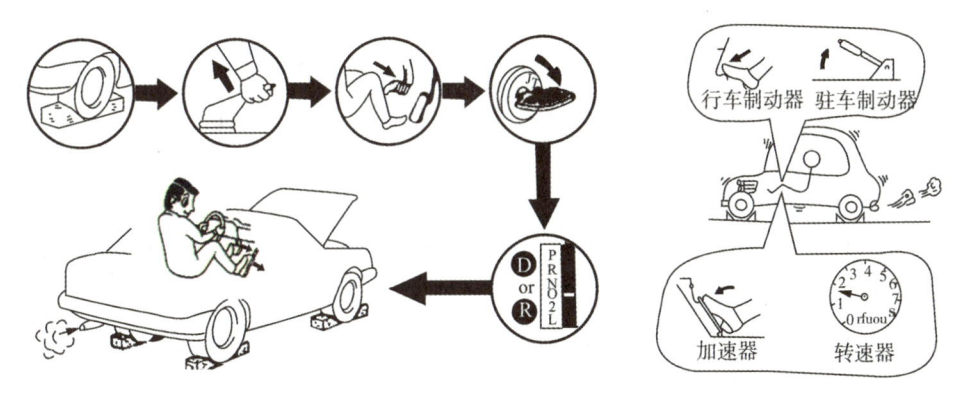

图 3-48　失速试验

车轮挡块固定好前后轮；拉紧驻车制动器操纵杆；确认车辆周围安全；将制动踏板踩到底；起动发动机，将换挡杆置于"D"位；然后将加速踏板踩到底，读取发动机转速值；在"R"位做同样试验；记录数据。

(3) 失速试验注意事项

1) 失速时间不要过长，一般都在 5s 之内。

2) 失速试验在 D、R 两种挡位都要做。

3) 两次试验之间，至少在 P 或 N 挡怠速运转 1min 以上，以防止因油温过高而使油液变质。(4) 失速试验结果分析

1) 失速转速过低分析见表 3-2。

表 3-2　失速转速过低分析

试验条件	试验结果	分析与判断
P 或 N 位，发动机急加速	发动机转速能很顺畅地上升	发动机正常
D 位	中速加速不良，而高速时正常	锁止离合器正常 单向离合器不良
	失速转速低于规定 600r/min 以上	变矩器失效

2) 失速转速过高分析见表 3-3。

表 3-3　失速转速过高分析

试验结果	分析与判断
D、R 位失速转速都高	系统油压过低；C、F 严重损坏；油泵损坏

(续表)

试验结果	分析与判断
D 位失速转速正常 R 位失速转速较高	倒挡离合器 C 活塞损坏；离合器片磨损严重；倒挡控制相关阀门故障
R 位失速转速正常 D 位失速转速过高	倒挡离合器 C 正常；前进挡离合器 C 活塞损坏、离合器片严重磨损，相关控制阀门故障

2 油压试验

（1）测试前准备

车辆防护；使发动机、变速器达到正常温度；车辆水平停放；检查变速器液面高度，不正常应调整；准备好符合量程的油压表（0～7MPa）和管路接头；找出各油路测压孔位置。

（2）油压测试（图 3-49）

1）主油压测试：用车轮挡块固定好前后轮；拉紧驻车制动器操纵杆；确认车辆周围安全；起动发动机；怠速时，将换挡杆置于"D"位，读取油压值；将制动踏板踩到底，然后将加速踏板踩到底，读取油压值；在"R"位做同样试验；记录数据。

2）各挡离合器油压测试：（针对前置前驱车辆）做好车辆防护；制动并固定后轮；顶起驱动轮（前轮），使其能自由转动；起动发动机，使变速器油温达到正常工作温度；将压力表接入各挡离合器油压测试孔；发动机转速保持 2000r/min，分别进行各挡位的油压测量；记录测量值，将测量值与规定油压值比较分析。

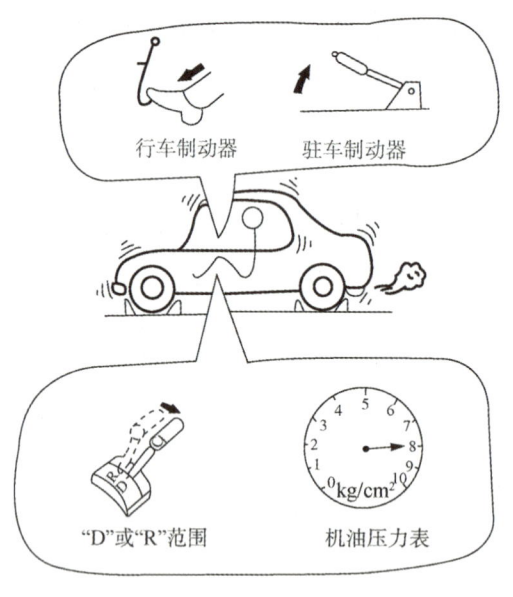

图 3-49 油压试验

3）数据分析见表 3-4。

表 3-4 数据分析

试验结果	分析与判断
倒挡油压高于前进挡但低于规定值	主调节阀不良；倒挡油路、倒挡离合器、制动器有轻度泄漏

(续表)

试验结果	分析与判断
倒挡油压与前进挡油压相同或相近	主调节阀的倒挡修正油压油路堵塞或泄漏；倒挡油压修正柱塞卡死
倒挡油压很低甚至没有压力	倒挡控制阀故障；倒挡油路、离合器、制动器严重泄漏或磨损严重

3 迟滞试验

（1）迟滞试验准备

1）预热使发动机和自动变速器达到正常的工作温度。

2）将汽车停放在水平地面上，拉紧驻车制动器操纵杆。

3）检查发动机怠速，如不正常，应按标准予以调整。

（2）迟滞试验步骤（图3-50）

1）将换挡手柄从 N 位拨至 D 位。

2）同时，用秒表计时至感到汽车振动为止。所用时间称为 N→D 迟滞时间。

3）重复 3 次试验，取平均值。每两次试验之间，让发动机怠速运转 1min。

4）用同样方法，测量 N→R 迟滞时间。

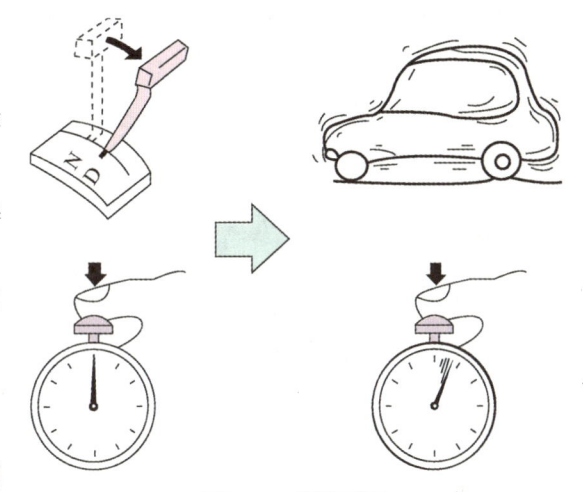

图 3-50 迟滞试验

任务小结

（1）液压控制的阀体部分安装在自动变速器油底壳内的总成上，其功用是控制换挡执行元件动作，实现挡位变换，同时也控制液力变矩器中锁止离合器的工作。

（2）液压控制系统是自动变速器中的核心总成，对实现自动变速器的正常工作起着至关重要的作用，同时它也是自动变速器中最复杂的总成。

（3）液压控制系统中的阀体出现问题，有可能导致变速器出现换挡执行元件烧蚀、过度磨损、打滑的情况，直接导致车辆无法正常行驶。

（4）液压控制系统主要的检测项目包括：

1）常规检查；

2）失速试验；

3）油压试验；

4）迟滞试验；

5）路试。

迟滞试验操作

实训 3 液压控制系统检测工作页

任务名称	自动变速器故障诊断与修复	总学时		总成绩	
子任务名称	液压控制系统检测	学时		成绩	
学生姓名		学号		班级	

一、资讯

1. 自动变速器液压控制系统由哪几部分组成？

2. 自动变速器油泵有哪几种类型？当油泵不工作时拖拽车辆有何要求？

3. 液压控制系统中主调节阀的作用是什么？对照下图叙述其工作原理。

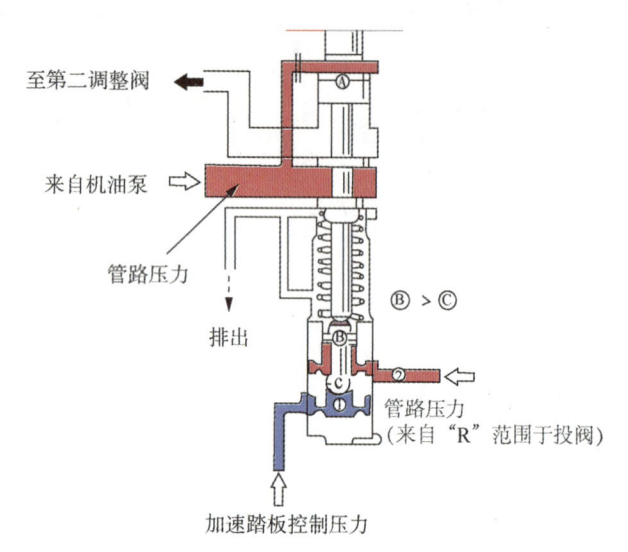

至第二调整阀

来自机油泵

管路压力

排出

$B > C$

管路压力
(来自"R"范围于投阀)

加速踏板控制压力

4. 简述液压控制系统第二调节阀的作用。

5. 液压控制系统中手控阀的作用是什么？它是如何工作的？

6. 简述液压控制系统节气门阀和速控阀的作用。

7. 对照下图简述换挡阀的工作原理。

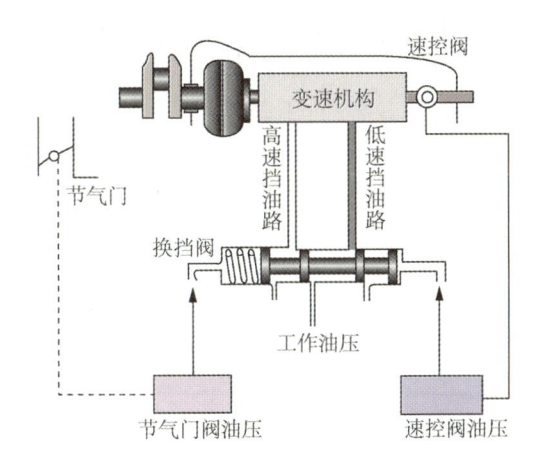

二、计划与决策

请根据液压系统的方法和要求，确定所需要的检测仪器、工具，并对小组成员进行合理分工，制定详细的检查和更换计划。

1. 需要的检测仪器、工具

2. 小组成员分工

3. 检查和测试计划

三、实施

1. 自动变速器试验包括哪些内容？

2. 写出自动变速器失速试验的目的、操作步骤和注意事项，并分析引起失速转速过高或过低的原因。

3. 简述自动变速器油压试验的目的，记录主油压试验的操作步骤。

4. 简述自动变速器时滞试验的目的，记录时滞试验步骤并分析引起 N→D，N→R 时滞时间过长的原因。

5. 简述自动变速器道路试验的目的和内容。

四、评价

➡ 知识评价

1 现场问答题：

（1）查阅资料，分析总结自动变速器漏油的故障原因。

（2）叙述诊断与排除自动变速器无法换挡进入应急状态的工作流程。

➡ 技能及素养评价

综合考评		自我评价	小组互评	教师评价	第三方评价
素质考评 30 分	劳动态度 6				
	遵守纪律 6				
	安全操作 6				
	学习态度 6				
	出勤情况 6				
技能考评 70 分	工具使用 10				
	任务方案 10				
	实施过程 30				
	完成结果 10				
	任务工单 10				
（总分 100 分）本次得分：					
最终得分：					

项目四 万向传动装置故障诊断与修复

项目概述

万向传动装置在汽车上有很多应用，结构也稍有不同，但其功用都是一样的，即在轴线相交且相互位置经常发生变化的两转轴之间传递动力。在汽车中最常见的应用，位于变速器与驱动桥之间的万向传动装置。由于汽车布置、设计等原因，变速器输出轴和驱动桥输入轴不可能在同一轴线上，并且变速器虽然是安装在车架（车身）上，可以认为位置是不动的，但驱动桥会由于悬架的变形而引起其位置经常发生变化，万向传动装置的作用是保证轴线相交且相对位置经常变换的转轴之间的动力传递。万向传动装置主要包括万向节和传动轴，对于传动距离较远的分段式传动轴，为了提高传动轴的刚度，通常设置有中间支承。所以在变速器和驱动桥之间装有万向传动装置正好可以满足这些使用、设计的要求。

主要学习任务

任务1　传动轴总成的检修

任务2　球笼式驱动轴检修

任务1　传动轴总成的检修

任务描述

李先生驾驶一辆皇冠轿车，最近行车过程中感觉车辆很大噪音和振动，且车速越高现象就更为明显。经过技师判断是由车辆万向传动装置故障引起的，现在需要你对该车的万向传动装置进行检查修复。

学习目标

(1) 能描述万向传动装置万向节的结构和功能；
(2) 能描述不同万向节的类型和特点；
(3) 能分析不同万向节的工作原理；
(4) 能够按照相关规范制订检修计划；
(5) 能在规定时间内按照计划进行完成传动轴的检查和检修。

知识准备

一、万向节分类

万向节安装在转轴之间，改变动力传递角度。按其在扭转方向上是否有明显的弹性，可分为刚性万向节和挠性万向节。刚性万向节按其运动特性可分为不等速万向节、准等速万向节和等速万向节。不等速万向节主要用于发动机前置后轮驱动汽车的变速器与驱动桥之间，等速和准等速万向节主要用于发动机前置前轮驱动汽车的内、外半轴之间，如图4-1所示。

图 4-1 万向传动装置结构

二、万向节的结构组成及特性

1 不等速万向节

最常见的不等速万向节是十字轴式万向节，它允许相邻两轴的最大夹角为15°~20°。十字轴万向节具有结构简单、传动效率高等优点，广泛应用于各类汽车的传动系统中，如图4-2所示。

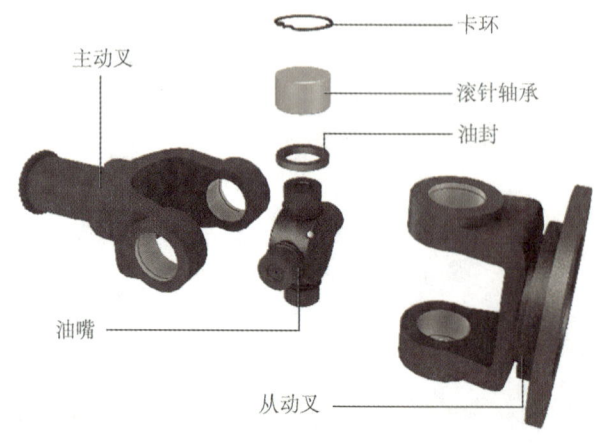

图 4-2 十字轴式万向节结构

十字轴式万向节主要由一个十字轴、两个万向节叉组成。十字轴的 4 个轴颈分别采用滚针轴承支承在万向节叉孔中,其轴向定位由螺栓和轴承盖完成,并用锁片锁止螺钉。为了润滑轴承,十字轴内钻有油道,并安装有与之配合的油嘴和安全阀。为避免润滑脂流出及灰尘进入轴承,十字轴轴颈的内端由油封密封。安全阀的作用是保护油封不受损坏,当十字轴内腔润滑脂压力超过允许值时,安全阀打开,润滑脂外溢,避免油封因压力过高而损坏。现代汽车大多采用橡胶油封,取消了安全阀,多余的润滑脂从油封内圆表面与十字轴轴颈接触处溢出。

当单个十字轴式万向节在主动轴和从动轴之间有夹角的情况下,万向节的主动叉等角速转动时,从动叉是不等角速旋转的,这称为十字轴式万向节的不等速特性,且两转轴之间的夹角越大,不等速性就越大。十字轴式万向节的不等速特性会造成从动轴及其相连的传动部件产生扭转振动,从而产生附加的交变载荷,影响部件寿命。因此汽车传动系统通常采用双十字轴式万向节,第一万向节的不等速特性可以被第二万向节的不等速特性所抵消,从而实现两轴间的等角速度传动。要实现等角速度传动,必须要满足两个条件:第一万向节两轴间夹角 α_1 与第二万向节两轴间夹角 α_2 必须相等;第一万向节的从动叉与第二万向节的主动叉处于同一平面上。

由于悬架的振动,不可能在任何时候都保证 α_1 与 α_2 相等,因此这种双十字轴刚性万向节的传动只能近似地解决等速传动问题,且由于两轴夹角最大只能是 20°,因此使用上受到一定限制。在转向驱动桥

和断开式驱动桥中,由于分段半轴在布置上受轴向尺寸限制,而且转向轮要求偏转角度较大,一般在 30°~40°,并要等速或接近等速传动,此时使用刚性十字轴双万向节进行传动已难以适应,所以在转向驱动桥及断开式驱动桥中广泛采用各种形式的准等速万向节和等速万向节。

1 准等速万向节

准等速万向节实际上是在双十字轴式万向节的基础上改进而成的,只能近似地实现等速传动,所以称为准等速万向节。常见的准等速万向节有双联式和三销轴式两种类型。

(1) 双联式万向节 双联式万向节是由两个十字轴万向节组合而成,如图 4-3 所示。双联叉相当于传动轴及两端处于同一平面上的两个万向节叉。若要实现两个传动轴的角速度相等,应保证两轴间的夹角相等,即 $\alpha_1 = \alpha_2$。双联式万向节的主要优点是允许两轴间的夹角较大(一般可达 50°),轴承密封性好,效率高,工作可靠,制造方便。缺点是结构较复杂,外形尺寸较大。

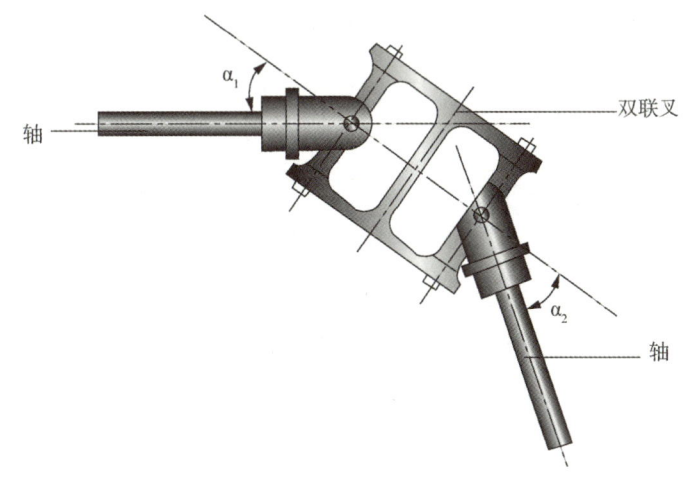

图 4-3 双联式万向节工作原理

(2) 三销轴式万向节 三销轴式万向节是由双联式万向节演变而来。它主要由两个偏心轴叉、两个三

销轴和六个滚针轴承组成，如图4-4所示。三销轴式万向节允许所连接的两轴最大夹角为45°，易于密封。但其外形尺寸较大，零件形状较复杂，毛坯需要精确模锻。由于在工作中三销轴间有相对轴向滑动，万向节的两轴受有附加弯矩和轴向力，所以主动轴一侧需装轴向推力轴承。这种结构目前仅用于个别中型或重型越野车的转向驱动桥。

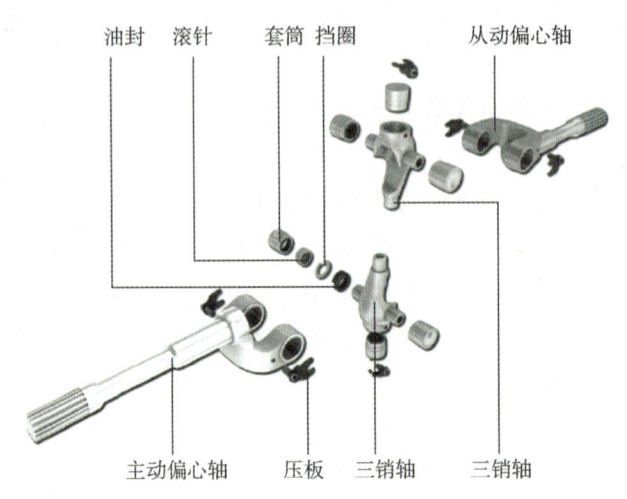

图4-4 三销轴式准等速万向节

3 等速万向节

等速万向节的基本原理是，从结构上保证万向节在工作过程中的传力点始终位于主、从动轴交流的平分面上。如图4-5所示，用一对大小相同的锥齿轮传动来说明等速万向节的基本工作原理。两齿轮轮齿的接触点 P 位于两齿轮轴线夹角 α 的平分面上，由 P 点到两轴线的垂直距离都等于 r。在 P 点处两齿轮的圆周速度是相等的，因而两个齿轮旋转的角速度也相等。与此相似，若万向节的传力点在主、从动轴夹角变化时始终位于两轴的角平分面上，则可使两万向节叉保持等角速的关系。等速万向节的常见结构形式有球笼式和球叉式。

等速万向节类型

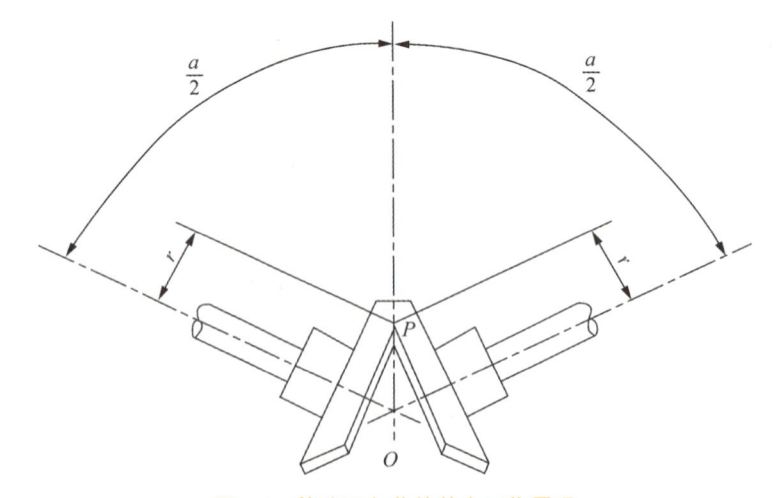

图4-5 等速万向节的基本工作原理

（1）球笼式等速万向节

球笼式万向节由6个钢球、内球座、球笼外壳和保持架（球笼）等组成。万向节内球座与主动轴用

项目四 万向传动装置故障诊断与修复

花键固接在一起，内球座外表面有 6 条弧形凹槽滚道，球笼外壳的内表面有相应的 6 条凹槽，6 个钢球分别装在各条凹槽中，由保持架使其保持在同一平面内，如图 4-6 所示。球笼式万向节工作时，动力由主动轴、钢球、球形壳输出，6 个钢球都参与传力，故承载能力强、磨损小、寿命长，因此被广泛应用于各种型号的转向驱动桥和独立悬架的驱动桥。

（2）球叉式等速万向节

球叉式万向节结构

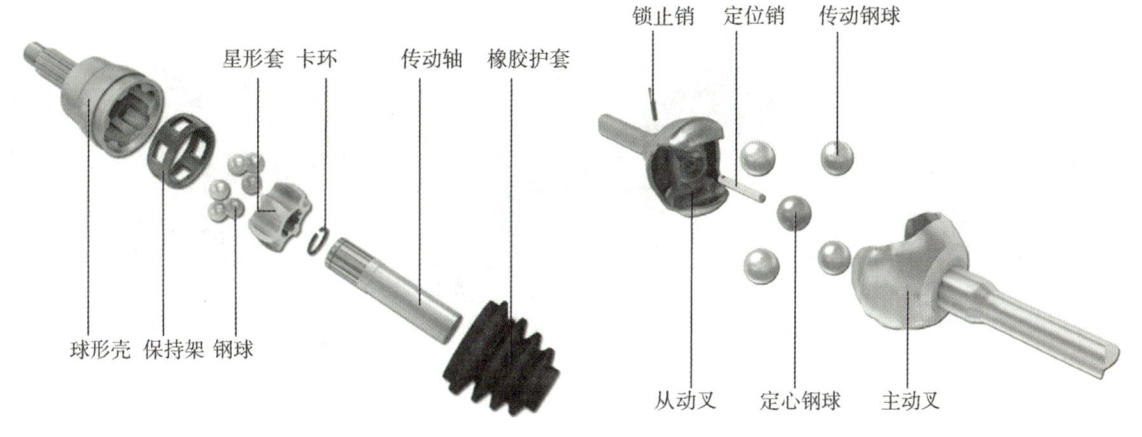

图 4-6　球笼式万向节结构

图 4-7　球叉式万向节

球叉式万向节如图 4-7 所示，它由主动叉、从动叉、4 个传动钢球、定心钢球、定位销、锁止销组成。主动叉与从动叉分别与内、外半轴制成一体。在主、从动叉上，分别有 4 个曲面凹槽，装配后，则形成两个相交的环形槽，作为钢球滚道。4 个传动钢球放在槽中，定心钢球放在两叉中心的凹槽内。球叉式万向节工作时，只有两个钢球传力，磨损较快，使用寿命短，现在应用越来越少。

球笼式等速万向节结构

操作指引

1 组织方式

（1）场地设施：带举升机工位一个，配有气动和照明、尾气抽排装置。
（2）设备设施：前置后驱车辆一辆。
（3）工量具：常用工具 1 套、SST。
（4）耗材：车内三件套、翼子板布、前格栅布。

2 操作要求

（1）安全防护：工作服、工作帽、工作鞋。
（2）按照设备使用规范操作设备。
（3）正确使用 SST。
（4）严格按照维修手册实施操作。

任务实施

1 拆卸传动轴总成（图 4-8）

（1）拆卸前排气管总成。

(2) 拆卸前隔热板 1 号隔热垫。

(3) 等待拆卸右侧导流板。

(4) 做标记拆卸带中间轴承的传动轴总成。使用 SST 拧松调整螺母直至用手可以转动。

提示：用铜棒和锤子敲击凸缘分离差速器和轴承总成，敲击时注意力度，某些车没有安装中间支撑轴承垫圈。

(5) 安装 SST 防止漏油，注意不要损坏变速器延伸壳油封。

(6) 从车辆后部向外拉出带中间轴承的传动轴总成以将其拆下。

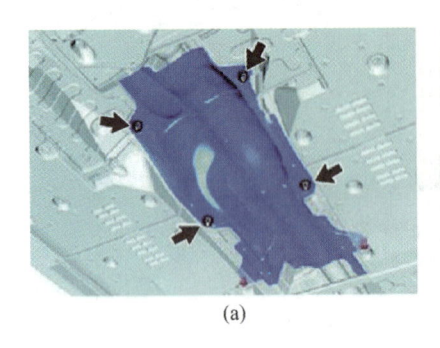

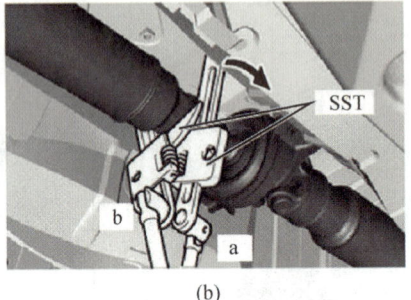

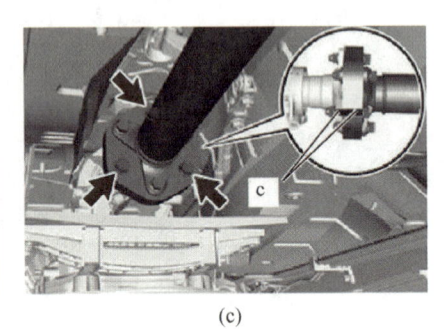

图 4-8 拆卸传动轴

2 拆卸传动轴总成（图 4-9）

(1) 拆卸中间传动轴总成

1) 在中间传动轴总成和传动轴总成上做装配标记。

2) 断开中间传动轴总成和传动轴总成。注意：小心不要损坏花键。

3) 从中间传动轴总成上拆下调节螺母。

4) 如果重复使用滑动轴防尘套，则在花键周围缠绕保护胶带，使其不会损坏。

5) 从传动轴上拆下滑动轴防尘套。

(2) 拆卸 1 号中间支撑轴承总成

1) 使用卡环扩张器，拆下传动轴 2 号防尘罩卡环。

2) 使用 SST 和压力机，拆下 1 号中间支撑轴承总成和传动轴 2 号防尘罩。

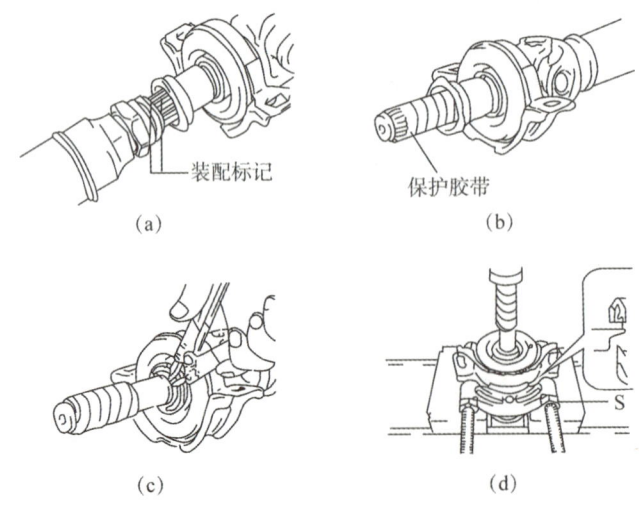

图 4-9 分解传动轴

3 检查传动轴总成（图 4-10）

（1）检查传动轴

使用百分表和 V 形块检查传动轴总成的径向跳动量，最大跳动量为 0.8mm。百分表必须放置在传动轴中间位置以使其垂直于传动轴总成，如果传动轴径向跳动超出最大值，则更换传动轴。

（2）检查中间轴总成

使用百分表和 V 形块检查中间轴总成的径向跳动量，最大跳动量为 0.8mm。百分表必须放置在传动轴中间位置以使其垂直于传动轴总成，如果中间轴径向跳动超出最大值，则更换中间轴。

（3）检查十字轴总成

1）检查并确认十字轴轴承旋转平稳。

2）检查并确认十字轴轴承中没有间隙，如果有，必要更换十字轴。

（4）检查 1 号中间支撑轴承总成

1）用手转动 1 号中间支撑轴承总成。检查并确认 1 号中间支撑轴承总成旋转平稳。

2）检查并确认 1 号中间支撑轴承总成的中央支架未破裂或变形。

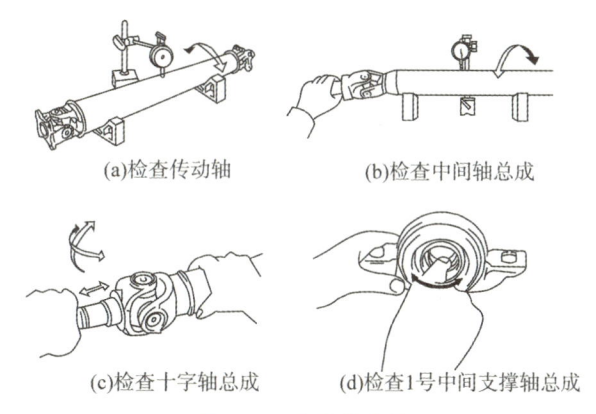

(a)检查传动轴　(b)检查中间轴总成

(c)检查十字轴总成　(d)检查1号中间支撑轴总成

图 4-10　检查传动轴

任务小结

（1）万向传动装置的作用是保证轴线相交且相对位置经常变换的转轴之间的动力传递。

（2）万向节安装在转轴之间，改变动力传递角度。按其在扭转方向上是否有明显的弹性，可分为刚性万向节和挠性万向节。刚性万向节按其运动特性可分为不等速万向节、准等速万向节和等速万向节。

（3）双联式万向节的主要优点是允许两轴间的夹角较大（一般可达 50°），轴承密封性好，效率高，工作可靠，制造方便。缺点是结构较复杂，外形尺寸较大。等速万向节的基本原理是，从结构上保证万向节在工作过程中的传力点始终位于主、从动轴交流的平分面上。

实训 1　传动轴总成的检修工作页

任务名称	万向传动装置故障诊断与修复	总学时		总成绩	
子任务名称	传动轴总成的检修	学时		成绩	
学生姓名		学号		班级	

一、资讯

1. 万向节安装在转轴之间，改变动力传递角度。按其在扭转方向上是否有明显的弹性，可分为_____和_____。刚性万向节按其运动特性可分为_____、_____和_____。

2. 最常见的不等速万向节是_____，它允许相邻两轴的最大夹角为_____。具有结构简单、_____等优点。

3. 准等速万向节能近似地实现_____，所以称为准等速万向节。常见的准等速万向节有双联式和三销轴式两种类型两种类型。双联式万向节的主要优点是允许两轴间的夹角为_____度。三销轴式万向节允许所连接的两轴最大夹角为_____度。

4. 等速万向节的基本原理是，从结构上保证万向节在工作过程中的传力点始终位于_____、_____的平分面上。

常见结构形式有_____和_____。

二、计划与决策

请根据拆卸和检查的要求，确定所需要的工具，并对小组成员进行合理分工，制定详细的检查和更换计划。

1. 需要的工具

2. 小组成员分工

3. 检查和维护计划

三、实施

1 拆卸传动轴总成

（1）拆卸前排气管总成。

（2）拆卸前隔热板_____号隔热垫。

（3）等待拆卸右侧_____。

（4）做标记拆卸带中间轴承的传动轴总成，使用_____拧松调整螺母直至用_____转动。

（5）安装_____防止漏油，注意不要损坏变速器延伸壳油封。

（6）从_____后部向外拉出带中间轴承的传动轴总成以将其拆下。

2 分解传动轴总成

（1）拆卸中间传动轴总成

①在_____和传动轴总成上做装配标记。

②断开中间传动轴总成和传动轴总成。

③从中间传动轴总成上拆下_____。

④如果重复使用滑动轴防尘套，则在花键周围缠绕保护胶带，使其不会损坏。

⑤从传动轴上拆下_____。

（2）拆卸1号中间支撑轴承总成

①使用_____，拆下传动轴2号防尘罩卡环。

②使用_____和_____，拆下1号中间支撑轴承总成和传动轴2号防尘罩。

3 检查传动轴总成

（1）检查传动轴

使用_____和_____检查传动轴总成的径向跳动量，最大跳动量为_____mm，百分表必须放置在传动轴中间位置以使其垂直于传动轴总成。如果传动轴径向跳动量超出最大值，则更换_____。

（2）检查中间轴总成

使用_____和_____检查中间轴总成的径向跳动量，最大跳动量_____mm 百分表必须放置在传动轴中间位置以使其垂直于传动轴总成。

如果中间轴径向跳动量超出_____，则更换中间轴。

（3）检查十字轴总成

①检查并确认十字轴轴承旋转平稳。

②检查并确认十字轴轴承中没有间隙，如果有必要更换十字轴。

（4）检查1号中间支撑轴承总成

①用_____转动1号中间支撑轴承总成，检查并确认1号中间支撑轴承总成旋转_____。

②检查并确认1号中间支撑轴承总成的中央支架未_____。

四、评价

知识评价

1 现场问答题：

（1）分解传动轴的前提条件是？

（2）当传动轴出现破裂或变形后应该怎么做？

（3）什么情况下需要更换传动轴？

技能及素养评价

综合考评		自我评价	小组互评	教师评价	第三方评价
素质考评30分	劳动态度6				
	遵守纪律6				
	安全操作6				
	学习态度6				
	出勤情况6				

(续表)

综合考评		自我评价	小组互评	教师评价	第三方评价
技能考评70分	工具使用 10				
	任务方案 10				
	实施过程 30				
	完成结果 10				
	任务工单 10				
(总分100分) 本次得分：					
最终得分：					

任务 2　球笼式驱动轴检修

任务描述

车主李先生反映，最近早上发动车子后，前轴处发出"吱吱"异响；在原地转动方向盘，异响加重。初步判定可能的故障原因是驱动轴轴承损坏，需要更换轴承。

学习目标

（1）能描述驱动轴的结构、功能；
（2）能描述驱动轴护套的检查方法；
（3）根据制造商规定制订更换驱动轴护套的工作计划；
（4）能在规定时间内按照制造商规定能够正确更换驱动轴护套。

驱动轴的作用

知识准备

一、驱动轴作用

半轴又称驱动轴，是将差速器与驱动轮连接起来的轴。驱动轴是差速器与驱动轮之间传递转矩的轴，其内外端各有一个万向节（多为球笼式的等速万向节），分别通过万向节上的花键与减速器齿轮及轮毂轴承内圈连接。外万向节有花键分别与驱动轴和轮毂相连，内万向节则有花键与驱动轴相连，用螺钉固定在差速器的驱动凸缘上，如图 4-11 所示。

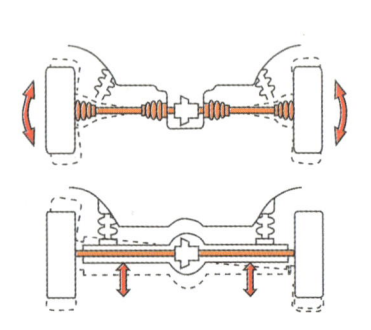

图 4-11　半轴、驱动轴

二、驱动轴结构

驱动轴的结构因驱动桥结构形式的不同而异。驱动轴是变速器减速器与驱动轮之间传递转矩的轴（以前实心居多，但由于空心轴转动不平衡控制更容易，因此，很多轿车上都采用空心轴）。驱动轴内外端各有一个万向节，分别通过万向节上的花键与减速器齿轮及轮毂轴承内圈连接，外面由充注了润滑脂的护套保护（当驱动轴护套被破坏，润滑脂会流出且水和灰尘黏合在球节上从而导致转动不灵，可能会引起异常声音、噪声和振动）。

普通非断开式驱动桥的驱动轴，可根据外端支承形式不同分为全浮式、3/4 浮式和半浮式 3 种。其中全浮式驱动轴支承广泛应用于各型货车上。图 4-12 为全浮式驱动轴支承的示意图。驱动轴外端锻造有驱动轴凸缘，用螺栓紧固在轮毂上，轮毂用一对圆锥滚子轴承支承在驱动轴套管上，驱动轴套管与空心梁压配成一体，组成驱动桥壳。这种驱动轴支承形式，驱动轴与桥壳没有直接联系，驱动轴只在两端承受转矩，不承受其他任何反力和弯矩，所以称为全浮式驱动轴支承。全浮式驱动轴支撑便于拆装，只需拧下驱动轴凸缘上的轮毂螺栓，即可将驱动轴抽出，而车轮和桥壳照样能支持住汽车。

图 4-13 所示为半浮式驱动轴支承的示意图。驱动轴用一个圆锥滚子轴承直接支承在桥壳凸缘的座孔内。车轮与桥壳之间无直接联系，而支承于悬伸出的驱动轴外端。因此，地面作用于车轮的各种反力都须经驱动轴外端的悬伸部分传给桥壳，使驱动轴外端不仅要承受转矩，而且还要承受各种反力及其形成的弯矩。驱动轴内端通过花键与驱动轴齿轮连接，不承受弯矩，故称这种支承形式为半浮式驱动轴支承。半浮式驱动轴支撑结构简单，但驱动轴受力情况复杂且拆装不便，多用于反力、弯矩较小的各类轿车上。

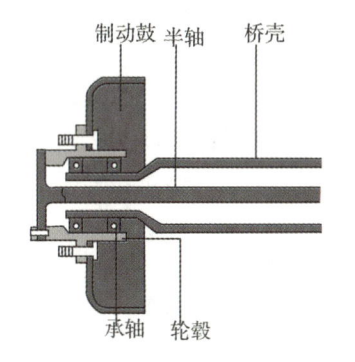

图 4-12 全浮式驱动轴示意图 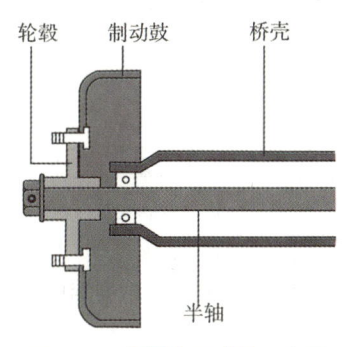　　图 4-13 半浮式驱动轴示意图

操作指引

1 组织方式

（1）场地设施：举升机一台，装有废气抽排系统和消防设施的场地。
（2）设备设施：捷达轿车。
（3）工量具：常用工具 1 套等。

2 操作要求

（1）穿戴干净整洁的工作服。
（2）遵守场地安全规定，注意用电安全。
（3）正确使用工量具。

任务实施

1 驱动轴护套检查（图 4-14）

轿车一般前轮为转向驱动轮，驱动轮毂与差速器之间通过驱动轴相连接，驱动轴两端为等速万向节，该万向节是通过专用润滑脂实现润滑的，驱动轴护套作用是防止外部灰尘和水分等杂质进入万向节。若护套损伤，必定会引起万向节的异常磨损，会直接影响到汽车传动系统性能。

（1）用力将左侧车轮逆时针旋转到极限位置，转动车轮一周，用手电筒照明完成检查项目。

（2）检查驱动轴外侧护套是否有裂纹、破损，润滑脂是否渗漏，护套卡箍是否安装在正确位置、有无损伤。

（3）检查驱动轴内侧护套是否有裂纹、破损，润滑脂是否渗漏，护套卡箍是否安装在正确位置、有无损伤。

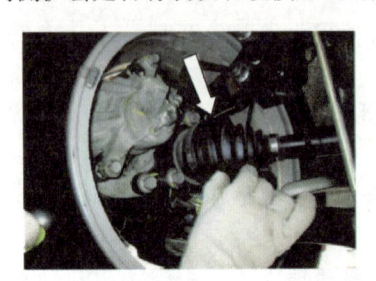

图 4-14　检查驱动轴护套

2 驱动轴护套更换

（1）将驱动轴从车辆上取下，分解驱动轴并更换护套，如图 4-15 所示。

护套的更换零件在护套总成中提供。总成润滑脂经过测量被分成两个：内侧用和外侧用。当驱动轴护套被破坏，润滑脂会流出且水和灰尘黏合在球节上从而导致转动不灵，引起异常声音、噪声和振动。

（2）举升车辆。

（3）拆卸前胎。

更换驱动轴防尘套

（4）自动变速驱动桥放油，拆卸排放塞之前先松开加注塞，然后将齿轮油排放到排放盘内。提示：用变速器千斤顶等将排放盘放在与排放塞尽可能靠近的高度以收取排放的齿轮油。

（5）分离横拉杆端头，如图 4-16 所示。

（6）拆卸驱动轴，如图 4-17 所示。

1）将驱动轴的螺丝槽置于朝上位置。使用 SST 和锤子松开锁止螺母。

2）从车桥轮毂拆下横臂。

3）拆卸 ABS 转速传感器。

4）把轮毂轻轻朝车外拉动，用塑料锤子敲击驱动轴顶部，然后将其分离。使用 SST 拉出驱动轴。

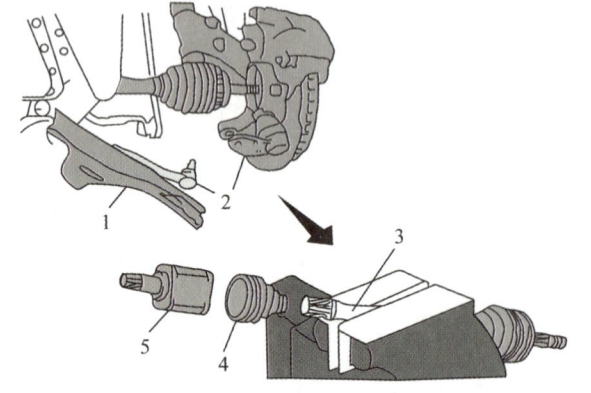

图 4-15　分解驱动轴
1-下臂；2-横拉杆端头；3-驱动轴；
4-驱动轴护套；5-内侧球节

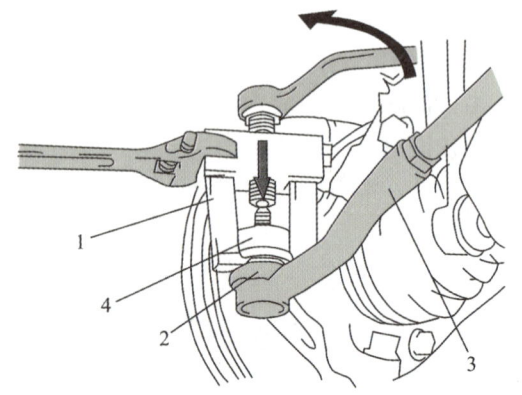

图 4-16　分离横拉杆端头
1-SS（球头拉具）；2-防尘罩；
3-横拉杆端头；4-转向节

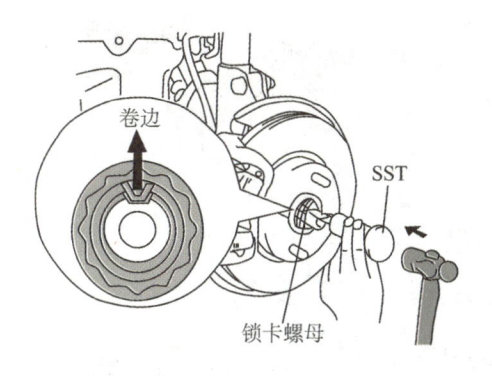

图 4-17 拆卸驱动轴

(7) 拆卸驱动轴护套。

1) 取下护套箍，共有三种护套箍，如图 4-18 所示。请使用恰当的方法取下每种护套箍。单触夹型、爪啮合类型、奥米加夹型。

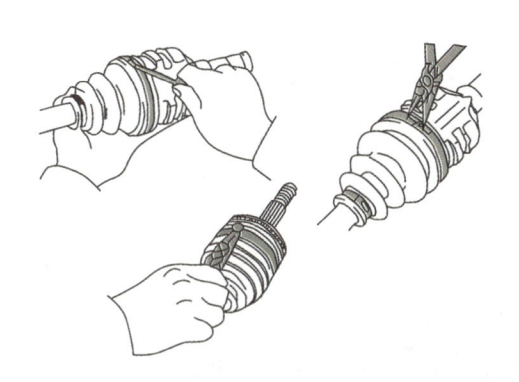

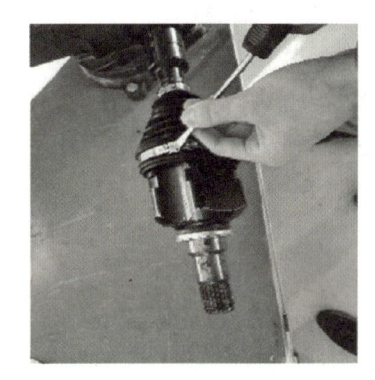

图 4-18 拆卸驱动轴护套

3) 驱动轴护套的拆卸。

a. 如图 4-19 所示，将驱动轴用台虎钳固定在铝板之间。

b. 将内侧护套滑动到外侧球节侧。

c. 对齐内侧球节、三脚头球节和外侧球节轴并在其上做好配合记号，以便部件能够按原始位置安装。

注意：夹紧台虎钳时，切勿过于卡紧台虎钳。用卡环钳拆卸卡环。

(8) 将黄铜棒放在除了三脚头球节滚柱外的任何地方，然后用锤子敲击黄铜棒以拆下三脚头球节。

注意：敲打滚柱会使滚柱变形从而引起异常噪声，如图 4-20 所示。

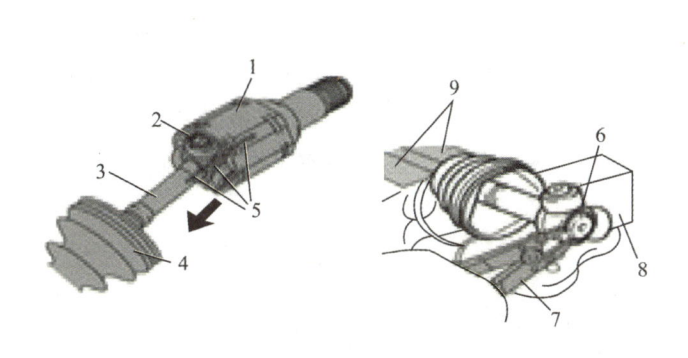

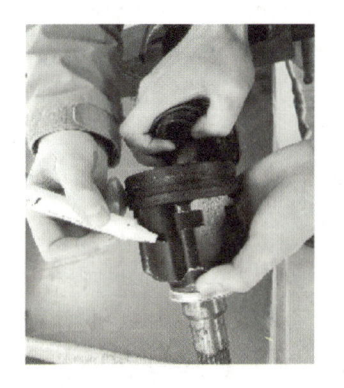

图 4-19 分解驱动轴

1-套筒；2-球笼；3-驱动轴；4-防尘罩；5-标记；6-卡环；7-SST；7-铜板；8-虎钳

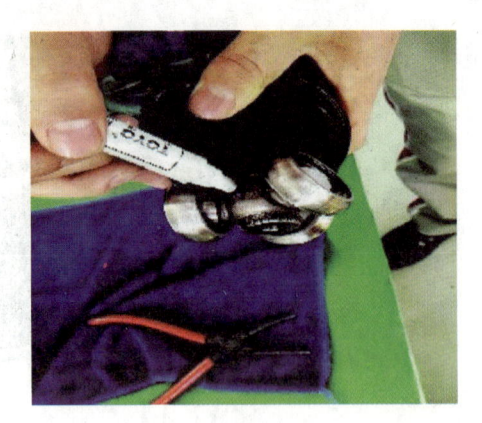

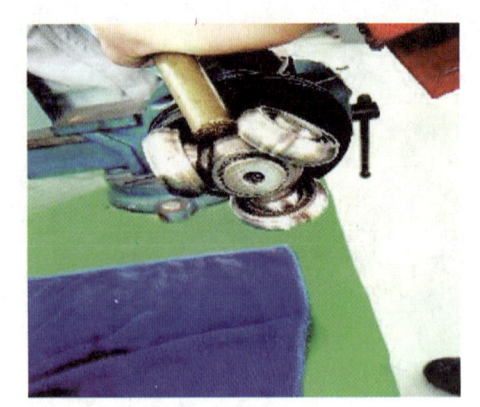

图 4-20 拆卸三角球头

（9）拆卸外侧和内侧护套。

（10）装配驱动轴护套（内外球节）。与拆卸时注意事项基本相同，步骤逆序。先将护套箍套上驱动轴，再将护套安装至正确位置。

（11）安装护套卡箍。请使用恰当的方法安装并紧固每种护套箍。

（12）添加润滑脂。

（13）安装驱动轴，如图 4-21 所示。

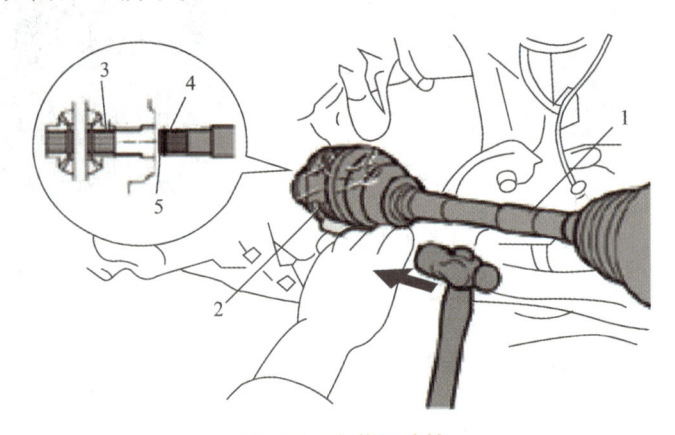

图 4-21　安装驱动轴
1-驱动轴；2-套筒；3-油封；4-花键；5-卡环

任务小结

（1）半轴又称驱动轴，是将差速器与驱动轮连接起来的轴。驱动轴是变速器减速器与驱动轮之间传递转矩的轴，其内外端各有一个万向节，分别通过万向节上的花键与减速器齿轮及轮毂轴承内圈连接。

（2）普通非断开式驱动桥的驱动轴，可根据外端支承形式不同分为全浮式、3/4 浮式和半浮式 3 种。

（3）驱动轴与桥壳没有直接联系，驱动轴只在两端承受转矩，不承受其他任何反力和弯矩，所以称为全浮式驱动轴支承。

（4）驱动轴内端通过花键与驱动轴齿轮连接，不承受弯矩，故称这种支承形式为半浮式驱动轴支承。

（5）驱动轴护套作用是防止外部灰尘和水分等杂质进入万向节。若护套损伤，必定会引起万向节的异常磨损，会直接影响到汽车传动系统性能。如损坏需更换驱动轴护套。

项目四 万向传动装置故障诊断与修复

实训 2 球笼式驱动轴检修工作页

任务名称	万向传动装置故障诊断与修复	总学时		总成绩	
子任务名称	球笼式驱动轴检修	学时		成绩	
学生姓名		学号		班级	

一、资讯

1. 驱动轴又称为_____，是将差速器与_____连接起来的轴。驱动轴是差速器与_____之间传递_____的轴。

2. 请根据驱动轴的组成判断出下图是那种形式的驱动轴：

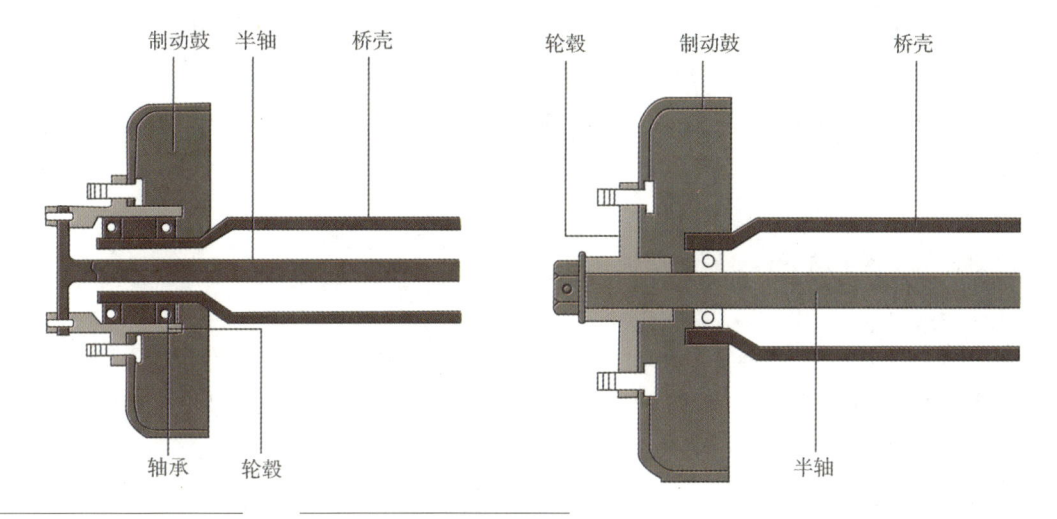

_____   _____

二、计划与决策

请根据驱动轴护套的检查的方法和更换要求，确定所需要的检测仪器、工具，并对小组成员进行合理分工，制定详细的检查和更换计划。

1. 需要的检测仪器、工具

2. 小组成员分工

3. 检查和更换计划

三、实施

1 准备

(1) 车辆进入工位前，将工位卫生清理干净，排除＿＿＿＿＿＿，准备好等。

(2) 安装五件套＿＿＿＿＿＿＿＿＿＿＿＿＿。

(3) 将车辆停驻在举升机中央位置，拉紧驻车制动器或变速器置于空挡，安装车轮＿＿＿＿＿＿。

(4) 拉起发动机舱盖释放杆，打开＿＿＿＿＿＿。

(5) 安装翼子板布和＿＿＿＿＿＿。

2 驱动轴护套检查

(1) 用力将左侧车轮逆时针旋转到＿＿＿＿＿位置，转动车轮＿＿＿＿＿周，用＿＿＿＿＿完成检查项目。

(2) 检查驱动轴外侧护套是否＿＿＿＿＿、破损、＿＿＿＿＿是否渗漏，＿＿＿＿＿是否安装在正确。

(3) 查驱动轴内侧护套是否＿＿＿＿＿、破损、＿＿＿＿＿是否渗漏，＿＿＿＿＿是否安装在正确。

3 驱动轴护套更换

(1) 将驱动轴从车辆上取下，分解驱动轴并更换护套。

(2) 举升车辆。

(3) 拆卸前胎。

(4) 自动变速驱动桥＿＿＿＿＿，拆卸排放塞之前先松开＿＿＿＿＿，然后将齿轮油排放到排放至＿＿＿＿＿。

(5) 分离＿＿＿＿＿＿。

(6) 拆卸驱动轴：

①将驱动轴的螺钉槽置于朝上位置，使用＿＿＿＿＿和锤子松开锁止螺母。

②从＿＿＿＿＿＿＿拆下横臂。

③拆卸＿＿＿＿＿＿。

③把轮毂轻轻朝车外拉动，用＿＿＿＿＿锤子敲击驱动轴顶，部然后将其分离，使用＿＿＿＿＿拉出驱动轴。

(7) 拆卸驱动轴护套：

①取下护套箍。

②驱动轴护套的拆卸。

a. 将驱动轴用＿＿＿＿＿固定在铝板之间。

b. 将内侧护套滑动到＿＿＿＿＿。

c. 对齐内侧球节、＿＿＿＿＿和外侧球节轴并在其上做好＿＿＿＿＿记号，以便部件能够按原始位置安装。

(8) 将黄铜棒放在除了三脚头球节滚柱外的任何地方，然后用＿＿＿＿＿敲击黄铜棒以拆下＿＿＿＿＿。

(9) 拆卸外侧和内侧护套。

(10) 装配驱动轴护套（内外球节）。与拆卸时注意事项基本相同，步骤逆序先将护套箍套上驱动轴，再将＿＿＿＿＿安装至正确位置。

(11) 安装护套_____，请使用恰当的方法安装并紧固每种护套箍．
(12) 添加润滑脂。

四、评价

知识评价

1 现场问答题：

(1) 转向助力油加注盖标注是什么样？
(2) 转向助力油更换保养周期是多少？
(3) 如何选择转向助力油？

技能及素养评价

综合考评		自我评价	小组互评	教师评价	第三方评价
素质考评 30 分	劳动态度 6				
	遵守纪律 6				
	安全操作 6				
	学习态度 6				
	出勤情况 6				
技能考评 70 分	工具使用 10				
	任务方案 10				
	实施过程 30				
	完成结果 10				
	任务工单 10				
（总分 100 分）本次得分：					
最终得分：					

项目五 驱动桥故障诊断与修复

项目描述

李先生驾驶一辆皇冠轿车，最近行车过程中感觉车辆后部有很大噪声，且车速越高现象就更为明显。经过技师判断是由差速器故障引起的，现在需要你对该车的差速器进行检查修复。

学习目标

（1）能描述差速器的功用和结构；
（2）能描述出不同类型差速器的特点；
（3）能分析差速器的工作原理；
（3）能够按照相关规范制订检修计划；
（4）能在规定时间内按照计划进行驱动桥检查和维修。

知识准备

一、差速器的功用

汽车在转弯行驶时，车轮作圆弧运动，外侧车轮比内侧车轮所走过的路程长，且转速高于内侧车轮的转速，如图5-1所示。驱动轮如果直接通过一根轴刚性连接的话，内外两侧车轮就会存在相互干涉。因此，驱动桥上都会安装差速器，用两根半轴分别连接两侧车轮。

安装在同一驱动桥两侧驱动轮之间的差速器称为轮间差速器。在多轴驱动汽车的各驱动桥之间，为了适应各驱动桥所处的不同

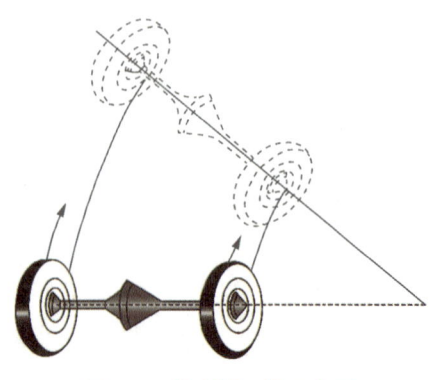

图5-1 差速器工作示意图

路面情况，使各驱动桥有可能具有不同的输入角速度，可以在各驱动桥之间装设轴间差速器。

发动机动力经过一系列的传动机构才传递到驱动轮的，其中主减速器从动齿轮通过差速器分配至两侧半轴或驱动桥，使它们能以不同角速度旋转，如图 5-2 所示。差速器作为差速传动机构，其功能即用来保证各驱动轮在各种运动条件下均处于纯滚动状态，且完成动力传递。

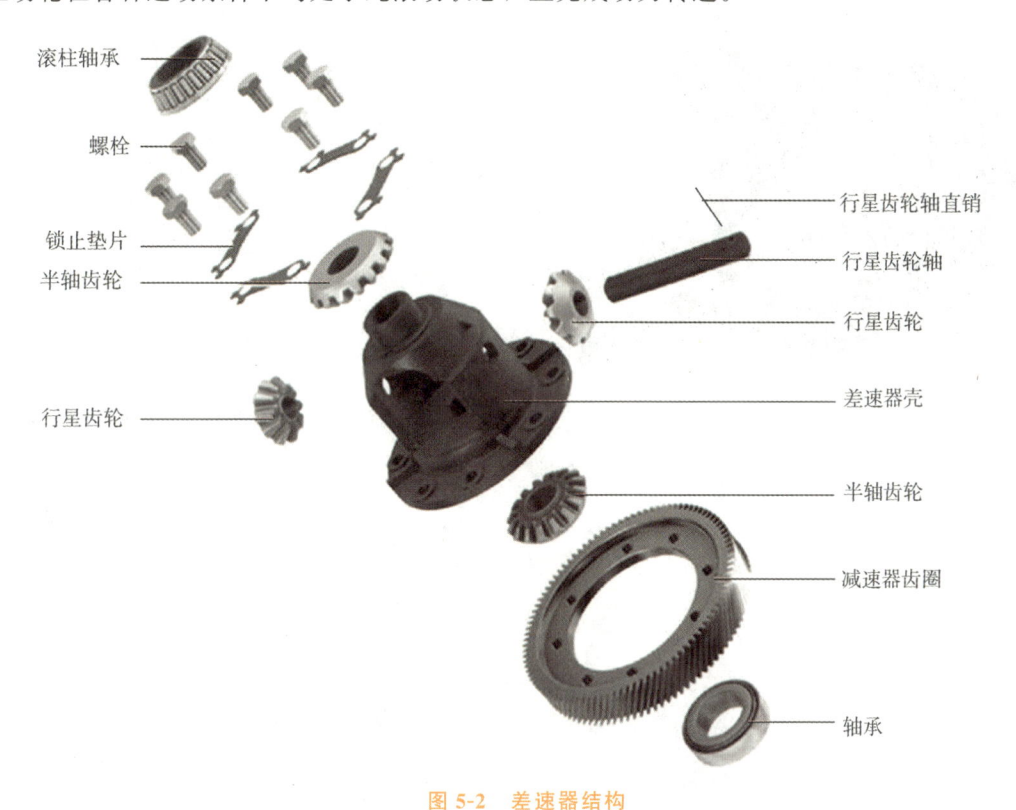

图 5-2 差速器结构

二、差速器的结构及工作原理

普通差速器由行星齿轮、行星轮架（差速器壳）、半轴齿轮等零件组成。发动机的动力经传动轴进入差速器，直接驱动行星轮架，再由行星轮带动左、右两条半轴，分别驱动左、右车轮。差速器的设计要求满足：（左半轴转速）＋（右半轴转速）＝（行星轮架转速）。当汽车直行时，左、右车轮与行星轮架三者的转速相等处于平衡状态，而在汽车转弯时三者平衡状态被破坏，导致内侧轮转速减小，外侧轮转速增加，如图 5-3 所示。

三、普通齿轮式差速器的特性及工作原理

1 对称式锥齿轮差速器中的运动特性关系式

图 5-4 所示为普通对称式锥齿轮差速器简图。差速器壳作为差速器中的主动件，与主减速器的从动齿轮和行星齿轮轴连成一体。半轴齿轮 1 和 2 为差速器中的从动件。行星齿轮即可随行星齿轮轴一起绕差速器旋转轴线公转，又可以绕行星齿轮轴轴线自转。

左右两侧半轴齿轮的转速之和等于差速器壳转速的两倍，这就是两半轴齿轮直径相等的对称式锥齿轮差速器的运动特性关系式。

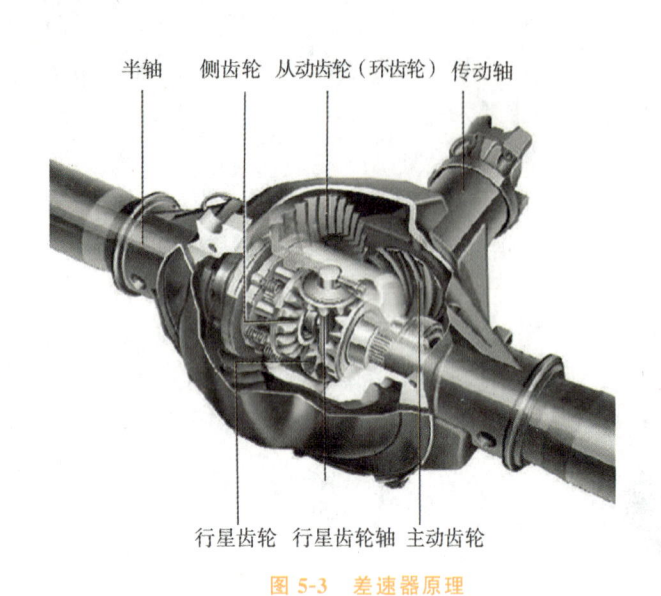

图 5-3 差速器原理

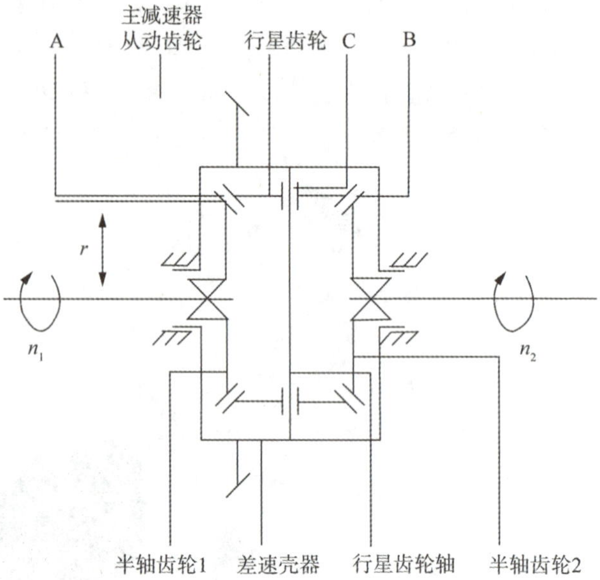

图 5-4 差速器运动原理示意图

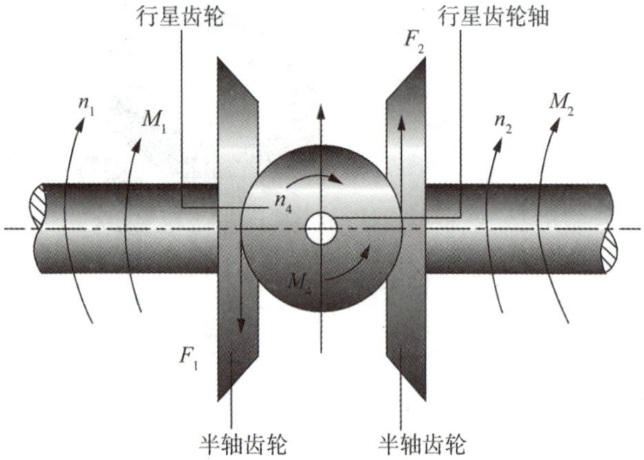

图 5-5 差速器扭矩分配示意图

2 对称式锥齿轮差速器中的转矩分配关系式

如图 5-5 所示，设输入差速器壳的转矩为 M_0，输出给左、右两半轴齿轮的转矩为 M_1 和 M_2。当与差速器壳连在一起的行星齿轮轴带动行星齿轮转动时，行星齿轮相当于一根横向杆，其中点被行星齿轮轴推动，左右两端带动半轴齿轮转动，作用在行星齿轮上的推动力必然平均分配到两个半轴齿轮之上。又因为两个半轴齿轮半径也是相等的。所以当行星齿轮没有自转趋势时，差速器总是将转矩 M_0 平均分配给左、右两半轴齿轮，即

$$M_1 = M_2 = 0.5 M_0$$

当两半轴齿轮以不同转速朝相同方向转动时，设左半轴转速 n_1 大于右半轴转速 n_2，则行星齿轮将按图上实线箭头 n_4 的方向绕行星齿轮轴轴颈自转，此时行星齿轮孔与行星齿轮轴轴颈间以及行星齿轮背部与差速器壳之间都产生摩擦，半轴齿轮背部与差速器壳之间也产生摩擦。这几项摩擦综合作用的结果，使转得快的左半轴齿轮得到的转矩 M_1 减小，设减小量为 $0.5M_f$；而转得慢的右半轴齿轮得到的转矩 M_1 增大，增大量也为 $0.5M_f$。

因此，当左右驱动车轮存在转速差时，则

$$M_1 = 0.5(M_0 - M_f)$$
$$M_2 = 0.5(M_0 + M_f)$$

左、右车轮上的转矩之差等于折合到半轴齿轮上总的内摩擦力矩 M_f。

差速器中折合到半轴齿轮上总的内摩擦力矩 M_f 与输入差速器壳的转矩 M_0 之比称为差速器的锁紧系数 K，即

$$K = \frac{M_f}{M_0}$$

输出给转得快慢不同的左右两侧半轴齿轮的转矩可以写成：

$$M_1 = 0.5 M_0 (1 - K)$$
$$M_2 = 0.5 M_0 (1 + K)$$

输出到低速半轴的转矩与输出到高速半轴的转矩之比 K_b 可以表示为

$$K = \frac{M_2}{M_1} = \frac{1 + K}{1 - K}$$

无论左右驱动轮转速是否相等，对称式锥齿轮差速器总是将转矩近似平均分配给左右驱动轮的。这样的转矩分配特性对于汽车在良好路面上行驶是完全可以的，但当汽车在坏路面行驶时，却会严重影响其通过能力。例如当汽车的一侧驱动车轮驶入泥泞路面，由于附着力很小而打滑时，即使另一车轮是在好路面上，汽车往往不能前进。这是因为对称式锥齿轮差速器平均分配转矩的特点，使在好路面上车轮分配到的转矩只能与传到另一侧打滑驱动轮上很小的转矩相等，以致使汽车总的牵引力不足以克服行驶阻力而不能前进。

差速器工作原理

3 工作原理

当直线行驶时（图5-6），动力通过环形齿轮，传递到行星齿轮，由于两侧驱动轮受到的阻力相同，行星齿轮不发生自转，通过半轴把动力传到两侧车轮。相当于刚性连接、两侧车轮转速相等。

当车辆转弯时（图5-7），左右车轮受到的阻力不一样，行星齿轮绕着半轴转动并同时自转，从而吸收阻力差，使车轮能够与不同的速度旋转，保证汽车顺利过弯。

如果当某一侧车轮的阻力为0（如车轮打滑），那么另一侧车轮的阻力相对于车轮打滑的一侧来说太大了，行星齿轮只能跟着壳体一起绕着半轴齿轮公转，同时自身还会自转。这样的话就会把动力全部传递到打滑的那一侧车轮，车轮就只能原地不动了。

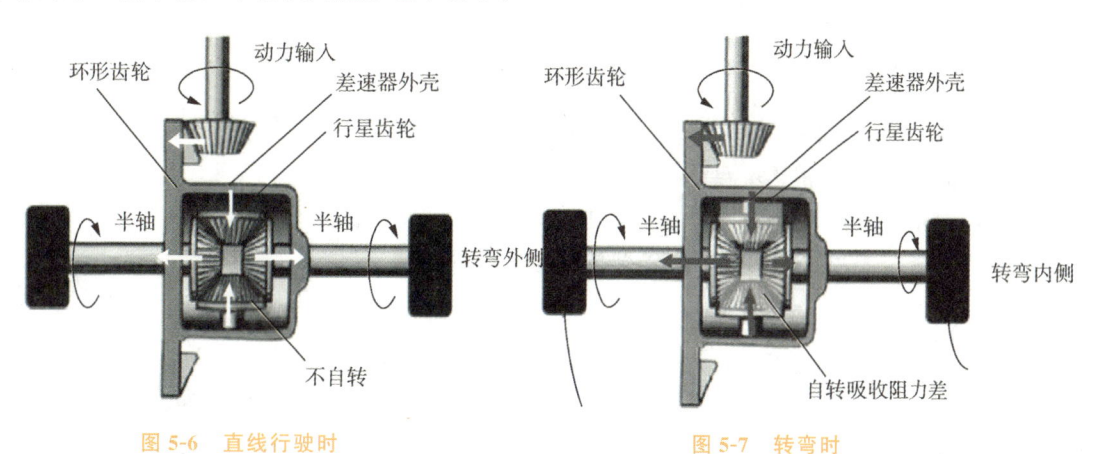

图5-6 直线行驶时　　　　图5-7 转弯时

四、防滑差速器的分类及特点

为提高汽车在坏路上的通过能力，某些越野汽车及高级轿车上装置了限滑差速器。限滑差速器（Limited Slip Diff，LSD）顾名思义就是限制车轮滑动的一种改进型差速器，指两侧驱动轮转速差值被允许在一定范围内，以保证正常的转弯等行驶性能的类差速器。

图 5-8 托森差速器

事实上限滑差速器依构造的不同可以分为好几种形式，根据结构特点不同，限滑差速器有强制锁止式、高摩擦式和自由轮式三种。其中，高摩擦式中又有摩擦片式自锁差速器、托森差速器、蜗轮式差速器、滑块凸轮式差速器和黏性联轴器式差速器五种，每一种限滑差速器亦都有其特别之处，图 5-8 所示为托森差速器。

差速器的检查与调整

限滑差速器的特点是当一侧驱动轮在坏路上滑转时，能使大部分甚至全部转矩传给在良好路面上的驱动轮，以充分利用这一驱动轮的附着力来产生足够的驱动力，使汽车顺利起步或继续行驶。为实现上述要求，最简单的方法是在对称式锥齿轮差速器上设置差速锁，成为强制止锁式差速器。当一侧驱动轮滑转时，可利用差速锁使差速器锁死而不起差速作用。

限滑差速器能够克服普通锥齿轮式差速器因转矩平均分配给左、右轮而带来的在坏路面（泥泞、冰雪路面等）上行驶时，因一侧驱动轮接触泥泞、冰雪路面而在原地打滑（滑转），另一侧在好路面上的驱动轮却处在不动状态使汽车通过能力降低的缺点。这是因为与泥泞、冰雪路面接触的驱动轮与路面的附着力减少，路面对半轴作用有很小的反作用转矩，结合对称式锥齿轮差速器具有转矩平均分配的特点，这使处在好路面上的驱动轮所得到的转矩只能与处于坏路面上的驱动轮转矩相等，于是两者的合力不足以克服行驶阻力，汽车便停止不动。

操作指引

1 组织方式

（1）场地设施：举升机一台，装有废气抽排系统和消防设施的场地。

（2）设备设施：捷达轿车、自动挡迈腾轿车、转向盘护套、变速杆手柄套、座位套、脚垫、翼子板和前格栅磁力护裙等。

（3）工量具：维修手册、场地内考核设备、零件总成工具（常用、专用），扭力扳手，小扭力扳手，螺母调整扳手（09504-00011），常用工具。

（4）耗材：工单及其他等。

2 操作要求

（1）穿戴干净整齐的工作服。

（2）遵守场地安全规定，注意用电安全。

（3）正确使用游标卡尺、扭力扳手等工量具。

（4）安装时，禁止将油液、油脂和水等黏附到制动片上。

（5）不同车型的技术要求可能不同，具体数据参考对应的维修手册。

任务实施

差速器的调整

1 调整前准备（图 5-9）

（1）固定差速器，连同轴承一起安装。

(2) 安装调整螺母。调整螺母按原位置安装，不得装反。

(3) 安装轴承盖。对齐轴承盖与托架上标记，左右不得装反、检查调整螺母螺纹是否对齐、用手推入轴承盖，检查轴承盖是否完全坐合。

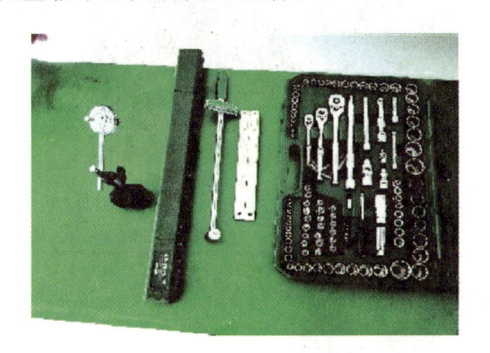

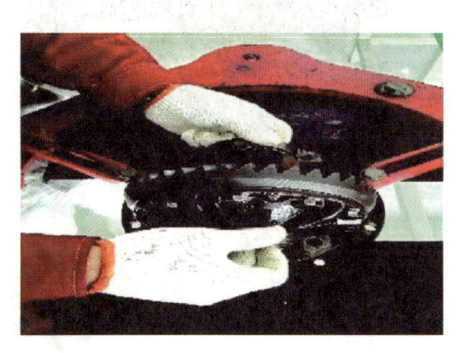

图 5-9　调整前准备

2 调节半轴轴承预紧度（图 5-10）

(1) 上紧轴承盖螺栓，多次均匀上紧、用手带紧、正确使用 SST。

(2) 使用 SST 调整齿圈齿隙，调整齿隙达到 0.2mm（估测值）。

(3) 用 SST 将主动小齿轮侧的调整螺母拧紧，正确使用 SST。

(4) 在齿圈背面调整螺母上放置百分表，百分表的测量方法正确，上紧主动小齿轮侧调整螺母，直至百分表指针移动（零预紧力状态），调整螺母 1~1.5 个槽口。

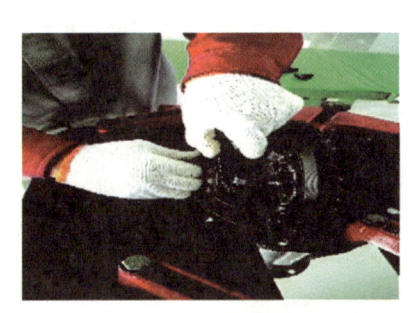

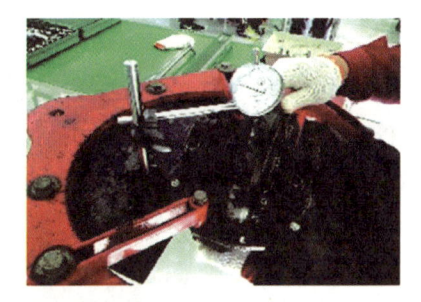

图 5-10　调节半轴轴承预紧度

3 测量调整齿圈齿隙（图 5-11）

(1) 调整齿圈齿隙。调整时左右螺母应转动相同，一侧紧，一侧松，保证预紧力不变，调整值正确标准值：0.13~0.18mm。

(2) 拧紧轴承盖螺栓拧紧力矩：规定力矩为 80MPa。

(3) 重新检查齿圈齿隙标准值：0.13~0.18mm。

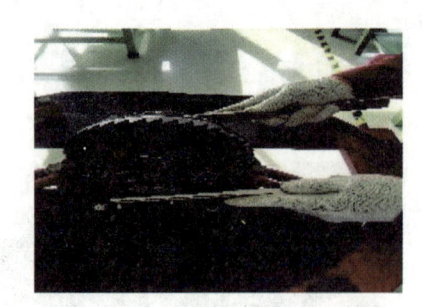

图 5-11 调整齿隙

图 5-12 检查总预紧

4 检查总预紧标准值：4.4～0.6MPa。通过小齿轮侧调整螺母调整，如图 5-12 所示。

任务小结

（1）普通差速器由行星齿轮、行星轮架（差速器壳）、半轴齿轮等零件组成。

（2）当直线行驶时，动力通过环形齿轮，传递到行星齿轮，由于两侧驱动轮受到的阻力相同，行星齿轮不发生自转，通过半轴把动力传到两侧车轮。相当于刚性连接、两侧车轮转速相等。当车辆转弯时，左右车轮受到的阻力不一样，行星齿轮绕着半轴转动并同时自转，从而吸收阻力差，使车轮能够与不同的速度旋转，保证汽车顺利过弯。

（3）如果当某一侧车轮的阻力为 0（如车轮打滑）时，那么另一侧车轮的阻力相对于车轮打滑的一侧来说过大，行星齿轮只能跟着壳体一起绕着半轴齿轮公转，同时自身还会自转。这样就会把动力全部传递到打滑的那一侧车轮，车轮就只能原地不动。

（4）限滑差速器的特点是：当一侧驱动轮在坏路上滑转时，能使大部分甚至全部转矩传给在良好路面上的驱动轮，以充分利用这一驱动轮的附着力来产生足够的驱动力，使汽车顺利起步或继续行驶。

实训 1　驱动桥故障诊断与修复

任务名称	驱动桥故障诊断与修复	总学时		总成绩	
子任务名称	驱动桥故障诊断与修复	学时		成绩	
学生姓名		学号		班级	

一、资讯

1. 差速器作为差速传动机构，其功能即用来保证各驱动轮在各种运动条件下均处于_____且完成_____。

2. 普通差速器主要组成部分是由_____、_____、半轴齿轮等零件组成。

3. 发动机的动力经传动轴进入_____，直接驱动行星轮架，再由行星齿轮带动_____，分别驱动左、右车轮。

4. 普通齿轮式差速器常见的两种类型分别是：_____、_____。两种类型的关系式分别是：_____、_____。5. 当直线行驶时，动力通过_____，传递到_____，由于两侧驱动轮受到的阻力相同，行星齿轮不发生_____。通过半轴把动力传到两侧车轮，相当于刚性连接、两侧车轮转速相等。

6. 当车辆转弯时，左右车轮受到的阻力不一样，_____绕着半轴转动并同时自转，从而吸收_____使车轮能够以不同的速度旋转，保证汽车顺利过弯。

7. 能够克服普通锥齿轮式差速器因转矩平均分配给左、右轮而带来的在坏.面（泥泞、冰雪路面等）上行驶的是_____差速器。

二、计划与决策

请根据检查觉车辆后部有很大噪声的检查方法和修理要求，确定所需要的工具，并对小组成员进行合理分工，制定详细的检查和更换计划。

1. 需要的工具

2. 小组成员分工

3. 检查和维护计划

三、实施

1 调整前准备

（1）固定差速器，连同轴承一起安装。

（2）安装调整螺母，调整螺母按_____位置安装，不得装反。

（3）安装轴承盖，对齐_____与_____上标记，左右不得装反，检查调整螺母螺纹是否对齐，用手推入_____，检查轴承盖是否完全坐合。

2 调节半轴轴承预紧度

（1）上紧轴承盖螺栓，多次均匀上紧、用手带紧、正确使用_____。

（2）使用 SST 调整齿圈齿隙，调整齿隙达到_____mm（估测值）。

（3）用 SST 将主_____侧的调整螺母拧紧，正确使用 SST。

（4）在齿圈背面调整螺母上放置_____，百分表的测量方法正确。上紧主动小齿轮侧调整螺母，直至百分表指针移动_____调整螺母 1～1.5 个槽口。

3 测量调整齿圈齿隙

（1）调整齿圈齿隙，调整时左右螺母应转动相同。一侧紧，一侧松，保证预紧力不变。调整值正确标准值：_____mm。

（2）拧紧轴承盖螺栓拧紧力矩：规定力矩为_____MPa。

（3）重新检查齿圈齿隙标准值：_____mm。

4 检查总预紧

标准值：_____MPa。通过小齿轮侧调整螺母调整。

四、评价

知识评价

1 现场问答题：

（1）哪些原因会造成机械液压式转向系统转向沉重。

（2）电动液压转向泵皮带张紧力在哪里能够查到。

（3）请指出该车型的电动泵的安装位置。技能及素养评价

技能及素养评价

综合考评		自我评价	小组互评	教师评价	第三方评价
素质考评30分	劳动态度6				
	遵守纪律6				
	安全操作6				
	学习态度6				
	出勤情况6				
技能考评70分	工具使用10				
	任务方案10				
	实施过程30				
	完成结果10				
	任务工单10				
（总分100分）本次得分：					
最终得分：					

项目六 行驶系统故障诊断与修复

项目概述

汽车行驶系统的功能是接受由发动机经传动系输出的转矩，并通过驱动轮与路面间附着作用，产生路面对汽车的牵引力来保证汽车的正常行驶；传递并承受路面作用于车轮的各向反力及其形成的力矩；此外，行驶系统尽可能缓和不平路面对车身造成的冲击和震动，保证汽车行驶平稳性，并且与汽车转向系统配合工作，实现汽车行驶方向的正确控制。行驶系统由车架、悬架、车轮和车桥四大部分组成。

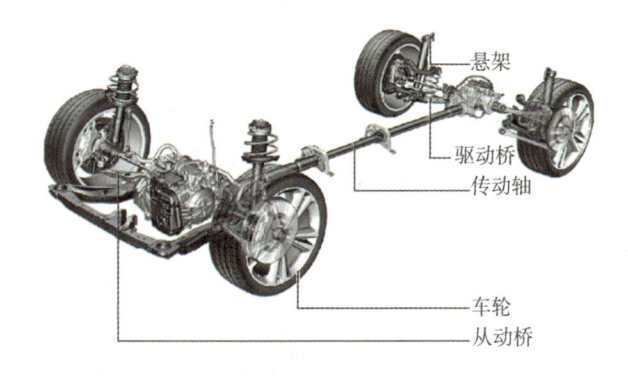

主要学习任务

任务1　车架的检修

任务2　悬架的检修

任务3　轮胎的检修

任务4　车轮的动平衡

任务5　车轮定位

任务1　车架的检修

任务描述

客户李先生在一次自驾游过程中，不小心磕到汽车的底部，经检查还好，车架并没有受到损伤，但是副车架在这次事故中损坏。

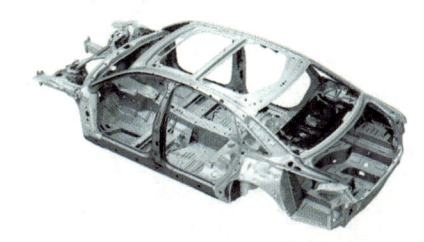

车架不仅承受各零部件、总成的载荷，还要承受汽车行驶时来自路面各种复杂载荷的作用，如汽车加速、制动时的纵向力，汽车转弯时的侧向力，不良路面传来的冲击等。副车架是支撑前后车桥、悬架的支架，使车桥、悬架通过它再与车架相连。

学习目标

（1）能描述车架的种类和功用；

（2）能完成车架和掌握副车架的拆装；

（3）会运用所学知识和经验，为客户提供车架日常维护的建议；

（4）具备信息查询和手册使用的基本能力；

（5）能够按照企业5S管理要求和安全生产规范进行操作；

（6）能与同学密切合作，规范安全地完成学习活动；

（7）养成自主学习的习惯，培养操作规范的工作作风及环保意识。

知识准备

一、梁式车架

梁式车架包括边梁式车架、中梁式车架和综合式车架。目前汽车上多采用边梁式车架，边梁式车架如图6-1、图6-2所示。

图6-1 边梁式车架　　　　　　　　　　图6-2 边梁式车架与车身

1 边梁式车架

边梁式车架有两根纵梁和若干根横梁构成。纵梁和横梁之间通过铆接或焊接的方法连接起来。这种车架结构简单、便于整车的布置，所以在各种类型的汽车上都广泛应用。

2 中梁式车架

中梁式车架有较好的抗扭转刚度和较大的前轮转向角，在结构上允许车轮有较大的跳动空间，便于装用独立悬架，从而提高了汽车的越野性；与同吨位的载货汽车相比，其车架轻，整车质量小，同时质心也较低，故行驶稳定性好；车架的强度和刚度较大；脊梁还能起封闭传动轴的防尘罩作用。中梁式车架的缺点：制造工艺复杂，精度要求高，总成安装困难，维护修理也不方便，故目前应用较少。中梁式车架结构如图6-3所示。具有中梁式车架的底盘示意图如图6-4所示。

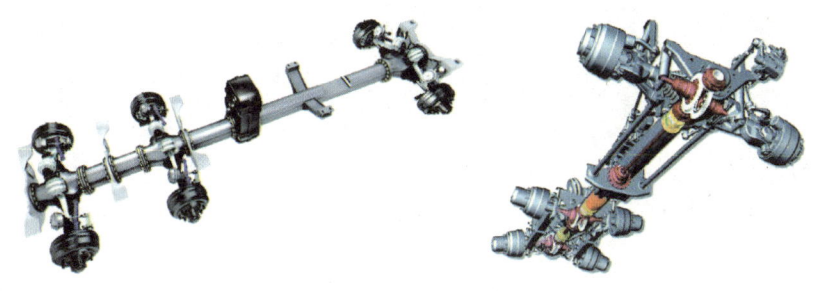

图 6-3 中梁式车架　　图 6-4 具有中梁式车架的底盘示意图

二、承载式车身（无梁式车架）

无梁式车架是用车身兼做车架，汽车的所有零部件、总成都安装在车身上，车身要承受各种载荷的作用，因而这种车身又成为承载式车身，广泛用于轿车和客车。

针对梁式车架质量重、体积大、重心高的问题，承载式车架的意念是用金属制成坚固的车身，再将发动机、悬架等机械零件直接安装在车身上。这个车身承受所有的载荷，充当车架，所以准确称呼应为"无车架结构的承载式车身"（采用梁式车架的汽车车身则称为"非承载式车身"）。承载式车架由钢或铝经冲压、焊接而成，成型的车架是个带有座舱、发动机舱和底板的骨架，如图 6-5 所示。

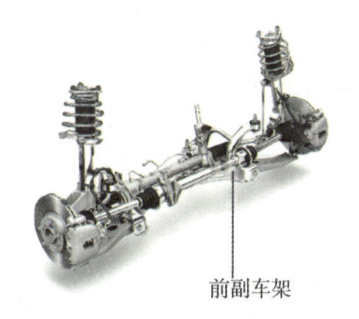

图 6-5 承载式车架　　图 6-6 副车架示意图
前副车架　　前副车架

三、副车架

副车架并非完整的车架，只是支撑前后车桥、悬架的支架，使车桥、悬架通过它再与"正车架"相连，习惯上称为"副架"。副车架的作用是阻隔振动和噪声，减少其直接进入车厢，所以大多出现在豪华的轿车和越野车上，有些汽车还为发动机装上副架。图 6-6 所示为副车架示意图。

操作指引

1 组织方式

（1）场地设施：举升机一台，装有废气抽排系统和消防设施的场地。

（2）设备设施：2011 款迈腾轿车。

（3）工量具：常用工具 1 套、发动机和变速器举升装置。

2 操作要求

（1）穿着干净整齐的工作服。

（2）遵守场地安全规定，注意用电安全。

任务实施

1 拆卸副车架

（1）拆下车轮和下部隔音棉。

（2）从副车架上取下机油油位和机油温度传感器。

（3）拧下控制臂螺母，如图 6-7 所示，拔出控制臂。

（4）拆下副车架上的排气装置支架，如图 6-8 所示。

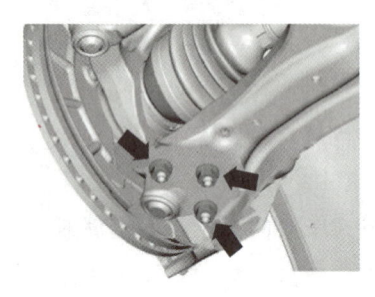

图 6-7　拧下控制臂螺母 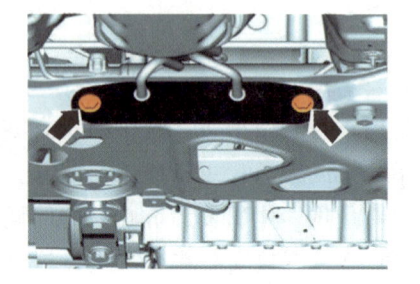　　图 6-8　拆下副车架上的排气装置支架

（5）拆下稳定杆的连接杆。

（6）用举升装置放置于副车架下，如图 6-9 所示。

（7）拆卸转向器与副车架的连接螺栓。

（8）拆卸稳定杆与副车架的连接螺栓。

（9）拆卸副车架与车身的连接螺栓，如图 6-10 所示。

（10）用举升装置降下副车架。

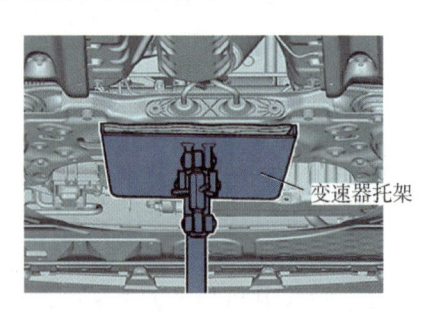

图 6-9　将举升装置放置于副车架下 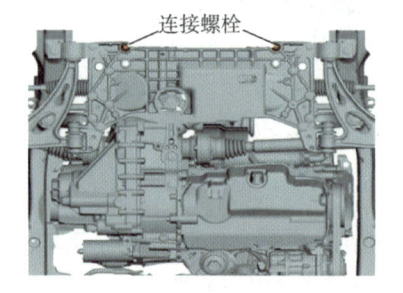　　图 6-10　拆卸副车架与车身的连接螺栓

2 安装副车架

安装以倒序进行，表 6-1 是安装力矩表。

表 6-1　安装力矩表

部件	拧紧力矩
稳定杆安装到副车架上 ◆使用新螺栓	20N·m＋继续旋转 90°
稳定杆安装到连接杆上 ◆使用新螺母 ◆固定在方向节轴颈的套筒接头上	65N·m

(续表)

部件	拧紧力矩
转向器安装到副车架上 ◆使用新螺栓	50N·m＋继续旋转 90°
转向节主销连接到铸钢控制臂上 ◆使用新螺栓	65N·m

任务小结

（1）车架分为承载式车架和非承载式车架。

（2）副车架可以看成是前后车桥的骨架，是前后车桥的组成部分。副车架并非完整的车架，只是支撑前后车桥、悬挂的支架，使车桥、悬挂通过它再与"正车架"相连，习惯上称为"副架"。

实训 1　车架的检修工作页

任务名称	行驶系统故障诊断与修复	总学时		总成绩	
子任务名称	车架的检修	学时		成绩	
学生姓名		学号		班级	

一、资讯

1. 按车架的结构形式不同，可分为_____、_____、_____和_____ 4 种。

2. 根据车桥作用的不同，车桥可分为_____、_____、_____和_____ 4 种类型。

3. 副车架并非完整的车架，只是支撑_____、_____的支架。

3. 无梁式车架是用车身兼做车架，汽车的所有零部件、总成都安装在车身上，车身要承受各种载荷的作用，因而这种车身又成为_____，广泛用于轿车和客车。

4. 梁式车架又包括_____和中_____、_____。

二、计划与决策

请根据汽车维护的要求，确定所需要的工具，并对小组成员进行合理分工，制定详细的检查和更换计划。

1. 需要的工具

2. 小组成员分工

3. 检查和维护计划

三、实施

1 接车检查

(1) 情景模拟，角色扮演客户与服务顾问，进行接车环节演练。

(2) 环车检查，记录车辆基本信息：

车辆品牌型号：_____

车辆 VIN 号码：_____

车辆行驶里程：_____

车辆外观检查结果：_____

2 拆卸副车架

(1) 写下副车架的拆卸流程。
_____
_____
_____

(2) 在实车上指出需要拆卸的部件并写出。
_____
_____

3 安装副车架

(1) 写下副车架的安装流程。
_____
_____
_____

(2) 做出需要安装的部件的扭矩表格。

4 整理工位

收回翼子板布和前格栅布，关闭发动机舱盖；收回五件套，清洁车辆、清洁地面卫生，处理废弃物。

四、评价

知识评价

1 现场问答题：

(1) 叙述车架的种类。

(2) 说出车架的作用。

(3) 描述副车架拆装时的注意事项。

项目六 行驶系统故障诊断与修复

技能及素养评价

综合考评		自我评价	小组互评	教师评价	第三方评价
素质考评 30 分	劳动态度 6				
	遵守纪律 6				
	安全操作 6				
	学习态度 6				
	出勤情况 6				
技能考评 70 分	工具使用 10				
	任务方案 10				
	实施过程 30				
	完成结果 10				
	任务工单 10				
（总分 100 分）本次得分：					
最终得分：					

任务 2　悬架的检修

任务描述

车主李先生反映，车辆在过弯或者加速及减速的时候，车辆上下窜的特别厉害，给驾驶员以及车辆乘客的乘坐舒适性带来很大影响。

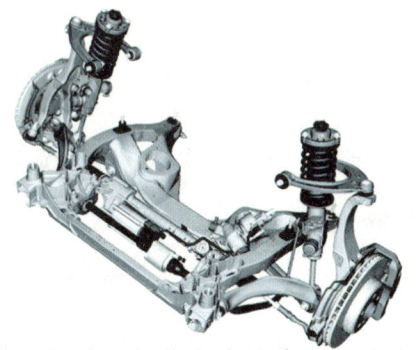

悬架是汽车的车架与车桥或车轮之间的一切传力连接装置的总称，其作用是传递作用在车轮和车架之间的力和扭力，并且缓冲由路面传给车架或车身的冲击力，并衰减由此引起的振动，以保证汽车能平顺地行驶。

如果车辆在过弯或加减速时，车身振动厉害，就需要对悬架系统进行检修。

学习目标

（1）能够认知独立悬架和非独立悬架；
（2）能够认知悬架的各部分结构名称；

(3) 能够检修悬架的常见故障；

(4) 具备信息查询和维修手册使用的基本能力；

(5) 能够按照企业 5S 管理要求和安全生产规范进行操作；

(6) 能与同学密切合作，规范安全地完成学习活动；

(7) 养成自主学习的习惯、培养操作规范的工作作风及环保意识。

知识准备

一、悬架的结构

悬架结构

典型的悬架结构由弹性元件、导向机构以及减振器组成，有的车型还有横向稳定器等。弹性元件又有钢板弹簧、空气弹簧、螺旋弹簧以及扭杆弹簧等形式，现代轿车悬架多采用螺旋弹簧和扭杆弹簧，有的高级轿车采用了气体弹簧。悬架的组成如图 6-11 所示。

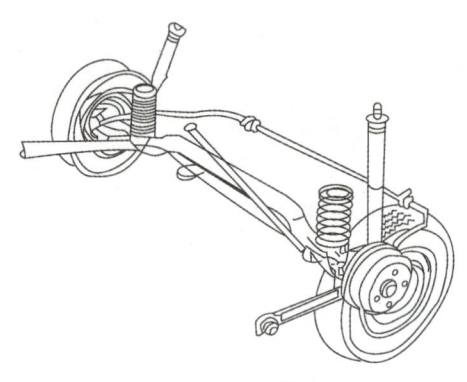

图 6-11 悬架的结构组成

1 减振器

减振器是产生阻尼力的主要元件，其作用是迅速衰减汽车的振动，改善汽车的行驶平顺性，增强车轮和地面的附着力。另外，减振器能够降低车身部分的动载荷，延长汽车的使用寿命。

（1）减振器原理

目前，汽车中广泛使用液压减振器，其基本原理如图 6-12 所示，当车架与车桥做往复相对运动时，减振器中的油液反复经过活塞上的阀孔，由于阀孔的节流作用及油液分子间的内摩擦力便形成了衰减振动的阻尼力，使振动的能量转变为热能，并由油液和减振器壳体吸收，然后散到大气中。

阀门越大，阻尼力越小，反之亦然。相对运动速度越大，阻尼力越大，反之亦然。阻尼力越大，振动的衰减越快，但悬架弹性元件的缓冲效果不能发挥，乘坐也不舒适，因此弹性元件的刚度与减振器的阻尼力要合理搭配，才能保证乘坐舒适性和操纵稳定性的要求。

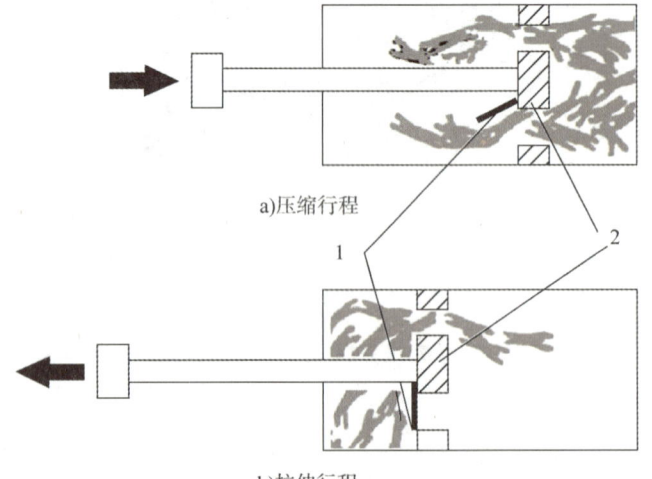

a) 压缩行程

b) 拉伸行程

图 6-12 减振器原理
1—阀门；2—活塞

(2) 双筒液压减振器 在双筒液压减振器中两个直径不同的缸筒套在一起且彼此相对移动。油液的工作室位于内侧缸筒内，活塞在工作室内移动。内侧缸筒与外侧缸筒之间为储油室。活塞和活塞杆固定在车身上，内侧缸筒和外侧缸筒固定在车桥上。弹簧压缩或弹簧伸长时活塞挤压油液。弹簧压缩时经过活塞阀流入上部工作室内，弹簧伸长时经过活塞阀流入上部工作室内。图 6-13 所示为双筒液压减振器。

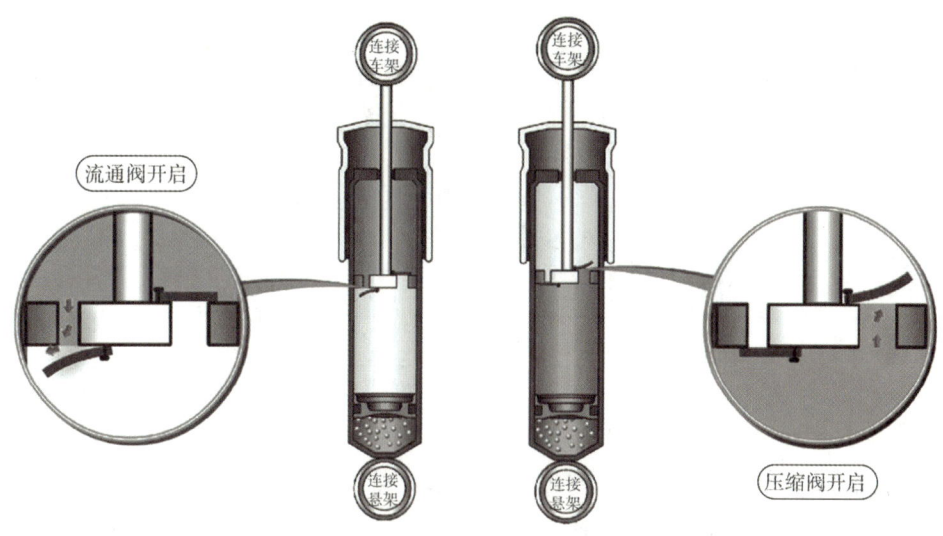

充气式减振工作原理

图 6-13 双筒液压减振器

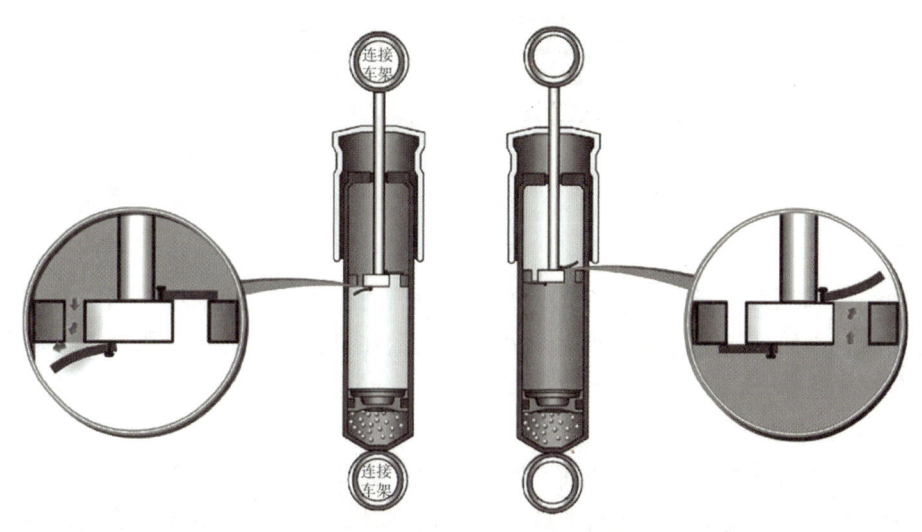

(3) 单筒液压充气减振器 单筒液压充气减振器由以下部件组成：一个带阀门的活塞，活塞与活塞杆相连；一个分隔充气室和油液的浮动活塞；一个充满油液的缸筒。单筒液压充气减振器结构如图 6-14 所示。当弹簧压缩时，活塞向下移动。油液从缸筒下部通过阀门进入缸筒上部。活塞杆向下移动的部分体积通过气体压缩来补偿。

当车轮下跳时，减振器伸长。缸筒上部的油液受压通过阀门进入缸筒下部。气室的膨胀量等于活塞移出部分的体积。

双筒液压减振器工作原理

图 6-14 单筒液压充气减振器

2 弹性元件

弹性元件承受垂直载荷，缓和和抑制不平路面引起的振动和冲击。弹性元件主要有钢板弹簧、螺旋弹簧、扭杆弹簧、气弹簧和橡胶弹簧等。汽车上常用的弹性元件包括钢板弹簧、螺旋弹簧、扭杆弹簧和气体弹簧等。

(1) 钢板弹簧　钢板弹簧由若干片长度不等的合金弹簧钢片叠加而成，构成一根近似等强度的弹性梁。各弹簧片用中心螺栓连接，并保证各片的相对位置。中心螺栓距两端卷耳中心的距离可以是相等的，称为对称式钢板弹簧；也可以是不相等的，称为非对称式钢板弹簧。钢板弹簧的结构如图 6-15 所示。

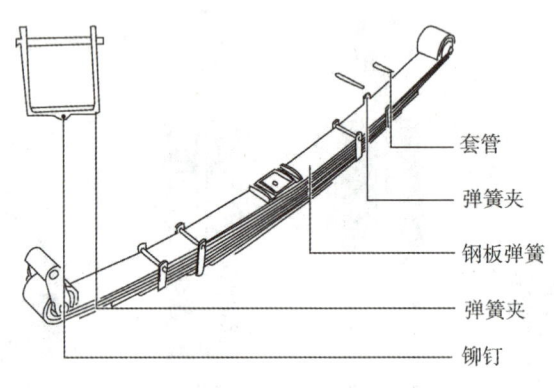

图 6-15　钢板弹簧

(2) 螺旋弹簧　螺旋弹簧广泛应用于独立悬架，有些轿车的后轮非独立悬架也采用螺旋弹簧做弹性元件。由于螺旋弹簧只能承受垂直载荷，且变形时不产生摩擦力，所以悬架中必须装有减振器和导向机构。

螺旋弹簧如由特殊的弹簧钢棒卷制而成，可以制成圆柱形或圆锥形，也可以制成等螺距或不等螺距。圆柱形等螺距螺旋弹簧的刚度是不变的，圆锥形、中凸型和不等螺距螺旋弹簧的刚度是可变的。悬架用螺旋弹簧如图 6-16 所示。

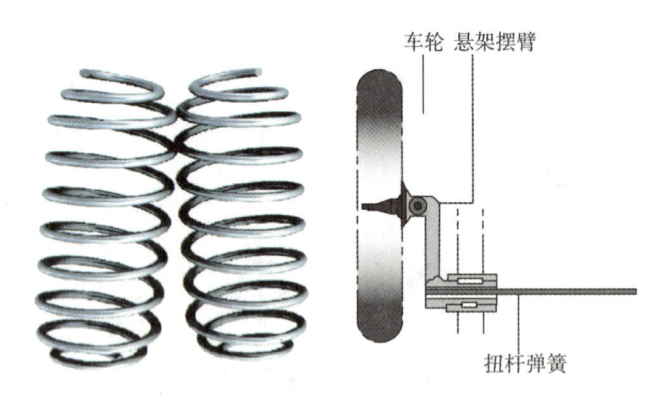

图 6-16　悬架用螺旋弹簧　　图 6-17　扭杆弹簧在汽车上的安装示意

(3) 扭杆弹簧

扭杆弹簧是由弹簧钢制成的杆件，扭杆的断面通常为圆形，少数为矩形或管形，其两端制成花键、方形、六角形等形状，以便一端固定在车架上，另一端固定在悬架的摆臂上。摆臂与车轮相连，当车轮跳动时，摆臂绕扭杆轴线摆动，使扭杆产生扭转弹性变形，以保证车轮与车架的弹性联系。扭杆弹簧在汽车上的安装如图 6-17 所示。

(4) 气体弹簧　气体弹簧分为空气弹簧和油气弹簧两种。空气弹簧是利用密闭容器中空气的可压缩性制成的弹簧。它的变形与载荷关系特性线为曲线，可根据需要进行设计。空气弹簧能同时承受径向和轴向载荷，也能传递一定的扭矩，通过调整内部压力可获得不同的承载能力。空气弹簧的结构形式很多，有囊式和膜式等，如图6-18所示。

油气弹簧是利用气体的压缩来储存能量的弹性元件。它是在膜式空气弹簧的基础上发展出来的。它采用金属容器作为气室，以惰性的氮气作为弹性元件，并在活塞和气体之间有油液作为中间介质。油气弹簧的球形室固定在工作缸上，室的内腔用橡胶油气隔膜隔开，充入高压氮气的一侧为气室，与工作缸相通并充满油液的一侧为油室。油气弹簧的结构如图6-19所示。

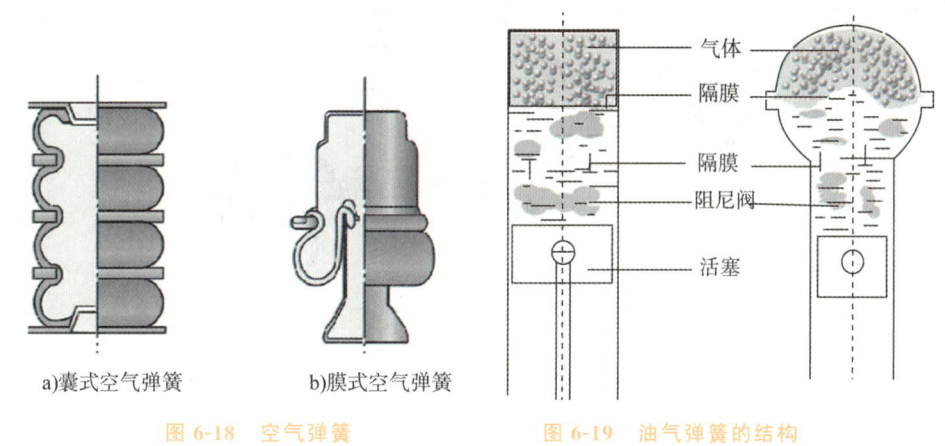

悬架类型

a)囊式空气弹簧　　b)膜式空气弹簧

图6-18　空气弹簧

图6-19　油气弹簧的结构

3 导向机构

导向机构包括纵向推力杆和横向推力杆，用于传递纵向载荷和横向载荷，并保证车轮相对于车架（或车身）的运动关系。

4．横向稳定器　横向稳定器的作用是防止车身在转向等情况下发生过大的横向倾斜。

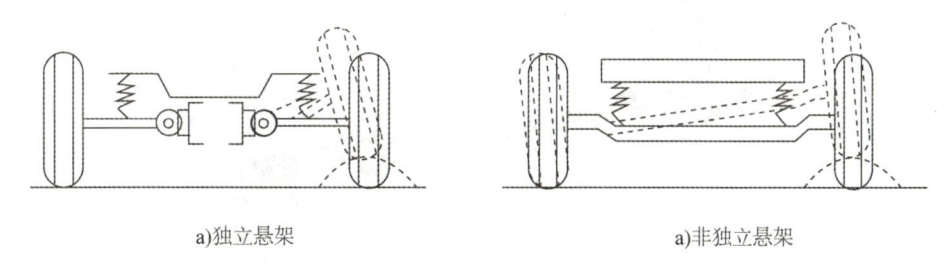

二、典型悬架结构

a)独立悬架　　　　　　　　　　　　a)非独立悬架

图6-20　非独立悬架和独立悬架

1 悬架的分类　如图6-20所示，汽车悬架有非独立悬架和独立悬架两种类型。

非独立悬架的结构特点是两侧车轮由一根整体式车架相连，车轮连同车桥一起通过弹性元件悬挂在车架或车身的下面。非独立悬架具有结构简单、成本低、强度高、维护容易、行车中前轮定位变化小的优点，但由于其舒适性及操纵稳定性都较差，在现代轿车中基本上已不再使用，多用在货车和大客车上。

独立悬架是每一侧的车轮都是单独地通过弹性元件悬挂在车架或车身下面。其优点是：质量轻，减少了车身受到的冲击，并提高了车轮的地面附着力；可用刚度较小弹簧，改善汽车的舒适性；可以使发动机位置降低，汽车重心也得到降低，从而提高汽车的行驶稳定性；左右车轮单独跳动，互不相干，能减小车身的倾斜和振动。

2 典型非独立悬架

（1）钢板弹簧式非独立悬架

由于钢板弹簧可兼起导向机构的作用，使得悬架系统大为简化。这种悬架广泛用于货车的前、后悬架中。某些 SUV 的后悬架也使用钢板弹簧非独立悬架。它中部用 U 型螺栓将钢板弹簧固定在车桥上。钢板弹簧非独立悬架结构如图 6-21 所示。

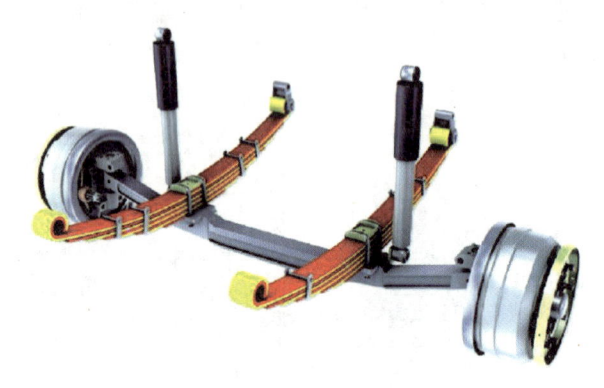

钢板弹簧基本原理

图 6-21　钢板弹簧式非独立悬架

（2）螺旋弹簧非独立悬架

螺旋弹簧非独立悬架一般只用于轿车的后悬架，如图 6-22 所示。两根纵向推力杆的中部与后桥焊接为一体，前端通过带橡胶的支承座与车身作铰链连接，后端与轮毂相连接。纵向推力杆用以传递纵向力及其力矩。整个后桥、纵向推力杆及车轮可以绕支承座的铰支点连线相对于车身作上、下纵向摆动。

螺旋弹簧非独立悬架结构

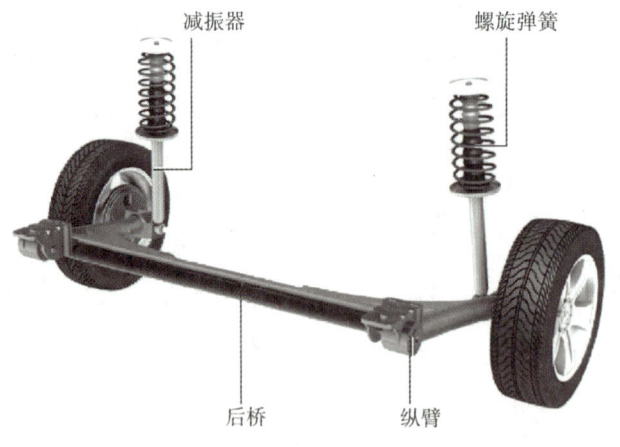

图 6-22　螺旋弹簧式非独立悬架

（3）纵臂扭转梁式非独立悬架两个车轮分别通过纵臂连接，纵臂通过扭杆弹簧刚性连接。采用纵臂扭转梁式非独立悬架的车辆，当两个车轮的弹簧压缩时相当于非独立悬架，而一个车轮的弹簧压缩时相当于独立悬架，所以某些汽车厂商常常把这种结构叫作半独立悬架。这种结构的悬架常用于轿车后悬架。

3 典型独立悬架

（1）横臂式独立悬架

横臂式独立悬架旋转轴与车辆纵轴平行，如图 6-23 所示。横臂承受横向力和侧向力，常用于轿车桥悬架。

图 6-23　横臂式独立悬架

(2) 纵臂式独立悬架

纵臂式独立悬架与车辆纵轴成 90 度角，如图 6-24 所示，纵臂只承受纵向力。纵臂式独立悬架常用于后悬架。

(3) 麦弗逊式独立悬架

麦弗逊悬架通常由两个基本部分组成：支柱式减震器和横摆臂或 A 字形托臂，结构如图 6-25 所示。下托臂通常是横臂或 A 字形的设计，用于给车轮提供部分横向支撑力，以及承受全部的前后方向应力。整个车体的重量和汽车在运动时车轮承受的所有冲击就靠这两个部件承担。所以麦弗逊的一个最大的设计特点就是结构简单，结构简单能带来两个直接好处那就是：悬架质量轻和占用空间小。

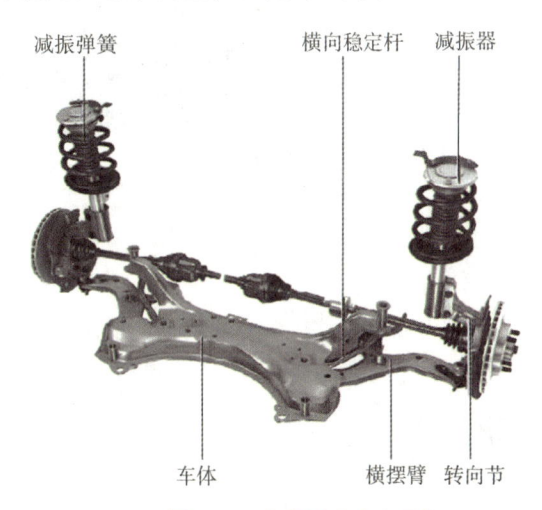

图 6-24　纵臂式独立悬架　　图 6-25　麦弗逊式独立悬架

(4) 双叉臂式独立悬架

双叉臂式独立悬架又称双 A 臂式独立悬架，是双横臂的一种。双叉臂式独立悬架拥有上下两个叉臂，结构如图 6-26 所示。横向力由两个叉臂同时吸收，支柱只承载车身质量，因此横向刚度大。双叉臂式悬架的上下两个 A 字形叉臂可以精确的定位前轮的各种参数，前轮转弯时，上下两个叉臂能同时吸收轮胎所受的横向力，加上两叉臂的横向刚度较大，所以转弯的侧倾较小。双叉臂式悬架通常采用上下不等长叉臂（上短下长），让车轮在上下运动时能自动改变外倾角，并且减小轮距变化，减小轮胎磨损。双叉臂式独立悬架常用于轿车前悬架。

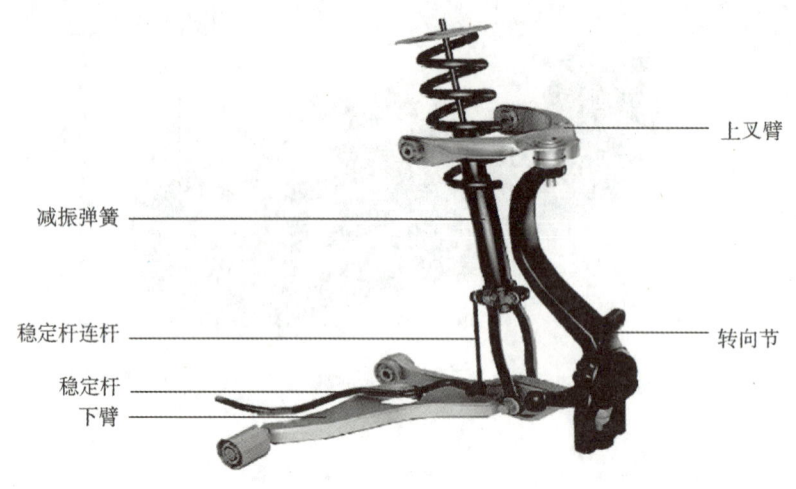

上叉臂
减振弹簧
稳定杆连杆
稳定杆
下臂
转向节

图 6-26　双叉臂式独立悬架

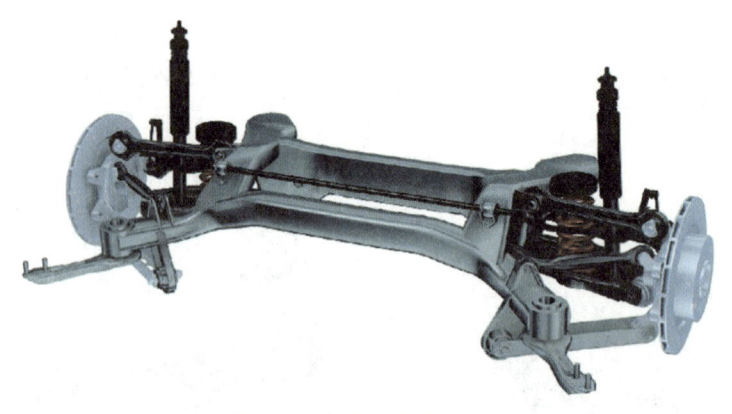

（5）多连杆式独立悬架

多连杆式独立悬架就是指由三根或三根以上连杆拉杆构成的悬架结构，以提供多个方向的控制力，使车轮具有更加可靠的行驶轨迹，多连杆式独立悬架结构如图 6-27 所示。常见的有三连杆、四连杆、五连杆等，这种悬架结构通常应用于前悬和后悬。

图 6-27　多连杆式独立悬架

操作指引

1 组织方式

（1）场地设施：举升机一台，装有废气抽排系统和消防设施的场地。
（2）设备设施：2011 款迈腾轿车。
（3）工量具：发动机变速器举升装置、常用工具 1 套、悬架弹簧压缩器、扭力扳手。

2 操作要求

（1）穿着干净整齐的工作服。
（2）遵守场地安全规定，注意用电安全。
（3）正确使用悬架弹簧压缩器等工具。

项目六　行驶系统故障诊断与修复

任务实施

1　拆卸减振器

（1）从减振器上拧下连接杆的六角螺母，如图 6-28 箭头所示。将连接杆拔下。

（2）拧出控制臂上的螺母，如图 6-29 所示。从控制臂中拔出带主销的车轮轴承支座，从轮毂中拔出传动轴的外侧万向节。

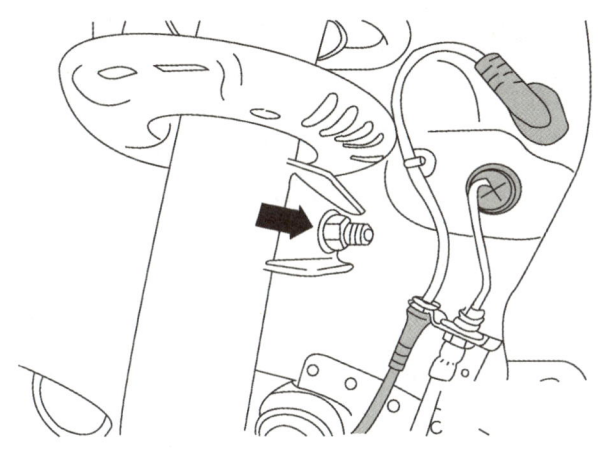

减振器拆卸与安装

图 6-28　拆卸连接杆螺母　　　　图 6-29　拧出控制臂上的螺母

（3）重新将转向节主销和控制臂安装在一起，将车轮螺栓定位件 T10149 安装到轮毂上，并用发动机和变速箱举升装置 V.A.G 1383 A 支撑。

（4）拆卸车轮轴承支座 / 减振器的连接螺栓，如图 6-30 所示。

（5）将扩张器 3424 插入车轮轴承支座的开口内，如图 6-31 所示。将扩张器 3424 旋转 90°。用手将制动盘向减震器方向按压，使其相对减震器不得歪斜。

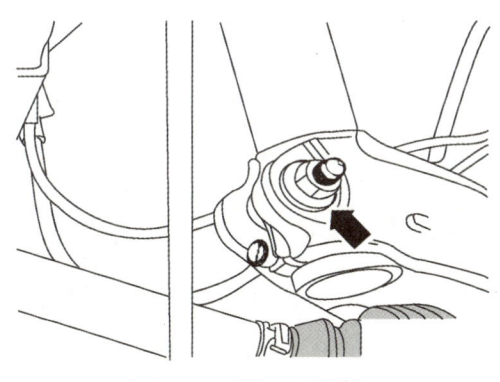

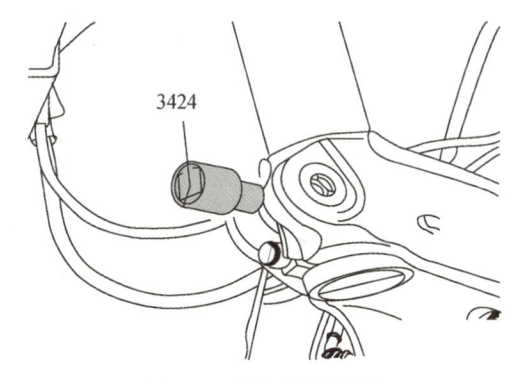

图 6-30　拆卸连接螺栓　　　　图 6-31　扩张器的使用

（6）将发动机和变速器举升装置 V.A.G 1383 A 降下，从减振器上向下拔出车轮轴承支座，直至减振器与车轮轴承支座分离。拧下减振器上部的固定螺栓，如图 6-32 所示，取出减振器。

2　安装减振器

（1）弹簧座上的两个标记（图 6-33）中的一个必须指向行驶方向。

图 6-32 拆卸减振器上部固定螺母　　图 6-33 弹簧座上的标记

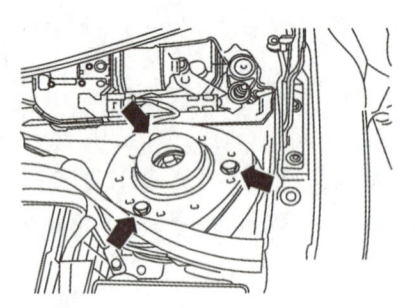

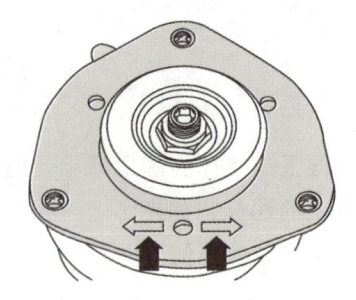

（2）将减振器安装到支座上，拧紧减振器上部的紧固螺栓。

（3）用发动机和变速器举升装置 V.A.G 1383 A 和定位件 T10149 举起车轮轴承支座，将车轮轴承支座推向减振器，略微晃动车轮轴承支座。将车轮轴承支座安装到减振器上至限位位置。取出扩张器。拧紧车轮轴承支座和减振器的连接螺栓。

（4）安装转向节主销与控制臂连接螺栓。

3 拆卸螺旋弹簧

（1）拆卸弹簧，如图 6-34 所示。

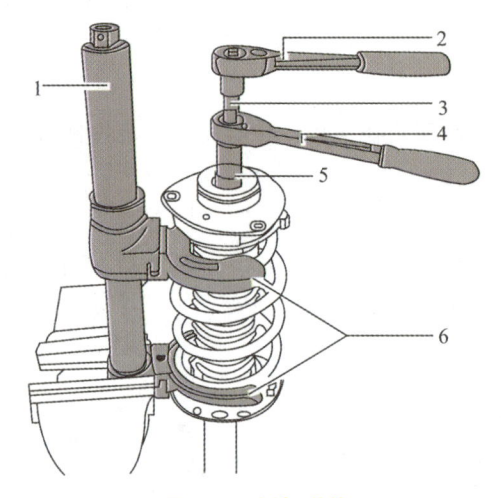

图 6-34 拆卸弹簧
1-弹簧张紧装置；2-扭力扳手；3、5-工具头；4-棘轮扳手；6-弹簧支架

（2）拧出减振器活塞杆的六角螺母。取下弹簧座及带弹簧压紧装置 V.A.G 1752/1 的螺旋弹簧。

4 安装螺旋弹簧

（1）用弹簧压紧装置压紧弹簧并装在底座上，弹簧底部必须紧贴限位位置，如图 6-35 所示。

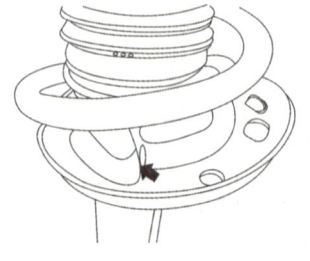

图 6-35 限位位置示意　　图 6-36 控制臂螺栓

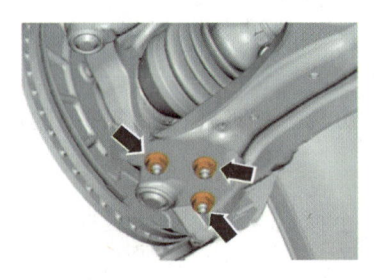

(2) 安装上部弹簧座，松开压紧装置，并取下。

5 拆卸和安装控制臂

(1) 拆卸

1) 将转向盘旋至正前打直位置，并拔出点火钥匙锁定转向盘。
2) 松开车轮螺栓，升高汽车，拆下车轮，拆下下部隔音垫。
3) 拧出图 6-36 所示螺栓。
4) 将转向主销从控制臂拉出，用定位工装更换螺栓。
5) 拧下汽车左侧位置图 6-37 所示 11 和 12 的螺栓。
6) 拧下图 6-37 中螺栓 1，从副车架上取下带支撑座的控制臂。

(2) 安装

1) 将带支撑座的控制臂装入副车架。
2) 装上图 6-37 所示的螺栓 11 和 12，但不要拧紧。
3) 安装并拧紧图 6-37 所示的螺栓 1。
4) 用新的螺栓替换定位工装并拧紧。
5) 将控制臂安装到转向节主销上并拧紧螺栓，如图 6-37 所示。
6) 在空载位置上，用螺栓 11 和 12 将控制臂拧紧到副车架上。
7) 其余的安装以倒序进行。

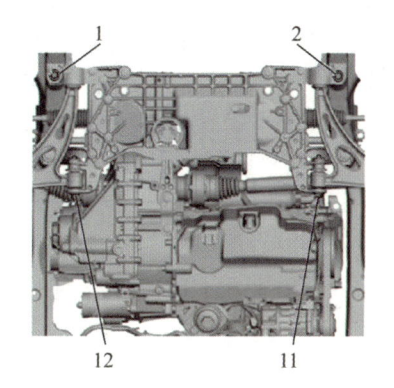

图 6-37 副车架螺栓
1、2、11、12-螺栓

任务小结

(1) 悬架按照左右车轮的独立性分为独立悬架和非独立悬架。
(2) 常见的独立悬架有：麦弗逊悬架、双叉臂式悬架和多连杆悬架等。
(3) 悬架的结构：弹性元件、减振器、导向机构和横向稳定器。
(4) 拆装悬架时要注意弹簧压缩器的正确使用。

实训 2　悬架的检修工作页

任务名称	行驶系统故障诊断与修复	总学时		总成绩	
子任务名称	悬架的检修	学时		成绩	
学生姓名		学号		班级	

一、资讯

1. 典型的悬架结构由_____、_____以及组成，有的车型还有_____等。
2. 当车架与车桥做往复相对运动时，减振器中的油液反复经过活塞上的_____，由于阀孔的节流作用及油液分子间的内摩擦力便形成了衰减振动的_____，使振动的能量转变为_____，并由油液和减振器壳体吸收，然后散到大气中。
3. 弹性元件的主要作用有承受_____，缓和和抑止不平路面引起的_____。
4. 汽车上常用的弹性元件包括_____、_____、和_____等。
5. 型的独立悬架有_____、_____、_____和_____等。

二、计划与决策

请根据汽车维护的要求，确定所需要的工具，并对小组成员进行合理分工，制定详细的检查和更换计划。

1. 要的工具

2. 组成员分工

3. 检查和维护计划

三、实施

1 接车检查

（1）情景模拟，角色扮演客户与服务顾问，进行接车环节演练。

（2）环车检查，记录车辆基本信息：

车辆品牌型号：_____

车辆 VIN 号码：_____

车辆行驶里程：_____

车辆外观检查结果：_____

_____

2 拆卸减振器

（1）写下减振器的拆卸流程。

（2）在实车上指出需要拆卸的部件并写出。

3 安装减振器

（1）写下减振器的安装流程。

4 整理工位

收回翼子板布和前格栅布,关闭发动机舱盖;收回五件套,清洁车辆、清洁地面卫生,处理废弃物。

四、评价

知识评价

1 现场问答题:

(1) 叙述悬架的种类。
(2) 说出悬念的作用。
(3) 描述悬架拆装时的注意事项。

技能及素养评

综合考评		自我评价	小组互评	教师评价	第三方评价
素质考评30分	劳动态度 6				
	遵守纪律 6				
	安全操作 6				
	学习态度 6				
	出勤情况 6				
技能考评70分	工具使用 10				
	任务方案 10				
	实施过程 30				
	完成结果 10				
	任务工单 10				
(总分100分) 本次得分:					
最终得分:					

任务3 轮胎的检修

任务描述

客户李先生的汽车轮胎刮上了侧壁,轮胎侧壁损毁严重。

车轮是汽车底盘中的重中之重,最早的车轮是由木头制造的,这从中国古代的战车上和国外的绅士马车上都能看出。哥伦布发现新大陆时发现了橡胶并带回了欧洲,使得轮胎逐步从木头变成了橡胶。

轮胎如果侧壁发生剐蹭造成胎壁受损，需要对轮胎进行更换。

学习目标

（1）能够认知轮胎的检修；
（2）具备信息查询和手册使用的基本能力；
（3）能够按照企业5S管理要求和安全生产规范进行操作；
（4）能与同学密切合作，规范安全地完成学习活动；
（5）养成自主学习的习惯、培养操作规范的工作作风及环保意识。

车轮和轮胎功用

知识准备

一、车轮总成

汽车车轮总成（图6-38）是由车轮和轮胎两大部分组成，是汽车行驶系的重要部件。其主要功用是：

（1）支承整车质量。
（2）缓和由路面传递来的冲击载荷。
（3）通过轮胎和路面之间的附着作用为汽车提供驱动力和制动力。
（4）产生平衡汽车转向离心力的侧向力，以便顺利转向。此外，车轮和轮胎（特别是轿车轮胎）还是汽车重要的安全件。几乎所有的汽车行驶性能都与轮胎有关。

图6-38 车轮总成

二、车轮

车轮是介于轮胎和车桥之间承受负荷的旋转组件，其功用是安装轮胎、承受轮胎与车桥之间的各种载荷。

车轮一般是由轮毂、轮辋和轮辐组成，轮辋和轮辐如图6-39所示。轮毂通过圆锥滚子轴承装在车桥或转向节轴径上，用于连接车轮与车桥。轮辋用于安装和固定轮胎。轮辐用于将轮毂和轮辋连接起来，并通过螺栓与轮毂连接起来。

三、轮辐

按轮辐（Wheel Spoke）结构的不同，车轮可以分为两种形式：辐板式车轮和辐条式车轮。

图6-39 轮辋和轮辐

按辐条结构的不同，辐条式车轮又分为钢丝辐条式车轮和铸造辐条式车轮。钢丝辐条式车轮仅用于摩托车、赛车和某些高级轿车上。铸造辐条式车轮常用于重型货车上，辐条与轮毂铸成一体。十辐式和十五辐式车轮如图6-40和图6-41所示。

图6-40 十辐式车轮　　图6-41 十五辐式车轮

四、轮辋

轮辋（rim）规格名称采用"轮辋名义直径×/一轮辋名义宽度轮辋轮廓代号"表示，也可采用"轮辋名义宽度轮辋轮廓代号 ×/一轮辋名义直径"表示。例："15×5JJ 4×100"中的 15 代表 15in 的轮辋直径，5in 的轮辋宽度，JJ 代表轮辋边缘形状及轮辋轮廓尺寸，4×100 代表孔数与孔距。

轮辋的常见形式主要有：深槽轮辋、平底轮辋和对开式轮辋。

1 深槽轮辋

深槽轮辋是整体的，其断面中部为一深凹槽，主要用于轿车及轻型越野汽车。它有带肩的凸缘，用以安放外胎的胎圈，其肩部通常略向中间倾斜，其倾斜角一般是 5°±1°。倾斜部分的最大直径即称为轮胎胎圈与轮辋的直径。断面的中部制成深凹槽，以便于外胎的拆装。深槽轮辋的结构简单，刚度大，质量较小，对于小尺寸弹性较大的轮胎最适宜。但是尺寸较大又较硬的轮胎，则很难装进这样的整体轮辋内。深槽轮辋的结构如图 6-42 所示。

2 平底轮辋

平底轮辋的结构形式很多，图 6-43 所示的轮辋断面中部是平直的。挡圈是整体的，用一个开口弹性锁圈来将挡圈固定在轮辋上。在安装轮胎时，先将轮胎套在轮辋上，然后套上挡圈，将它向内推，直至越过轮辋上的环槽，再将开口的弹性锁圈嵌入环槽。平底轮辋适用于尺寸较大弹性较小的轮胎。

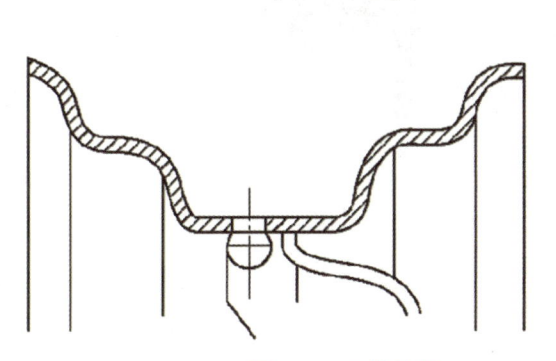

图 6-42 深槽轮辋　　图 6-43 平底轮辋

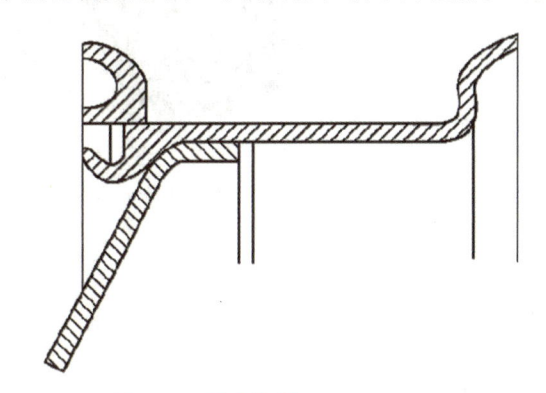

3 对开式轮辋

对开式轮辋由内外两部分组成（图 6-44），其内外轮辋的宽度可以相等，也可以不等，两者用螺栓连成一体。拆装轮胎时，拆卸螺母即可。挡圈是可拆的。有的无挡圈，而由与内轮辋制成一体的轮缘代替挡圈的作用，内轮辋与辐板焊接在一起。

近几年来，为了适应提高轮胎负荷能力的需要，开始采用宽轮辋。试验表明，采用宽轮辋可以提高轮胎的使用寿命，并可以改善汽车的通过性和行驶稳定性。

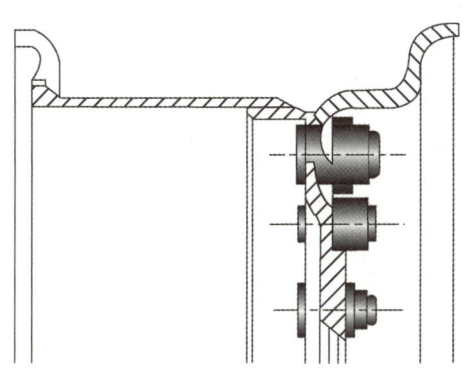

图 6-44 对开式轮辋

五、轮胎

按轮胎内空气压力的大小，轮胎分为高压胎（0.5～0.7MPa）、低压胎（0.2～0.5MPa）和超低压胎（0.2MPa 以下）三种。按轮胎有无内胎，轮胎分为有内胎轮胎和无内胎轮胎（又称真空胎）两种。按胎体帘布层结构的不同，轮胎分为斜交轮胎和子午线轮胎。

1 有内胎轮胎

内胎是一个环形的橡胶管，上面装有气门嘴，以便充入或排出空气。垫带是一个环形的橡胶带，它垫在内胎与轮辋之间，以保护内胎不被三轮辋和胎圈磨伤。有内胎轮胎结构如图 6-45 所示。

2 无内胎轮胎

无内胎轮胎俗称真空胎，在外观上与普通轮胎相似，但是没有内胎及垫带。无内胎结构如图 6-46 所示。

课堂讨论

（1）说出轮胎的构造。

（2）说出你所知道的轮胎花纹的类型。

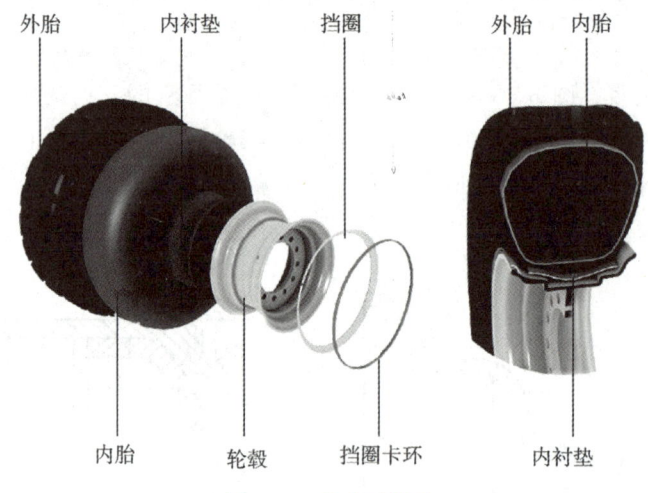

图 6-45　有内胎轮胎

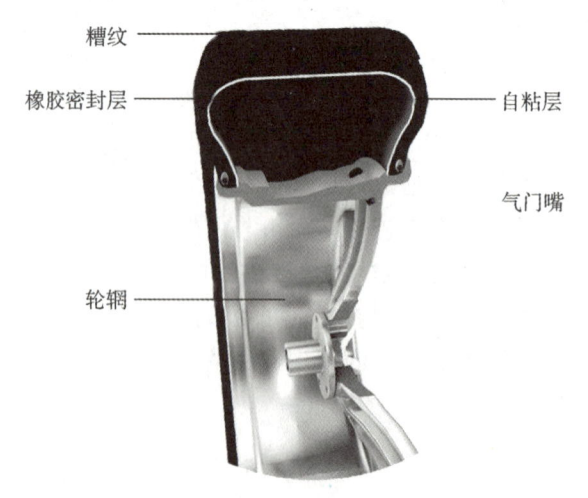

图 6-46　无内胎轮胎

3 外胎结构

外胎由胎面、帘布层、缓冲层和胎圈组成。胎面是轮胎的外表面，可分为胎冠、胎肩和胎侧三部分。图 6-47 所示为外胎结构剖视图，图 6-48 所示为外胎结构局部剖视图。

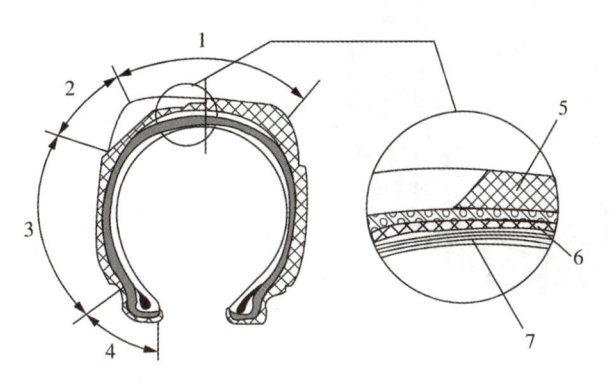

图 6-47 外胎结构剖视图
1-胎冠；2-胎肩；3-胎侧；4-胎圈；5-胎面；6-缓冲层；7-帘布层

帘布层是外胎的骨架，主要用于承受载荷，保持外胎的形状和尺寸，并使其具有足够的强度。按照帘布层帘线排列方式的不同，外胎可以分为斜交轮胎和子午线轮胎。子午线轮胎可分为三种：全钢丝子午线轮胎、半钢丝子午线轮胎和全纤维子午线轮胎等。带纤维层半钢丝子午线轮胎如图 6-49 所示。

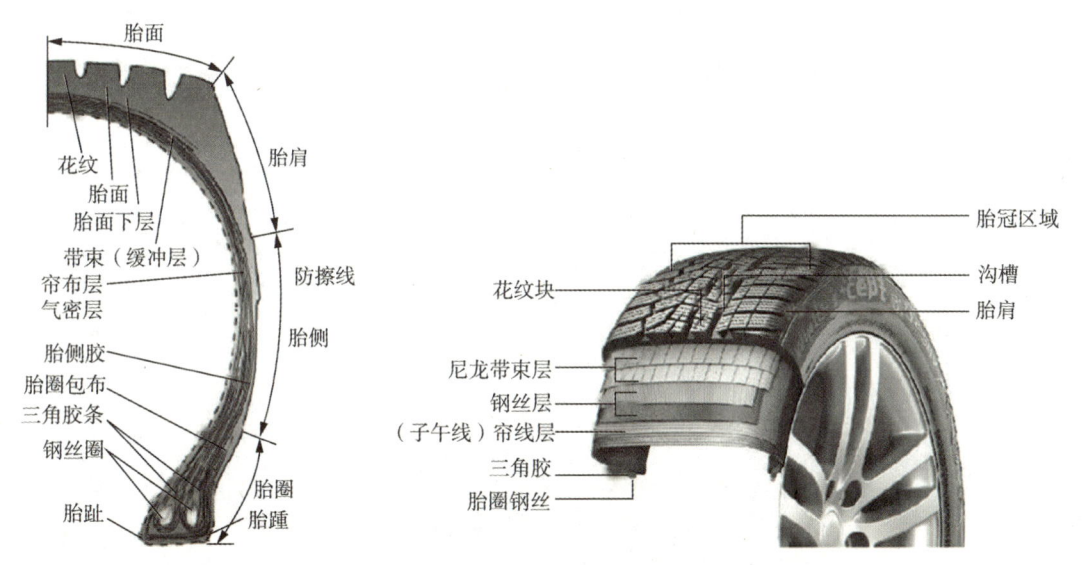

图 6-48 外胎结构局部剖视图　图 6-49 带纤维层半钢丝子午线轮胎

4 子午线轮胎规格

以 195/65 R 15 91T 为例，子午线轮胎规格见表 6-2。

表 6-2 子午线轮胎规格

195	轮胎宽度（mm）	R	子午线轮胎	91	载荷等级 615kg
65	高宽比（%）	15	轮辋直径（in）	T	速度等级 190km/h

图 6-50 所示为子午线轮胎规格参数。荷重等级及对应的最大载荷质量见表 6-3，速度等级及对应的最高车速见表 6-4。

图 6-50 轮胎规格

轿车子午线轮胎规格标识方法

205 / 55 R 16 91 V
- 速度级别
- 负荷指数
- 轮辋名义直径（in）
- 子午线结构代号
- 名义高度比
- 名义断面宽度（mm）

轮胎品牌
轮胎花纹系列型号
轮胎规格

表 6-3 荷重等级及对应的最大载荷质量

荷重等级	最大载荷质量（kg）	荷重等级	最大载荷质量（kg）
87	545	115	1237
88	560	116	1275
89	580	117	1315
90	600	118	1355
91	615	119	1397
92	630	120	1440
93	650	121	1485
94	670	122	1531
95	690	123	1578
96	710	124	1627
97	730	125	1677
98	750		

表 6-4 速度等级及对应的最高车速表

速度等级	最高车速（km/h）	速度等级	最高车速（km/h）
L	120	T	190
M	130	U	200
N	140	H	210
P	150	V	240
Q	160	Z	240 以上
R	170	W	270 以下
S	180	Y	300 以下

另外，在轮胎规格前加"P"表示轿车轮胎；在胎侧标有"REINFORCED"表示经强化处理，"RADIAL"表示子午线胎，"TUBELESS"（或 TL）表示无内胎（真空胎），"M＋S"（Mud and Snow）

表示适于泥地和雪地,"→"表示轮胎旋向,不可装反。

操作指引

1 组织方式

(1) 场地设施：举升机一台，装有废气抽排系统和消防设施的场地。
(2) 设备设施：2011 款迈腾轿车轮胎。
(3) 工量具：常用工具 1 套、轮胎拆装器。
(4) 耗材：轮胎、气门芯。

2 操作要求

(1) 穿着干净整齐的工作服。
(2) 遵守场地安全规定，注意用电安全。
(3) 正确使用轮胎拆装器。

更换轮胎

任务实施

1 拆卸轮胎

(1) 拆下气门芯，放出轮胎中所有气体。
(2) 用轮胎装配机上的边缘松开器压出轮胎，如图 6-51 所示。
(3) 压下轮胎边缘，并在轮胎边缘涂上轮胎装配膏，如图 6-52 所示。

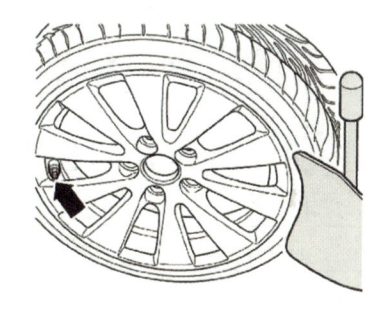

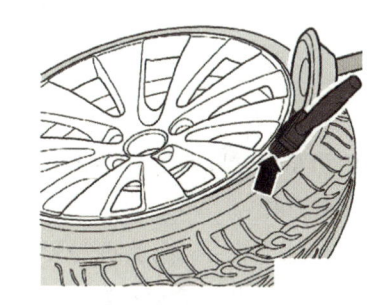

图 6-51 压出轮胎边缘　　图 6-52 压下轮胎边缘并涂抹轮胎装配膏

(4) 将轮胎安装到轮胎装配机上，用撬棍将轮胎边缘撬过装配头上的装配销，取下撬棍，顺时针转动轮胎装配机，直到轮胎上边缘完全脱下，如图 6-53 所示。

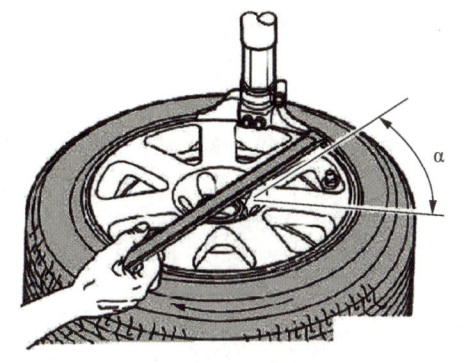

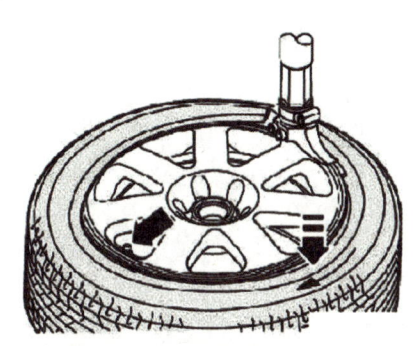

图 6-53 轮胎上边缘脱下　　图 6-54 用轮胎装配机压入轮胎至轮辋内

2 安装轮胎

(1) 在轮辋边缘、轮胎边缘涂上轮胎装配膏，首先安装轮胎下侧。

(2) 用轮胎装配机压入轮胎至轮辋内，如图 6-54 所示。

(3) 为轮胎充气，将轮胎充气压力充为 0.4MPa，用于轮胎"回座"，然后拧入新的气门芯，将轮胎压力调至规定值。

(4) 对车轮进行动平衡操作。

(5) 安装车轮到车上，以规定力矩拧紧螺栓。

任务小结

(1) 车轮总成由车轮和轮胎组成。

(2) 轮胎现在最常见的是子午线轮胎。

(3) 子午线轮胎规格：以 175/70R 14 77H 为例，175 代表轮胎宽度是 175mm，70 表示轮胎断面的扁平比是 70%，即断面高度是宽度的 70%，轮辋直径是 14in，负荷指数为 77，车速等级是 H 级。

(4) 在使用轮胎拆装机时，一定要注意对轮胎边缘的保护。

实训 3　轮胎的检修工作页

任务名称	行驶系统故障诊断与修复	总学时		总成绩	
子任务名称	轮胎的检修	学时		成绩	
学生姓名		学号		班级	

一、资讯

1. 车轮是介于轮胎和车桥之间承受负荷的旋转组件，其功用是安装轮胎，承受轮胎与车桥之间的各种载荷的作用。车轮一般是由_____、_____和_____组成。

2. 按轮辐结构的不同，车轮可以分为两种形式：_____车轮和_____车轮。

3. 按轮胎内空气压力的大小，轮胎分为_____、_____和超低压胎_____三种。

4. 按胎体帘布层结构的不同，轮胎分为_____和_____。

5. 在轮胎规格前加"P"表示_____；在胎侧标有"REINFORCED"表示_____，"RADIAL"表示_____，"TUBELESS"（或 TL）表示_____，"M＋S"（Mud and Snow）表示_____，"→"表示_____。

二、计划与决策

请根据汽车维护的要求，确定所需要的工具，并对小组成员进行合理分工，制定详细的检查和更换计划。

1. 需要的工具

2. 小组成员分工

3. 检查和维护计划

三、实施

1 接车检查

（1）情景模拟，角色扮演客户与服务顾问，进行接车环节演练。
（2）环车检查，记录车辆基本信息：
车辆品牌型号：_____
车辆 VIN 号码：_____
车辆行驶里程：_____
车辆外观检查结果：_____
_____

2 拆卸轮胎

（1）写下用轮胎拆装机拆卸轮胎的流程。

3. 安装副车架
（1）写下轮胎的安装流程。

（2）说明为什么在安装过程中需要在轮胎边缘涂上润滑剂

（3）现代有些轮胎拆装机有无撬棍的功能，是分析无撬棍有哪些好处？

4 整理工位

清洁轮胎拆装机、处理废弃物。

四、评价

> 知识评价

1 现场问答题：

（1）叙述车轮的构造。

（2）说出轮胎的种类。

（3）描述轮胎拆装时的注意事项。

> 技能及素养评价

综合考评		自我评价	小组互评	教师评价	第三方评价
素质考评30分	劳动态度6				
	遵守纪律6				
	安全操作6				
	学习态度6				
	出勤情况6				
技能考评70分	工具使用10				
	任务方案10				
	实施过程30				
	完成结果10				
	任务工单10				
（总分100分）本次得分：					
最终得分：					

任务4　车轮的动平衡

任务描述

客户李先生的汽车在高速行驶时一旦车速上80km/h，转向盘就会剧烈抖动。

项目六　行驶系统故障诊断与修复

由于汽车车轮是高速旋转元件，若质心与旋转中心不重合，则会产生静不平衡，此时不平衡质量会在车轮旋转时产生离心力，离心力大小与不平衡质量，不平衡点与车轮旋转中心之间的距离和车轮转速有关。

转向盘在某时速发生抖动时，一般是要对车轮进行动平衡操作。

学习目标

(1) 能分析车轮动不平衡的原理和原因；
(2) 能够对车轮进行动平衡操作；
(3) 会运用所学知识和经验，为客户提供车轮日常维护的建议；
(4) 具备信息查询和维修手册使用的基本能力；
(5) 能够按照企业 5S 管理要求和安全生产规范进行操作；
(6) 能与同学密切合作，规范安全地完成学习活动；
(7) 养成自主学习的习惯、培养操作规范的工作作风及环保意识。

车轮不平衡原理

知识准备

由于车轮不平衡会造成振动，从而使汽车的附着力减小，车轮的跳动又会损坏减振器及其他零件，如果车轮动平衡不好会造成轮胎的异常磨损，也会影响车辆的稳定。造成车辆在行驶中车轮抖动、转向盘振动的现象。特别是前轮，振动会通过转向系统传到转向盘，不但影响驾驶人朋友的驾驶，严重的还会导致转向系统的松旷。

如您在高速行车时感到转向盘抖动或是车轮出现有节奏的异响，这时可能就是车轮该做动平衡了。尤其是当更换轮胎、轮毂或是补过轮胎后、车轮受过大的撞击、由于颠簸导致平衡块丢失等都应该对车轮做动平衡。

车轮平衡机工作原理

现在所用的平衡块包括挂钩式的和粘贴式的两种。粘贴式平衡块如图 6-55 所示，常用于铝合金轮辋。挂钩式平衡块如图 6-56 所示，常用于钢制轮辋和部分铝合金轮辋。

产生车轮转动不平衡的原因有：
(1) 前轮定位不当，尤其是前束和主销倾角。
(2) 轮胎和轮辋以及轮辐等因变形或质量不均匀而先天形成的重心偏离。
(3) 因轮毂和轮辋定位误差使安装中心与旋转中心难以重合。
(4) 维修过程的拆装破坏了原有的重心。

轮胎动平衡

图 6-55　粘贴式平衡块　　　　图 6-56　挂钩式平衡块

149

操作指引

1 组织方式

(1) 场地设施：举升机 1 台，装有废气抽排系统和消防设施的场地。

(2) 设备设施：迈腾轿车。

(3) 工量具：常用工具 1 套、平衡机 1 台。

2 操作要求

(1) 穿戴干净整洁的工作服。

(2) 遵守场地安全规定，注意用电安全。

(3) 正确使用万用表、诊断仪等工量具。

任务实施

(1) 检查轮胎外观，去掉泥土、砂石，如图 6-57 所示。

(2) 去掉旧平衡块，如图 6-58 所示。

图 6-57 检查轮胎外观　　图 6-58 去掉旧平衡块

(3) 检查轮胎气压，并充气至规定气压值。

(4) 选择合适的锥体并安装锥体，如图 6-59 所示。

(5) 测量轮辋到仪器的距离，在平衡机中输入轮辋到仪器的距离，如图 6-60、图 6-61 所示。

(6) 测量轮辋的宽度，键入轮辋的宽度，如图 6-62、图 6-63 所示。

(7) 在轮胎上查找轮辋的直径（R 后面的数值）。在平衡机上输入轮辋直径，如图 6-64 所示。

(8) 按下起动键，开始测量。

(9) 当车轮自动停转后，从显示器中读出车轮内、外动不平衡量，如图 6-65 所示。

(10) 用手慢慢旋转车轮，当动平衡机右侧所有指示灯亮起时，停止转动车轮，如图 6-66 所示。

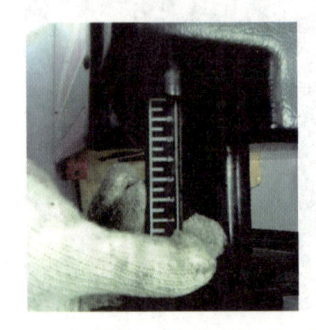

图 6-59 安装合适的椎体　　图 6-60 测量轮辋到仪器的距离

图 6-61 输入轮辋到仪器的距离 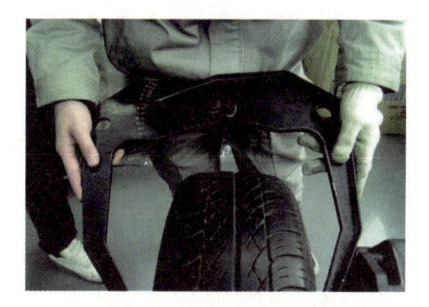　　　　图 6-62 测量轮辋的宽度

图 6-63 键入轮辋的宽度 　　　　图 6-64 在平衡机上输入轮辋直径

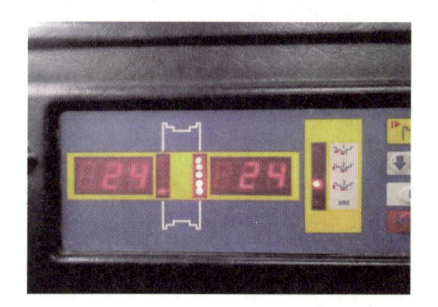

图 6-65 读出车轮内、外动不平衡量 　　　　图 6-66 动平衡机右侧所有指示灯亮起

（11）根据动平衡机显示的动不平衡量，在轮辋外侧的上部（时钟十二点位置）的边缘加装平衡块，如图 6-67 所示。

（12）用手慢慢旋转车轮，当动平衡机右侧所有指示灯亮起时，停止转动车轮。根据动平衡机显示的动不平衡量，在轮辋内侧的上部（时钟十二点位置）的边缘加装平衡块。

（13）重新起动动平衡机，进行动平衡试验，直至动不平衡量＜5g，机器显示"00"时为止。

（14）取下车轮，关闭电源，测试结束。

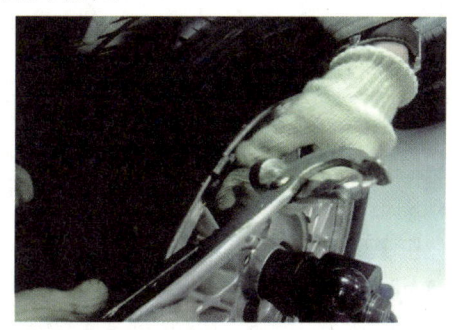

图 6-67 在轮辋外侧的上部的边缘加装平衡块

> **任务小结**
>
> （1）车轮的动不平衡会造成转向盘抖动。
>
> （2）动平衡块分为挂钩式和粘贴式。

实训 4　车轮的动平衡工作页

任务名称	行驶系统故障诊断与修复	总学时		总成绩	
子任务名称	车轮的动平衡	学时		成绩	
学生姓名		学号		班级	

一、资讯

1. 由于车轮不平衡会造成振动，从而使汽车的附着力减小，车轮的跳动又会损坏减振器及其他零件，如果车轮动平衡不好会造成轮胎的异常磨损，也会影响车辆的稳定。造成车辆在行驶中_____、_____的现象。

2. 现在所用的平衡块包括_____的和_____的两种。

二、计划与决策

请根据汽车维护的要求，确定所需要的工具，并对小组成员进行合理分工，制定详细的检查和更换计划。

　　1. 需要的工具

　　2. 小组成员分工

　　3. 检查和维护计划

三、实施

1 接车检查

（1）情景模拟，角色扮演客户与服务顾问，进行接车环节演练。

（2）环车检查，记录车辆基本信息：

车辆品牌型号：_____

车辆 VIN 号码：_____

车辆行驶里程：_____
车辆外观检查结果：_____
_____

2 动平衡操作

（1）写下用动平衡机的操作的流程。

（2）在下表中填写动平衡操作的相关数据。

表 1-1　电容器分类表

检测项目	轮辋到机体的距离	轮辋宽度	轮胎直径
数据			

表 1-1　电容器分类表

项目	内侧不平衡量	内侧安装平衡块	外侧不平衡量	外侧安装平衡块
数值				

3 整理工位

整理平衡块和平衡机、处理废弃物。

四、评价

● 知识评价

1 现场问答题：

（1）叙述车轮动不平衡的原因。
（2）说出轮胎的种类。
（3）描述轮胎拆装时的注意事项。

● 技能及素养评价

综合考评		自我评价	小组互评	教师评价	第三方评价
素质考评 30 分	劳动态度 6				
	遵守纪律 6				
	安全操作 6				
	学习态度 6				
	出勤情况 6				

(续表)

综合考评		自我评价	小组互评	教师评价	第三方评价
技能考评 70 分	工具使用 10				
	任务方案 10				
	实施过程 30				
	完成结果 10				
	任务工单 10				
（总分 100 分）本次得分：					
最终得分：					

任务 5　车轮定位

任务描述

客户李先生的汽车在行驶过程中发生行驶跑偏，经检查轮胎和转向系统都没有故障。

现代汽车的车轮定位是指车轮、悬架系统元件以及转向系统元件，安装到车架（或车身）上的几何角度与尺寸须符合一定的要求，保证汽车行驶的稳定性和安全性，减少汽车的磨损和油耗。

车辆发生行驶跑偏或轮胎偏磨，就要对车辆进行车轮定位操作。

学习目标

（1）掌握车桥的种类和结构；
（2）掌握车轮定位的四个参数含义；
（3）能够对车辆进行四轮定位操作；
（4）会运用所学知识和经验，为客户提供车辆四轮定位的建议；
（5）具备信息查询和手册使用的基本能力；
（6）能够按照企业 5S 管理要求和安全生产规范进行操作；
（7）能与同学密切合作，规范安全地完成学习活动；
（8）养成自主学习的习惯，培养操作规范的工作作风及环保意识。

知识准备

一、车桥的种类

车桥是通过悬架和车架（或承载式车身）相连，两端安装汽车车轮的桥式结构。车桥是传递车架（或承载式车身）与车轮之间各方向作用力及其力矩，其对汽车的动力性，稳定性、承载能力等性能有着重要的影响。如果是作为驱动桥，除了承载作用外还起到驱动、减速和差速的作用。根据桥的结构形式，可以分为整体式和断开式两种，如图 6-68 和图 6-69 所示。

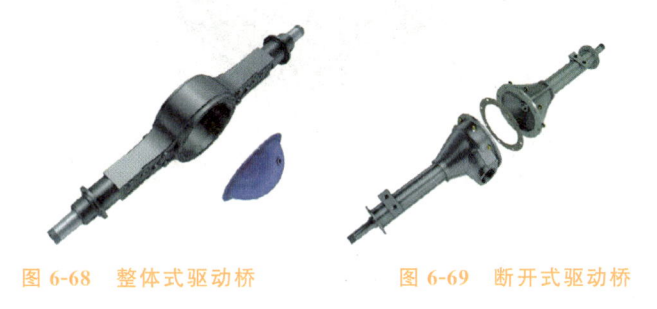

图 6-68 整体式驱动桥　　图 6-69 断开式驱动桥

根据车桥的作用不同，车桥可分为转向桥、驱动桥、支持桥和转向驱动桥。

二、车辆定位

1 主销的形式

主销是传统汽车上转向轮转向时的回转中心，是一根较粗的销轴。现代许多独立悬架的汽车已经没有实体主销了。但在车轮定位中，仍然沿用主销这个名词，把它作为转向轮的转向轴线的代名词，这种虚拟主销采用上、下球头销代替主销，上、下球头销球头中心的连线相当于主销轴线。两种主销形式如图 6-70 所示。

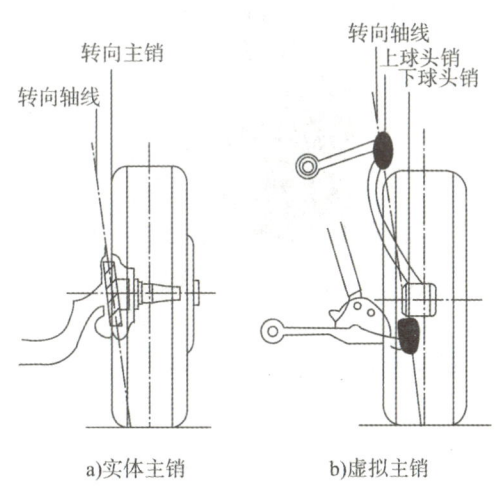

a) 实体主销　　b) 虚拟主销

图 6-70 主销的形式

2 主销后倾

在汽车纵向垂直平面内主销轴线与通过前轮中心垂线的夹角称为主销或倾角，如图 6-71 所示。向垂线后面倾斜的角度称为正后倾角，向前倾斜的角度称为负后倾角。

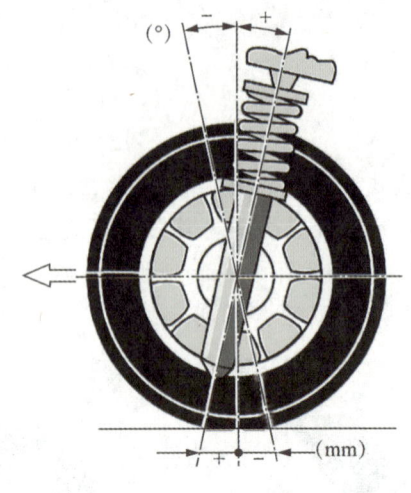

图 6-71 主销后倾

主销后倾角的作用：

（1）保证汽车直线行驶的稳定性。按照传统的汽车理论，主销后倾角越大，行驶中产生的离心力就大，防止车轮发生偏转的反向推力就越大，所以主销后倾角越大，汽车直线行驶的稳定性就越好。但是主销后倾角越大，汽车转向时所有克服的反向推力就越大，转向就越重，所以主销后倾角不能超过 3°。

（2）适当加大主销后倾角是帮助车轮回正的有效方法。转向轮发生偏转时，主销后倾角帮助转向轮自动回正到中间位置。

主销后倾原理

图 6-72 主销内倾

3 主销内倾在汽车横向平面内主销轴线与铅垂线的夹角即为主销内倾角，如图 6-72 所示。

主销内倾角有以下两个作用：
（1）帮助转向轮自动回正。
（2）使转向轻便。

4 前束

前轮前束是从汽车正上方向下看，由轮胎的中心与汽车的纵向线之间的夹角为前束角。前束的作用是消除由于外倾角所产生的轮胎侧滑。如图 6-73 所示，☐ 减去 ☐ 的值为前束，如果此值为负，则为负前束。

主销内倾基本原理

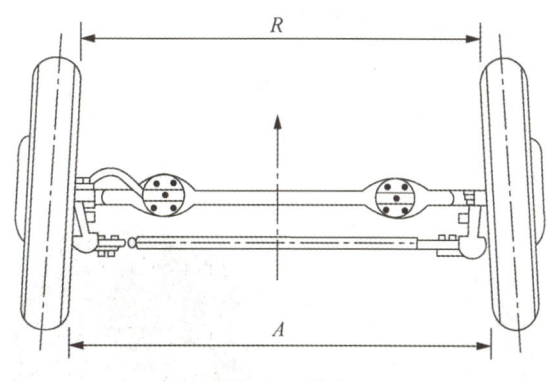

图 6-73　前束

当正前束太大时，轮胎外侧磨损会有正外倾角太大所形成的磨损状态，胎纹磨损形式为羽毛状。当用手从内侧向外侧抚摸，胎纹外缘有锐利的刺手感觉。

当负前束太大时，轮胎内侧会有负外倾角太大所形成的磨损形态，胎纹磨损形式为羽毛状。当用手从外侧向内侧抚摸，胎纹外缘有锐利的刺手感觉。

羽状磨损如图 6-74 所示。

前轮前束功用

5 车轮外倾

从汽车的前方看，轮胎的几何中心线与地面的铅垂线的夹角称为外倾角。轮胎的上缘偏向内侧（靠近发动机）或偏向外侧（偏离发动机）。如果车轮顶部偏向车的垂直中心线外侧则为正，反之为负。现代汽车多为车轮负外倾，这样在汽车转向时可避免车身过分倾斜。车轮外倾如图 6-75 所示，车轮负外倾如图 676 所示。

前轮外倾基本原理

图 6-74　羽状磨损　　图 6-75　车轮外倾

车轮外倾角负方向过大，轮胎的内侧容易磨损，外倾角正向过大，轮胎的外侧容易磨损，同时会降低转向行驶的性能。轮胎的单侧磨损如图 6-77 所示。

6 何时做车轮定位

(1) 车辆年检前。

(2) 新车行使达三千公里时。

(3) 车辆每行驶半年或车辆行驶达一万公里时。

(4) 车辆更换或调整轮胎、悬架系统后。

(5) 车辆更换转向系统及零件时。

(6) 车辆直行时转向盘不正。

(7) 车辆直行时需紧握方向盘。

(8) 车辆转向时，转向盘太重或无法自动回正。

(9) 轮胎不正常磨损。

(10) 事故车维修后。表 6-5 为更换前桥或后桥部件需要做四轮定位的说明表。

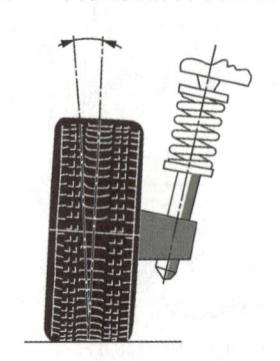

图 6-76　车轮负外倾　　　图 6-77　轮胎单侧磨损

表 6-5　更换前桥或后桥部件需要做四轮定位的说明

已更换前桥部件	必须进行四轮定位		已更换后桥部件	必须进行四轮定位	
	是	否		是	否
控制臂		X	下部横摆臂	X	
控制臂橡胶鳌属支座		X	上部横摆臂	X	
车轮轴承支座	X		横拉杆	X	
转向横拉杆/转向横拉杆	X		车轮轴承支座	X	
转向器	X		副车架	X	
副车架	X		螺旋弹簧		X
减振器支柱		X	减振器		X
稳定杆		X	稳定杆		X
			纵摆臂	X	

操作指引

1 组织方式

(1) 场地设施：举升机一台，装有废气抽排系统和消防设施的场地。

(2) 设备设施：迈腾轿车。

(3) 工量具：常用工具 1 套。

2 操作要求

(1) 穿戴干净整洁的工作服。

(2) 遵守场地安全规定，注意用电安全。

(3) 正确使用万用表、诊断仪等工量具。

任务实施

（1）准备工作。四轮定位工位一般包括一个专用举升设备和一套四轮定位测量系统。检查四轮定位系统升降平台的水平度，以确保其尽可能保持在同一水平面上。根据要求，转角盘和滑板安装面的最大高度误差：左、右侧最大允许高度误差为±0.5mm，前、后部最大允许高度误差为1.0mm，对角线最大允许高度误差为±1.0mm。

使用时，在车辆驶上平台前，需要先根据车辆的轴距和轮距调整转角盘和滑板的位置，并使用固定销插入销孔以定位。设备使用后也要及时清理杂物，并用护罩罩在转角盘和滑板上，以保持清洁。将车辆驶上升降平台，检查并确认四轮中心分别对正各自的转角盘和滑板中心。再一次检查轮辋内的定位孔和车轮的接触面是否清洁。

（2）打开四轮定位主机，进入软件界面。

（3）安装4个轮夹，如图6-78所示。

（4）依次在轮夹上安装4个传感器，如图6-79所示。

四轮定位

图 6-78 安装轮夹

图 6-79 安装4个传感器

（5）调平4个传感器，使指示灯显示绿色（有些传感器是气泡居中显示）。

（6）连接传感器进行轮辋补偿操作，如图6-80所示。

（7）按照屏幕提示转动转向盘，最后对正转向盘，如图6-81所示。

（8）用转向盘固定架和行车制动固定架固定转向盘和制动，如图6-82所示。

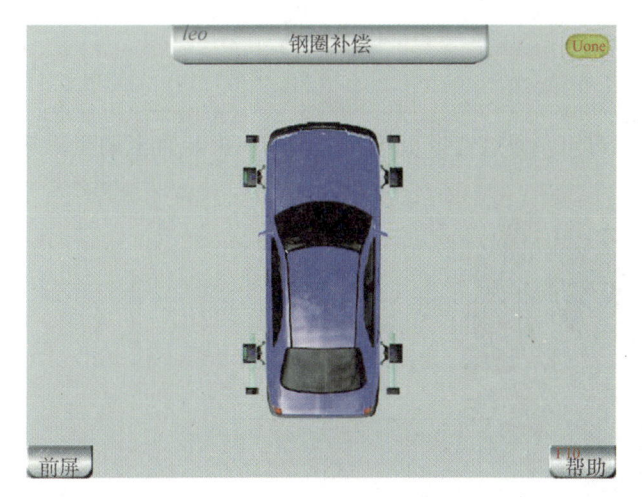

图 6-80 轮辋补偿

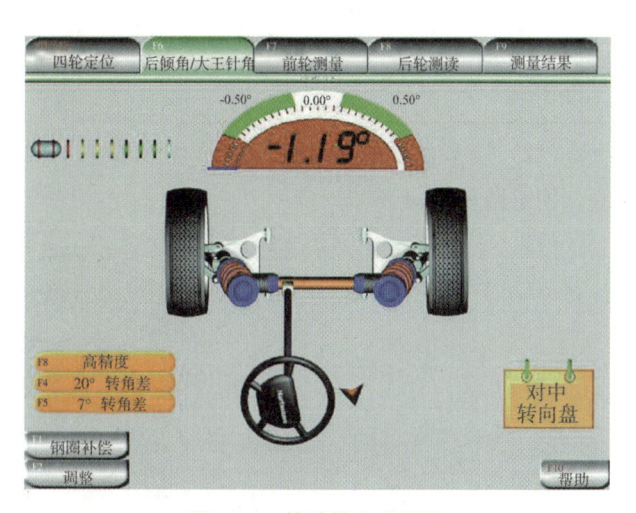

图 6-81 转动转向盘操作

图 6-82 固定转向盘和刹车

（9）调整前轮外倾角。松动车身两侧副车架 2（图 6-83 的螺栓 1），可以通过如箭头 3 所示的方向推拉车轮外倾角调节到额定值，用新螺栓将副车架固定在车身上。

（10）调整后桥车轮外倾角。松开副车架上部横摆臂螺栓连接的螺母 A，通过旋转偏心螺栓的六角头（图 6-84）调节外倾角。

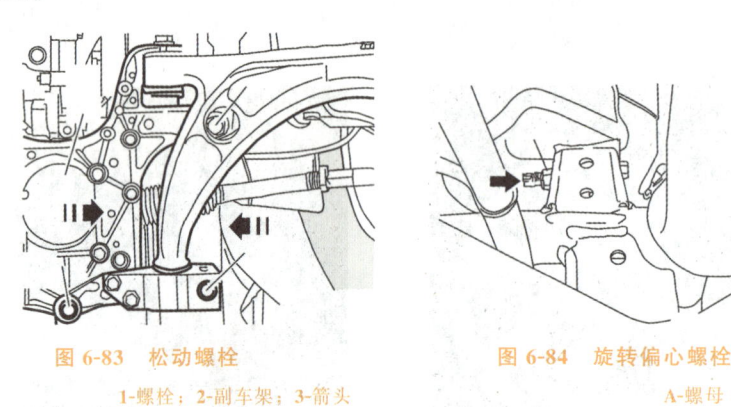

图 6-83 松动螺栓

1-螺栓；2-副车架；3-箭头

图 6-84 旋转偏心螺栓

A-螺母

（11）调节后桥前束。松开如图 6-85 所示螺母 1，旋转偏心螺栓 2，直至达到额定值，重新拧紧螺母。

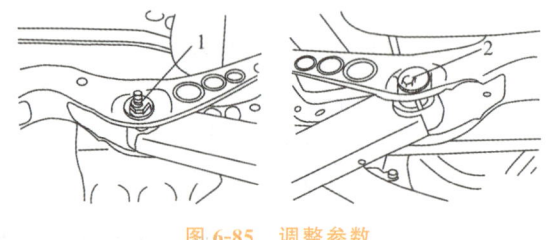

图 6-85 调整参数

1-螺母；2-偏心螺栓

（12）调节前桥前束（图 6-86），松开横拉杆放松螺母 3，通过选择横拉杆来调节前束，直至调至正常值，锁紧防松螺母。

图 6-86 调节前桥前束

1-转向横拉杆；2-转向横拉杆球头；3-锁紧螺母

(13) 调整完后对比出产参数。

任务小结

(1) 汽车桥分为驱动桥、转向桥、转向驱动桥和支持桥。
(2) 车辆定位的参数包括前束、车辆外倾、主销后倾和主销后倾。
(3) 车辆在行驶跑偏时就应当对车辆进行车辆定位检测并对参数进行调节。

实训 5　车轮定位

任务名称	行驶系统故障诊断与修复	总学时		总成绩	
子任务名称	车轮定位	学时		成绩	
学生姓名		学号		班级	

一、资讯

1. 车桥是通过_____相连，两端安装汽车车轮的桥式结构。
2. 根据车桥的作用不同，车桥可分为：_____，_____，和_____。
3. 车轮定位的参数有_____，和_____。
4. 当正前束太大时，轮胎外侧磨损会有正外倾角太大所形成的磨损状态，胎纹磨损形式为_____。
5. 现代汽车多为车轮_____，这样在汽车转向时可避免车身过分倾斜。

二、计划与决策

请根据汽车维护的要求，确定所需要的工具，并对小组成员进行合理分工，制定详细的检查和更换计划。

1. 需要的工具

2. 小组成员分工

3. 检查和维护计划

三、实施

1 接车检查

(1) 情景模拟，角色扮演客户与服务顾问，进行接车环节演练。
(2) 环车检查，记录车辆基本信息：
车辆品牌型号：_____
车辆 VIN 号码：_____
车辆行驶里程：_____
车辆外观检查结果：_____

2 车轮定位操作

（1）写下车轮定位操作的流程。

（2）调整前轮前束是调整车上的哪一个部件。

（3）在下表中记录调整数据。

调整前参数	前轮前束	前轮主销内倾角	前轮主销后倾角	前轮车轮外倾角	后轮前束	后轮车轮外倾角
调整前数据						
调整后数据						

3 整理工位

整理四轮定位仪和四柱举升机、处理废弃物。

四、评价

> 知识评价

1 现场问答题：

（1）叙述车轮需要做车轮定位的原因。
（2）描述车轮定位时的注意事项。

> 技能及素养评价

综合考评		自我评价	小组互评	教师评价	第三方评价
素质考评30分	劳动态度6				
	遵守纪律6				
	安全操作6				
	学习态度6				
	出勤情况6				
技能考评70分	工具使用10				
	任务方案10				
	实施过程30				
	完成结果10				
	任务工单10				
（总分100分）本次得分：					
最终得分：					

项目七 转向系故障诊断与修复

项目概述

汽车在行驶过程中，经常需要改变行驶方向（即转向）。改变行驶方向的方法是，驾驶员通过一套专设的机构使汽车转向桥上的车轮（转向轮）相对于汽车纵轴线偏转一定角度。有时转向轮也会受到侧向力的干扰而自动偏转，改变行驶方向。驾驶员也可以利用这套机构使转向轮向相反方向偏转，使汽车恢复原来的行驶方向。用来改变或恢复汽车行驶方向的专设机构称为汽车转向系统。

主要学习任务

任务1　转向器检修
任务2　机械液压助力转向系统检修
任务3　电子液压助力转向系统检修

任务1　转向器检修

任务描述

车主李先生反映，最近自己的汽车在行驶过程中当转动转向盘时会出现异常响声，当车辆在直线行驶过程中响声会消失。经过技师判断是由于齿轮齿条式转向器磨损间隙过大造成异常响声。

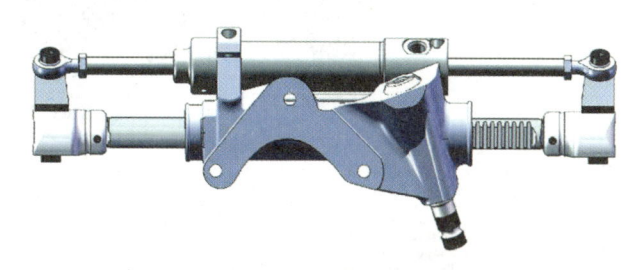

转向系统的基本组成包括转向盘、转向柱、转向器、转向横拉杆、转向节、转向节臂等。车辆在转向过程中出现异常响声怀疑是转向系统出现故障，如转向器磨损、间隙过大造成异常响声，由于转向系统机械部件较多具体是什么部件造成的异响需要通过进一步检查来判断。

学习目标

（1）能描述机械转向系统功用、基本组成；
（2）能够区分不同类型的转向系统；
（3）能够说出转向器的功用，并区分不同类型转向器；
（4）能够指认不同类型转向器各部件名称，并说出其工作原理；
（5）会运用所学知识和经验，为客户提供转向系统日常维护的建议；
（6）具备信息查询和维修手册使用的基本能力；
（7）能够按照企业5S管理要求和安全生产规范进行操作；
（8）能与同学密切合作，规范安全地完成学习活动；
（9）养成自主学习的习惯，培养操作规范的工作作风及环保意识。

知识准备

转向系统是指由驾驶人操纵，能实现转向轮偏转和回位的一套机构。转向系统的功用是按照驾驶人的意愿改变汽车的行驶方向和保持汽车稳定的直线行驶。

转向系统分为机械式转向系统和动力转向系统两大类。机械式转向系统由转向操纵机构、转向器和转向传动机构三部分组成，汽车转向时，驾驶员作用于转向盘上的力，经过转向轴（转向柱）传到转向器，转向器将转向力放大后，又通过转向传动机构的传递，推动转向轮偏转，致使汽车行驶方向改变，如图7-1所示。

一、转向盘

转向盘主要由轮圈、轮辐和轮毂组成。转向盘内部由成型的金属骨架构成，骨架外一般包有柔软的合成橡胶、树脂或皮革，这样有良好的手感，并防止操作时打滑。转向盘上还安装汽车喇叭开关按钮及控制开关等，以方便驾驶人操作，如图7-2所示。

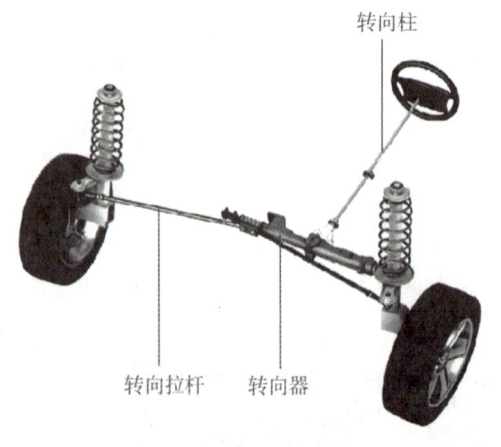

图7-1 机械式转向系统　　　　　图7-2 转向盘

二、转向柱

转向柱主要由转向轴、中间轴和万向节等零件组成,如图 7-3 所示。转向轴是将驾驶人作用于转向盘的操纵力传给转向器的传力轴。转向轴通过轴承支承于转向柱管,转向柱管固定在车身上。转向轴上部与转向盘相连,下部装有转向器。与转向器的连接方式有两种:一种是与转向器的输入轴直接连接,另一种是通过十字万向节或柔性万向节间接与转向器连接。轿车转向轴装有改变转向盘工作角度和转向盘高度的机构,以方便不同体型的驾驶人的操纵。驾驶人确定合适位置之后,向上扳起调整手柄,就可将转向盘锁定。

图 7-3 转向柱

三、转向器

转向器的作用是增大由转向盘传到转向节的力并改变力的传递方向,获得所要求的摆动速度和角度。

转向器按结构形式,可分为蜗杆指销式、循环球式和齿轮齿条式三种。按其作用力的传递情况,可分为可逆式、不可逆式和极限式三种。

循环球式转向器工作原理

1 蜗杆指销式转向器

(1) 组成

东风 el40 型汽车采用的蜗杆双指销式转向器主要由壳体、蜗杆、曲柄、指销、转向摇臂轴、上盖、下盖、调整螺塞及螺钉等组成,如图 7-4 所示。

(2) 工作过程

汽车转向时,通过转向盘和转向轴使蜗杆转动,嵌于螺杆螺旋槽的锥形指销一边自转,一边绕转向摇臂轴摆动,并通过转向传动机构,使汽车转向轮偏转,实现汽车转向。

2 循环球式转向器

(1) 组成

循环球式转向器由二套传动副组成,一套是螺杆螺母传动副、一套是齿条齿扇传动副或滑块曲柄销传动副,如图 7-5 所示。

(2) 工作过程

当转动转向盘时,转向螺杆也随之转动,通过钢球将作用力传给螺母,螺母即产生轴向移动,同时,由于摩擦力的作用,所有钢球在螺杆与螺母之间滚动,形成"球流"。钢球在螺母内绕行两周后,流出螺母进入导管,再由导管流回螺母,随着螺母沿螺杆做轴向移动,其齿条带动齿扇运动,齿扇带动垂臂轴转动,从而使转向垂臂产生摆动,通过转向传动机构使转向轮偏转完成汽车转向。

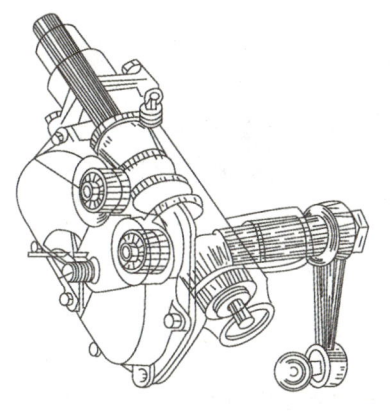

图 7-4 蜗杆曲柄指销式转向器   图 7-5 循环球式转向器

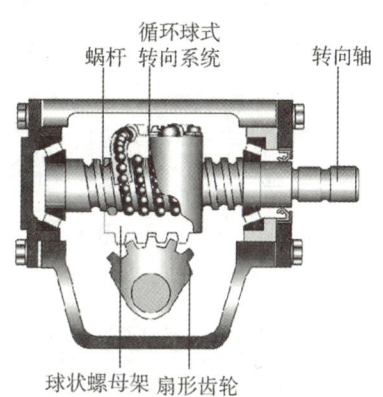

3. 齿轮齿条式转向器 齿轮齿条式转向器主要由转向器壳体、转向齿轮（主动）、转向齿条（从动）等组成。齿轮齿条式转向器具有结构简单、传动效率高，操纵轻便，重量轻、安装方便等特点，因此被广泛应用在乘用车上。

齿轮齿条式转向器分两端输出式和中间（或单端）输出式两种。两端输出的齿轮齿条式转向器如图7-6所示，作为传动副主动件的转向齿轮轴11通过轴承12和13安装在转向器壳体5中，其上端通过花键与万向节10和转向轴连接。与转向齿轮啮合的转向齿条4水平布置，两端通过球头座3与转向横拉杆1相连。弹簧7通过压块9将齿条压在齿轮上，保证无间隙啮合。弹簧的预紧力可用调整螺塞6调整。当转动转向盘时，转向器齿轮11转动，使与之啮合的齿条4沿轴向移动，从而使左右横拉杆带动转向节左右转动，使转向车轮偏转，从而实现汽车转向。

齿轮齿条式转向器工作原理

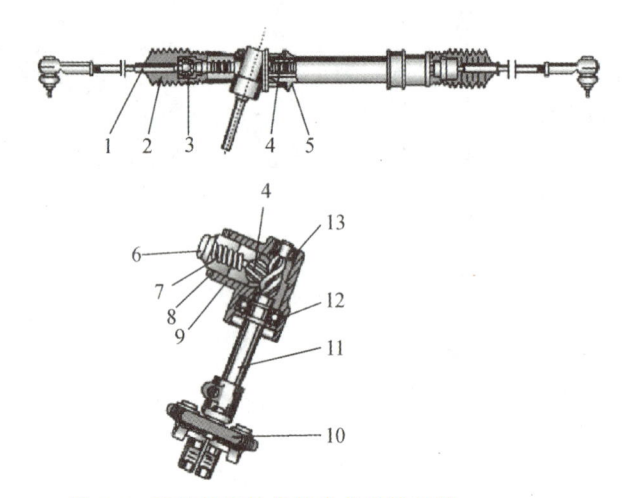

图 7-6 两端输出的齿轮齿条式转向器

1-转向横拉杆；2-防尘套；3-球头座；4-齿条；5-转向器壳；6-调整螺塞；
7-弹簧；7-转向器壳；8-压块；9-万向节；11-转向齿轮轴；12、13-轴承

中间输出的齿轮齿条式转向器如图7-7所示，其结构及工作原理与两端输出的齿轮齿条式转向器相同。

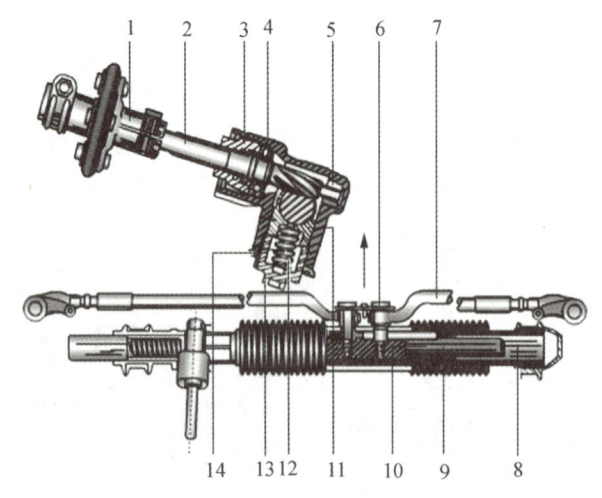

图 7-7 中间输出的齿轮齿条式转向器

1-万向节；2-转向齿轮轴；3-调整螺母；4-向心球轴承；5-滑针轴承；6-固定螺栓；7-转向横拉杆；
7-转向器壳体；8-防尘器；9-转向齿条；11-调整螺塞；12-锁紧螺母；13-压紧弹簧；14-压块

当驾驶员转动转向盘时，转向力通过转向传动轴、万向节传给转向主动齿轮，从而带动转向从动齿条转动，并经由转向横拉杆、拉杆球头和转向节臂带动车轮摆动。齿轮齿条式转向器的动力传递特点是传递直接、复位简单。

四、转向传动机构

转向传动机构主要由转向摇臂、转向直拉杆、转向节臂、转向梯形臂和转向横拉杆等组成。

轿车转向传动机构工作原理

1 转向摇臂

转向摇臂是转向器传动副和直拉杆件的传动件，作用是将转向器输出的动力和运动传给直拉杆使转向轮偏转。转向摇臂如图7-8所示。

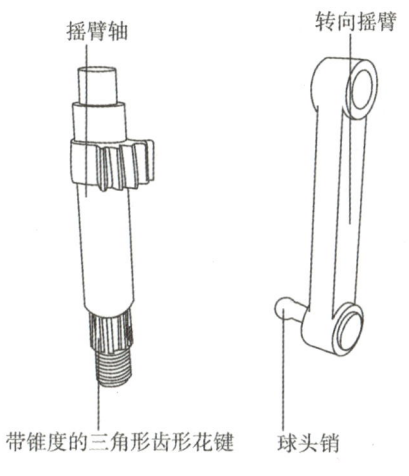

图7-8 转向摇臂

2. 转向直拉杆 转向直拉杆的作用是将转向摇臂传来的动力和运动传给转向梯形臂。转向直拉杆如图7-9所示。

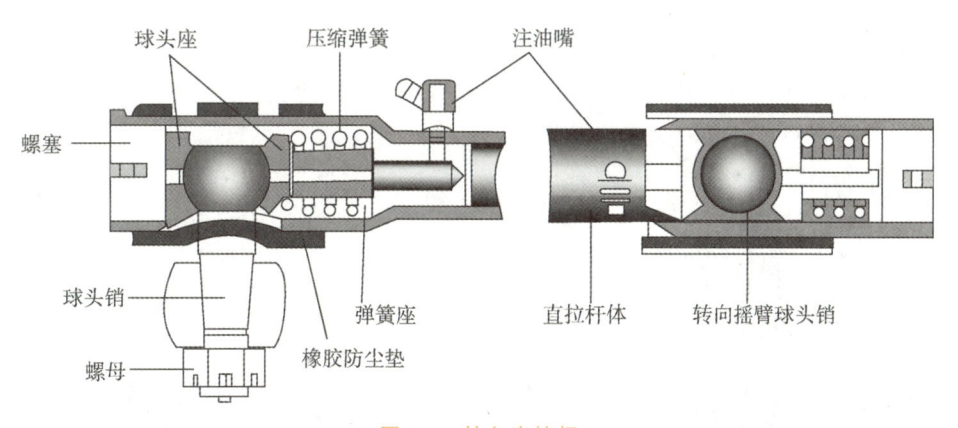

图7-9 转向直拉杆

操作指引

1 组织方式

（1）场地设施：举升机一台，装有废气抽排系统和消防设施的场地。

(2) 设备设施：奥迪 A8 轿车或空气悬架台架。

(3) 工量具：常用工具 1 套、通用诊断仪、万用表等。

(4) 耗材：熔断丝、线束、空气流量计等。

2 操作要求

(1) 穿戴干净整洁的工作服。

(2) 遵守场地安全规定，注意用电安全。

(3) 正确使用万用表、诊断仪等工量具。

任务实施

1 转向器的拆卸

(1) 松开仪表板上罩板，拆下阻风门拉手，取下阻风门操纵杆。

(2) 拆下仪表板下饰板，将密封衬套从前围穿线板中向驾驶人方向抽出。

(3) 从发动机罩中松开夹紧箍并取出螺栓。

(4) 从转向器壳体上拆下减振器的固定螺栓，并从另一端拆下与支架连接的固定螺栓，取下转向减振器。

(5) 拆下齿条与支架（横拉杆连接件）的连接螺栓，将齿条、支架脱开。

(6) 拆下转向器和车身的连接螺栓和防松螺母，即可将转向器从车上拆下。

2 分解转向器

(1) 拆卸补偿器，拧下紧固螺柱、锁紧螺母及调整螺栓，取下 O 形密封圈及调整弹簧。

(2) 拆卸转向齿轮密封环、卡簧、轴承，取出转向齿轮。

(3) 拆卸齿条杆的防尘罩、挡圈、密封圈，抽出齿条，并作行程记号。

3 齿轮齿条式转向器的检修

(1) 检查转向齿轮端头及衬套（液压转向是轴承）的磨损情况，是否与上面滚珠轴承同心。如磨损严重或不同心，应更换。

(2) 检查齿条各部的磨损程度，有无缺齿。如有，则应更换齿条，如图 7-10 所示。

(3) 检查转向器外壳有无磨损及破裂，如破裂或磨损严重，应更换。

(4) 检查波形管是否破损，如有破损应更换，如图 7-11 所示。

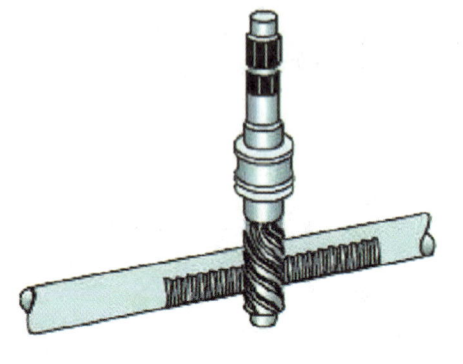

图 7-10 齿轮齿条的检查　　　　图 7-11 波形管检查

(5) 检查各密封圈及密封环，如有渗漏必须更换。

(6) 自锁螺母和螺栓一经拆卸，必须更换。

(7) 检查补偿弹簧是否过软或断裂。否则，应更换。注意：不准对转向器零件进行焊接和整形。

4 转向器的调整操作前提：转向器的调整应在车轮位于直线行驶位置进行。

(1) 把自锁调整螺钉小心地拧进约 20°。

(2) 进行道路试验。

(3) 转向器如能自己回到直线位置，则把调整螺钉松开一点。

(4) 转向器如还有间隙，则把调整螺钉拧紧一点。

5 转向器的安装装配的过程与拆卸的过程顺序相反，但需注意以下几点：

(1) 转向器壳的固定螺栓，不可拧得太紧，应按规定力矩拧紧。

(2) 转向齿轮与转向柱下段连接时，夹紧箍应推到转向柱下段，密封环应嵌入转向器壳体上的环形槽中。

(3) 波纹管可在转向器安装后进行调整，这时在齿条上涂 AUF06300004 转向器润滑脂，将波纹管一端用夹紧箍夹紧在环槽中。

(4) 波纹管挡圈应推至齿条限位处。

(5) 转向器装配后，应检查转向齿轮与齿条间隙。调整时，松开锁紧螺母，拧紧调整螺栓至止推垫圈挡块为止，再拧紧锁止螺母。

(6) 组装正确的转向器用手可直接转动转向齿轮。转向器啮合间隙的调整，应在车轮着地且处于直行状态下进行，向里旋补偿装置调整螺钉，直至螺钉与压块相接触。此时，转向齿轮应处于间隙变小状态，且转动灵活，如图 7-12 所示。

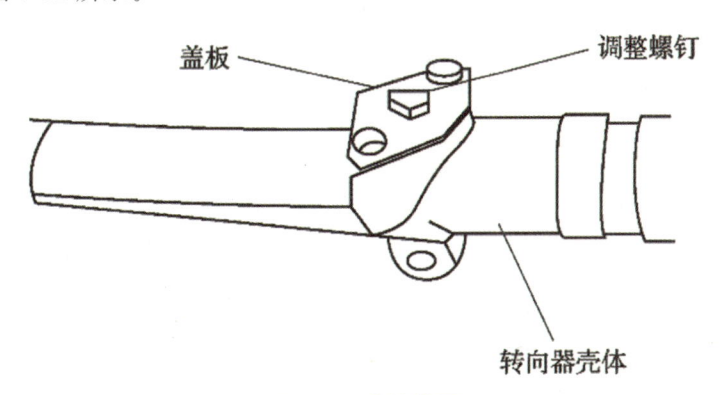

图 7-12 补偿装置

任务小结

(1) 机械式转向系由转向操纵机构、转向器和转向传动机构三部分组成。

(2) 转向操作机构包括转向盘、转向轴、转向柱管等。它的功用是产生转动转向器所必需的操作力，并具有一定的调节和安全性能。

(3) 转向器是转向系中的降速增矩传动装置，其功用是增大由转向盘传到转向节的力，并改变力的传动方向。

(4) 转向传动机构的功用是将转向器输出的力和运动传动转向轮，使两侧转向轮偏转以实现汽车转向，并保证左右转向轮的偏转角一定关系变化。转向传动机构包括转向摇臂、转向直拉杆、转向横拉杆。

实训 1　转向器检修工作页

任务名称	转向系统故障诊断与修复	总学时		总成绩	
子任务名称	转向器检修	学时		成绩	
学生姓名		学号		班级	

一、资讯

1. ＿＿＿＿＿＿功用是按照驾驶人的意愿改变汽车的行驶方向和保持汽车稳定的直线行驶。
2. 转向系分为＿＿＿＿＿＿转向系和＿＿＿＿＿＿转向系两大类。
3. 机械式转向系由转向操纵机构、＿＿＿＿＿＿和＿＿＿＿＿＿三部分组成。
4. 转向器的作用是增大转向盘传到转向节的力并改变力的传递方向，获得使车辆转向轮发生偏转所需要的＿＿＿＿＿＿和＿＿＿＿＿＿。
5. 转向器按结构可分为蜗杆指销式＿＿＿＿＿＿、＿＿＿＿＿＿和＿＿＿＿＿＿三种。
6. 齿轮齿条式转向器主要由转向器壳体＿＿＿＿＿＿、＿＿＿＿＿＿等组成。
7. ＿＿＿＿＿＿的作用是将转向摇臂传来的动力和运动传给转向梯形臂。
8. ＿＿＿＿＿＿是转向器传动副和直拉杆件的传动件，作用是将＿＿＿＿＿＿输出的动力和运动传给直拉杆使转向轮偏转。

二、计划与决策

请根据更换转向器的要求，确定所需要的工具，并对小组成员进行合理分工，制定详细的检查和更换计划。

1. 需要的工具

2. 小组成员分工

3. 检查和维护计划

三、实施

1 转向器的拆卸

（1）仪表板上罩板，拆下阻风门拉手，取下＿＿＿＿＿＿。

(2) 拆下仪表板下饰板，将_____从前围穿线板中向驾驶人方向抽出。

(3) 从发动机罩中松开夹紧箍并取出螺栓。

(4) 从转向器壳体上拆下_____的固定螺栓，并从另一端拆下与支架的固定螺栓，取下转向减振器。

(5) 拆下齿条与_____的连接螺栓，将齿条、支架脱开。

(6) 拆下转向器和车身的连接螺栓和防松螺母，即可将转向器从车上拆下。

2 转向器分解

(1) 拆卸_____，拧下紧固螺柱、锁紧螺母及调整螺栓，取下O形密封圈及调整弹簧。

(2) 拆卸_____密封环、卡簧、轴承、取出转向齿轮。

(3) 拆卸_____的防尘罩、挡圈、密封圈，抽出齿条，并作行程记号。

3 转向器的安装

装配的过程与拆卸的过程顺序相反，但需注意以下几点：

(1) 转向器壳的固定螺栓，不可拧得太紧，应按_____Nm力矩拧紧。

(2) 转向齿轮与转向柱下段连接时，夹紧箍应推到转向柱下段，密封环应嵌入转向器壳体上的环形槽中。

(3) 波纹管可在转向器安装后进行调整，这时在齿条上涂转向器_____，将波纹管一端用夹紧箍夹紧在环槽中。

(4) 波纹管挡圈应推至_____。

(5) 转向器装配后，应检查转向齿轮与齿条间隙。调整时，松开锁紧螺母，拧紧调整螺栓至止推垫圈挡块为止，再拧紧锁止螺母。

(6) 组装正确的转向器用手可直接转动转向齿轮。转向器啮合间隙的调整，应在车轮着地且处于直行状态下进行，向里旋补偿装置调整螺钉，直至螺钉与压块相接触。此时，转向齿轮应处于间隙变小状态，且转动灵活。

四、评价

知识评价

1 现场问答题：

(1) 转向器装配完成后进行调整的前提条件是？

(2) 当转向器零件出现裂纹后应该怎么做？

(3) 什么情况下需要更换齿条。

技能及素养评价

综合考评		自我评价	小组互评	教师评价	第三方评价
素质考评30分	劳动态度6				
	遵守纪律6				
	安全操作6				
	学习态度6				
	出勤情况6				

(续表)

综合考评		自我评价	小组互评	教师评价	第三方评价
技能考评 70 分	工具使用 10				
	任务方案 10				
	实施过程 30				
	完成结果 10				
	任务工单 10				
（总分 100 分）本次得分：					
最终得分：					

任务 2　机械液压助力转向系统检修

任务描述

车主李先生自己的凯越 1.6 汽车行驶 10 万公里，最近发现车辆在行驶过程中当转动转向盘时感觉转向盘明显比以往沉重，需要较大力气才能够实现转向。

为了减轻驾驶人的疲劳强度，改善转向系统的技术性能，目前很多汽车都采用了动力转向装置。采用动力转向的汽车在转向时，所需的力在正常情况下，只有小部分是驾驶人提供，而大部分是转向油泵压力提供。机械液压动力转向系统是常见的一种动力转向形式。

凯越汽车采用的是机械液压动力转向系统，转向沉重可能是机械系统出现问题，或是液压系统出现泄露、转向助力油不足等原因造成的，具体原因需要进一步检查。

学习目标

（1）能够正确描述机械液压转向系统功用；
（2）能够在实车上指认机械液压转向助力系统的部件；
（3）能够指认不同类型转向器各部件名称，并说出其工作原理；
（4）会运用所学知识和经验，为客户提供转向系统日常维护的建议；
（5）具备信息查询和手册使用的基本能力；
（6）能够按照企业 5S 管理要求和安全生产规范进行操作；

（7）能与同学密切合作，规范安全地完成学习活动；
（8）养成自主学习的习惯、培养操作规范的工作作风及环保意识。

知识准备

一、机械液压式转向系统功用

为了减轻驾驶员的疲劳强度，改善转向系统的技术性能，转向系统采用了动力转向装置。常用的动力转向系统有机械液压式动力转向系统、电动液压式动力转向系统和纯电动动力转向系统。机械液压式动力转向系统通过助力泵将发动机机械能转化为压力，并将压力施加于转向器上，为转向提供助力。

二、机械液压式转向系统的组成

机械液压式转向系统包括转向盘、转向柱、转向传动轴、横拉杆、动力缸、转向助力泵、储油罐及油管等组成，如图7-13所示。

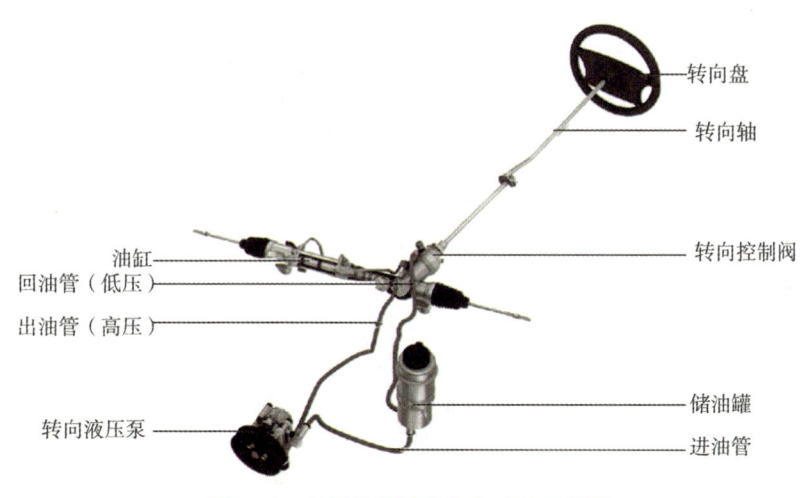

图7-13 机械液压转向助力系统结构图

1 储油罐

储油罐用来储存、滤清转向动力缸所用的油液。

2 转向助力泵

转向助力泵由发动机驱动，将储油罐内的油吸出，压送入转向控制阀，将发动机输出的部分机械能转换为油液的压力能。

3 动力缸

动力缸固装在车架（或车身）上，主要由缸筒和活塞组成。活塞将动力缸分成两个腔，活塞杆地伸出端与转向摇臂中部铰接。动力缸的作用将油液的压力能转换成机械能，实现转向加力。

三、机械液压式转向系统工作原理

液压动力转向装置按液流形式分为长流式和常压式两种。常压式机械液压助力转向系统的特点是无论转向盘处于正中间位置，还是转向位置，无论转向盘静止还是在转动，系统管路中的油液总是保持高压状态，如图 7-14 所示。在汽车直线行驶，转向盘保持中立位置时，转向液压泵输出的压力油充入储能罐。当储能罐压力增长到规定值后，转向液压泵即自动卸荷空转，从而储能罐压力得以限制在该规定值以下。当转动转向盘时，机械转向器通过转向摇臂等杆件使转向控制阀转入开启位置。此时储能罐中的压力油即流入转向系统动力缸，动力缸输出的液压作用力，作用在转向传动机构上，以助机械转向器输出力不足。当转向盘停止运动，转向控制阀随之回复到关闭位置，转向加力作用停止。

常流式机械液压助力转向系统原理

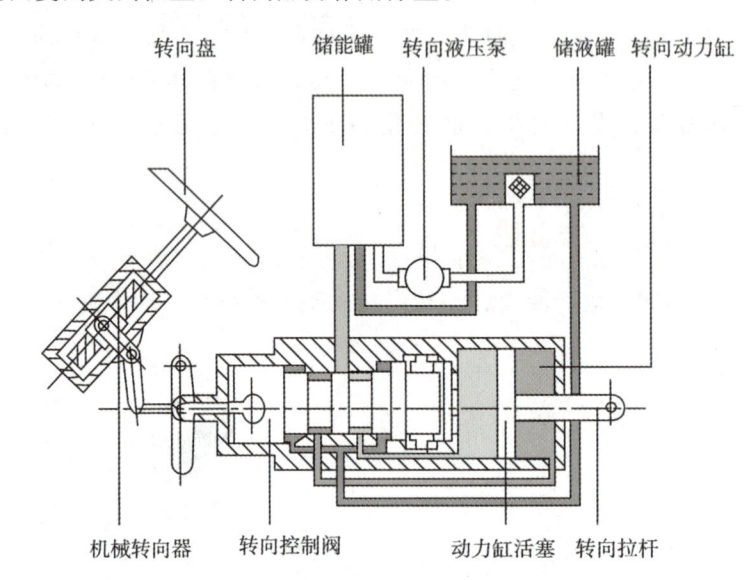

图 7-14 常压式机械液压转向助力系统

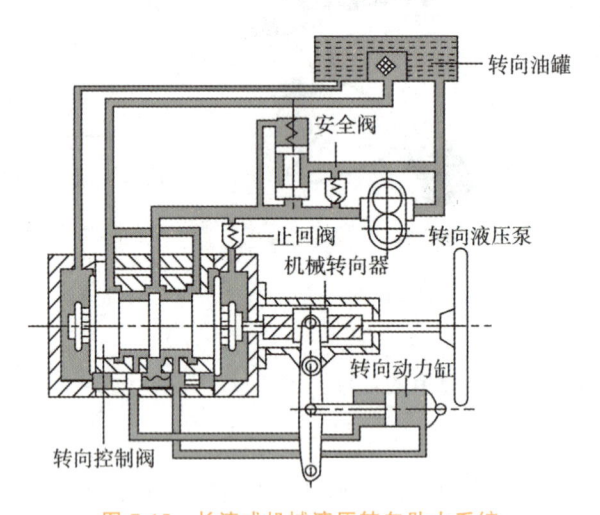

图 7-15 长流式机械液压转向助力系统

长流式机械液压助力转向系统的转向液虽然始终工作，但液压助力系统不工作时，液压泵处于空转状态，管路的负荷要比常压式小，现在大多数机械液压转向助力系统都采用长流式，如图 7-15 所示。不转向时，转向控制阀保持开启。转向动力缸的活塞两边的工作腔，由于都在低压回油管路相通而不起作用。转向液压泵输出的油液流入转向控制阀，又由此流回转向油罐。因转向控制阀的节流阻力较小，故转向油泵输出压力也很低，转向油泵处于空载状态。当驾驶员转动转向盘，通过机械转向器使转向控制阀处于某一转弯方向相应的工作位置时，转向动力缸的相应工作腔与回油管路隔绝，转而与转向液压泵输出管路相通，而动力缸的另一腔则仍然通回油管路。地面转向阻力经转向传动机构传到转向动力缸的推杆和活塞上,形成比转向控制阀节流阻力高得多的转向液压泵输出管路阻力。于是转向液压泵输出压力急剧升高,直到足以推动转向动力缸活塞位置。转向盘停止转动后,转向控制阀随即回复到中立位置,使动力缸停止工作。

操作指引

1 组织方式

(1) 场地设施:剪式或双柱式举升器 4 台。
(2) 设备设施:捷达车辆 4 辆。
(3) 工具:常用工具 4 套。
(4) 耗材:吸油纸、转向助力油 4 桶。

2 操作要求

(1) 穿戴干净整洁的工作服。
(2) 遵守场地安全规定,注意举升器使用安全。
(3) 正确使用拆装工具。

任务实施

1 转向助力油油位检查

(1) 打开发动机罩(图 7-16)。
(2) 在实车上找到转向助力油储油罐的位置(图 7-17)。

图 7-16　打开发动机罩　　　　图 7-17　转向助力油储油罐位置

(3) 检查储油罐液位(图 7-18)。储油罐刻度含义如图 7-19 所示。

如果发现转向助力油油位低于规定下限,需要进一步检查储油罐、转向系统管路、动力缸及连接处是否有损坏或卡子松动,导致转向助力油泄露。如果存在损坏或松动等现象,请先更换损坏部件,再进行转向助力油的添加。

2 转向系统转向助力油泄露检查

如果发现转向助力油液面低于下限,请先检查转向助力泵、转向助力油管路、管路连接处(包括卡箍是否卡紧)、转向压力开关等位置是否有泄露。如果发现有泄露,先进行泄露处理后,再进行转向助力油添加。

转向助力油添加必须符合原厂要求。在汽车行驶过程中需要转动转向盘时，应该尽量避免将转向盘打死，因为当转向盘打死时，会使管路里的转向助力油压力升高，各个油管接口处橡胶管路就有可能出现泄漏。

图 7-18　转向助力油储油罐刻度线

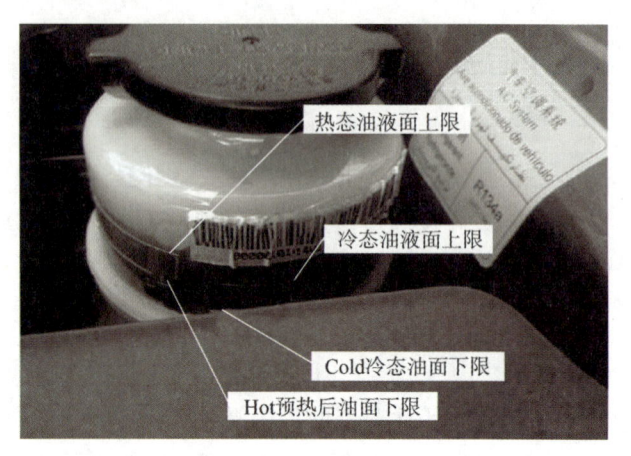

图 7-19　储油罐刻度含义

任务小结

（1）机械液压式动力转向系统由储油罐、转向动力泵、转向控制阀、动力缸、转向器动部件组成。
（2）转向动力泵的功用将发动机的机械能转化为液压能。
（3）动力缸的功用是将液压能转化为机械能。

实训 2　机械液压助力转向系统检修工作页

任务名称	转向系统故障诊断与修复	总学时		总成绩	
子任务名称	机械液压助力转向系统检修	学时		成绩	
学生姓名		学号		班级	

一、资讯

1. 常用的动力转向系统有机械液压式动力转向系统、_____和_____。
2. 液压动力转向机构包括转向盘、_____、转向传动轴、_____、动力缸、_____、储油罐及油管等组成。
3. _____由发动机驱动，将储油罐内的油吸出，压送入转向控制阀，将发动机输出的部分_____转换为油液的_____。
4. 动力缸的作用将油液的_____转换成_____，实现转向加力。
5. 液压动力转向装置按液流形式分为_____和常压式两种。

二、计划与决策

请根据转向助力液检查的方法和更换要求，确定所需要的检测仪器、工具，并对小组成员进行合理分工，制定详细的检查和更换计划。

1. 需要的检测仪器、工具

2. 小组成员分工

3. 检查和更换计划

三、实施

1 准备

(1) 车辆进入工位前,将工位卫生清理干净,排除_____,准备好等。
(2) 安装五件套_____。
(3) 将车辆停驻在举升机中央位置,拉紧驻车制动器或变速器置于空挡,安装车轮_____。
(4) 拉起发动机舱盖释放杆,打开_____。
(5) 安装翼子板布和_____。

2 转向助力油油位检查

(1) 打开发动机_____。
(2) 在实车上找到转向助力油_____的位置。
(3) 检查储油罐_____。

3 转向系统转向助力油泄露检查

如果发现转向助力油液面低于_____,请先检查_____、转向助力油管路、管路连接处(包括卡箍是否卡紧)、转向压力开关等位置是否有泄露。如果发现有泄露,先进行_____后,再进行转向助力油添加。

转向助力油添加必须符合_____要求。在汽车行驶过程中需要打转向盘时,应该尽量避免将转向盘_____,因为当转向盘打死时,会使管路里的转向助力油压力升高,各个油管接口处橡胶管路就有可能出现泄漏。

4 转向助力油加注

使用车型_____,加注的转向助力油型号_____;全部更换后,需要加注量为_____。

四、评价

> 知识评价

1 现场问答题:

(1) 转向助力油加注盖标注是什么样?
(2) 转向助力油更换保养周期是多少?
(3) 如何选择转向助力油?

> 技能及素养评价

综合考评		自我评价	小组互评	教师评价	第三方评价
素质考评 30 分	劳动态度 6				
	遵守纪律 6				
	安全操作 6				
	学习态度 6				
	出勤情况 6				
技能考评 70 分	工具使用 10				
	任务方案 10				
	实施过程 30				
	完成结果 10				
	任务工单 10				
(总分 100 分) 本次得分:					
最终得分:					

任务 3　电子液压助力转向系统检修

> **任务描述**

车主李先生反映,最近自己的车在行驶过程中当转动方向盘时会出现异常响声,当车辆在直线行驶过程中响声会消失。

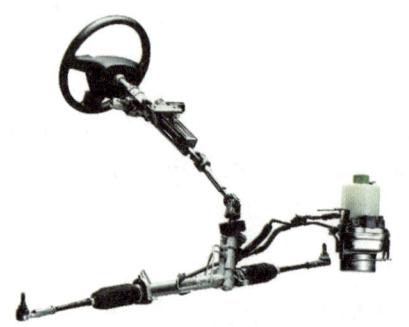

由于机械液压助力需要大幅消耗发动机动力,所以人们在机械液压助力的基础上进行改进,开发出了更节

省能耗的电子液压助力转向系统。这套系统的转向油泵不再由发动机直接驱动，而是由电动机来驱动，并且在之前的基础上加装了电控系统，使得转向辅助力的大小不光与转向角度有关，还与车速相关。机械结构上增加了液压反应装置和液流分配阀，新增的电控系统包括车速传感器、电磁阀、转向ECU等。

学习目标

（1）认识电子液压式动力转向系统功用、基本组成；
（2）能够说出转向器的功用，并区分不同类型转向器；
（3）能够指认不同类型转向器各部件名称，并说出其工作原理；
（4）会运用所学知识和经验，为客户提供转向系统日常维护的建议；
（5）具备信息查询和维修手册使用的基本能力；
（6）能够按照企业5S管理要求和安全生产规范进行操作；
（7）能与同学密切合作，规范安全地完成学习活动；
（8）养成自主学习的习惯、培养操作规范的工作作风及环保意识。

知识准备

电子液压式动力转向系统英文简称为EHPS（Electro Hydraulic Power Steering），是以电动机驱动油泵实现动力转向的装置。

一、电子液压式动力转向系统组成

电子液压式动力转向系统主要由储油罐、助力转向控制单元、电动泵、转向机、助力转向传感器等构成，其中助力转向控制单元和电动泵是一个整体结构。电子液压式动力转向系统如图7-20所示。

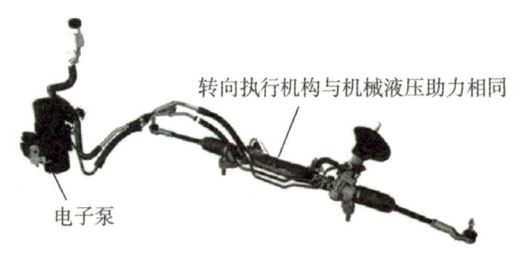

图7-20 电子液压式动力转向系统

二、电子液压式动力转向系统特点

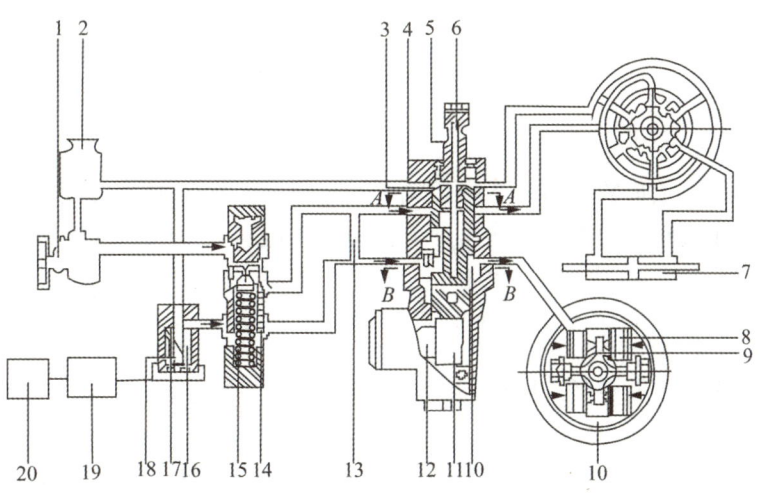

图7-21 电子液压动力转向系统结构示意图

1-转向液压泵；2-储油罐；3-转向器壳体；4-转阀阀体；5-转阀阀芯；6-扭杆；7-转向动力缸；8-液压反力活塞；9-控制杆；10-液压反力腔；11-转向器齿轮；12-转向器齿；13-节流孔；14-液流分配阀柱塞；15-液流分配阀弹簧；16-电磁阀线圈；17-电磁阀滑阀；18-电磁阀弹簧；19-动力转向ECU；20-车速传感器

电子液压转向助力系统克服了传统的液压转向助力系统的缺点。它所采用的液压泵不再靠发动机皮带直接驱动，而是采用一个电动泵，动力来自蓄电池。它所有的工作的状态都是由电子控制单元根据车辆的行驶速度、转向角度等信号计算出的最理想状态。

在低速大转向时，电子控制单元驱动电子液压泵以高速运转输出较大功率，使驾驶员打方向省力；汽车在高速行驶时，液压控制单元驱动电子液压泵以较低的速度运转，在不至于影响高速打转向的需要同时，节省一部分发动机功率。电子液压动力转向系统结构示意图如图7-21所示。

电子液压助力转向系统是目前采用较为普遍的助力转向系统。转向盘上还安装汽车喇叭开关按钮及控制开关等，以方便驾驶人操作。

三、电子液压动力转向系统工作原理

电子液压助力的原理与机械液压助力基本相同，不同的是油泵由驱动，同时助力力度可变。车速传感器监控车速，电控单元获取数据后通过控制转向控制阀的开启程度改变油液压力，从而实现转向助力力度的大小调节。电子液压动力转向系统如图7-22所示。

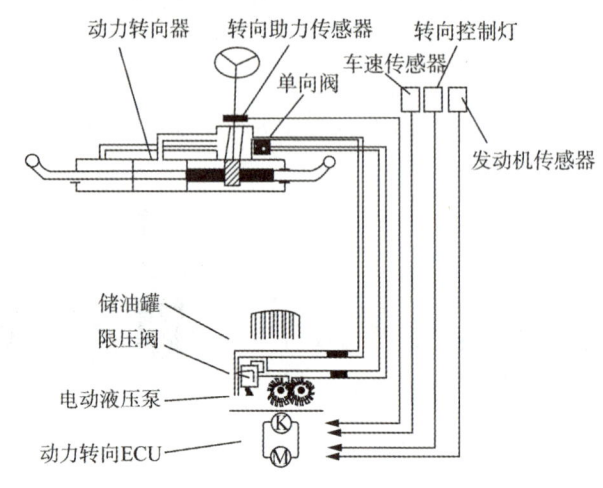

图7-22 电子液压动力转向系统

四、电子液压动力转向系统转向沉重原因分析

1 缺少转向助力油

转向助力油低于下限，造成转向助力下降造成的转向沉重。需添加专用转向助力油，在添加前需确认保养周期，如果是到了维护周期则添加转向助力油至上下限。如果未到维护周期，则要进一步检查是否存在泄露。

2 泄露检查

检查储液罐、转向助力油管路及连接处是否存在老化，破损。

3 检查电动液压泵

电动液压泵皮带是否松动打滑，如果出现皮带打滑，则更换皮带；检查电动液压泵压力是否达到规定值，如果低于规定值，需更换电动液压泵。

4 检查转向万向节

检查转向万向节是否缺油发卡，如果转向万向节发卡，则添加润滑脂。

5 检查转向器内漏

检查转向器分流阀和转向活塞皮圈是否有内漏。

操作指引

1 组织方式

(1) 场地设施：剪式或双柱式举升器 4 台。

(2) 设备设施：凯越车 4 辆。

(3) 工具：常用工具 4 套、诊断仪。

(4) 耗材：吸油纸、转向助力油 4 桶。

2 操作要求

(1) 穿戴干净整洁的工作服。

(2) 遵守场地安全规定，注意举升器使用安全。

(3) 正确使用拆装工具。

任务实施

1 转向沉重故障检查

(1) 液压助力转向泵在使用时注意选择正确型号的助力油，否则会影响助力转向泵的工作效率和使用寿命。

(2) 经常检查助力油的使用情况，使用的助力油必须保持清洁。定期更换助力油，车主在自行加注助力油时必须备有过滤装置。

(3) 汽车若较长时间停驶，在重新起动时，不要立即满负荷工作，至少应空载运转 10min 时间，待助力油及其他油液达到正常工作状态再行车。

(4) 操纵汽车转向时留意观察助力转向系统运转是否正常，有无冲击或噪音，助力油路有无渗漏现象，以便及时发现并排除故障。

当出现转向油泄露、转向助力油不足等现象按照前面方法进行排除。如怀疑转向助力油泵损坏造成转向沉重，需要进一步对转向助力油泵进行拆解。

2 转向助力油泵的拆解步骤

(1) 排出动力转向油。

(2) 分离空气滤清器软管总成。

(3) 拆下空气滤清器总成。

(4) 拆下右前轮。

(5) 拆下右发动机下护板。

(6) 拆下风扇和发动机 V 形带。

(7) 脱开储液罐到泵的 1 号软管。拆下夹子，脱开储液罐到泵的 1 号软管。

(8) 拆下压力供给管接头螺栓。拆开压力开关接头，拆下油压接口头。注意：不要把压力开关掉到地上或使其严重损坏，如果损坏，更换新零件。

(9) 脱开压力供给管总成和垫圈。

(10) 拆下 2 个螺栓和叶轮泵总成。

(11) 使用专用工具，把叶轮泵安装在台虎钳上。

(12) 拆下动力转向吸油口接头。拆下螺栓和吸油口接头，从吸油口接头拆下 O 形圈。

(13) 拆下流量控制阀。拆下压力口接头，从压力口接头上拆下 O 形圈。拆下流量控制阀和流量控制阀压缩弹簧。

(14) 拆下叶片泵后壳体。从叶片泵前壳体上拆下 4 个螺栓和叶轮泵后盖，从叶轮泵前壳体上拆下 O 形圈。

(15) 拆下带皮带轮轴总成。使用卡簧钳，从皮带轮轴总成上拆下卡簧。拆下皮带轮轴总成。

(16) 拆下叶片泵转子。拆下 10 个叶片，拆下叶片泵转子。

(17) 拆下叶片泵凸轮环。

(18) 拆下叶片泵前端板。从叶片泵前盖上拆下前端板，从前端板上拆下 O 形圈，从叶轮泵前壳体上拆下 O 形圈。

(19) 拆下叶片泵壳体油封。使用专用工具和锤子，拆下叶轮泵壳体油封。注意：不要损伤叶片泵壳体。

3 转向油泵各部件的检查

(1) 动力转向油泵所有金属元件的清洗只能使用酒精。

(2) 检查泵壳是否有磨损、裂纹、铸造砂眼和损坏，发现其中任何一种损坏，都应更换泵壳。

(3) 检查泵轴花键是否磨损，泵轴、泵轴轴套、轴承是否有裂纹和其他损坏，更换所有过度磨损和损坏的零件。

(4) 检查游隙：检查叶轮泵轴与前壳体衬套间的游隙，其计算方法为油隙＝衬套内径－泵轴外径。

使用螺旋测微器和游标卡尺测量游隙，如图 7-23 所示。标准间隙：0.021～0.043mm，最大间隙：0.07mm。如大于最大值，更换新的叶轮泵总成。

(5) 检查叶轮泵转子和叶片。

1) 检查所有转子叶片在转子槽中是否运动自如。测量叶片与转子的槽侧隙，最大间隙值应为 0.003mm，超过该极限时，应更换叶轮泵总成，如图 7-24 所示。

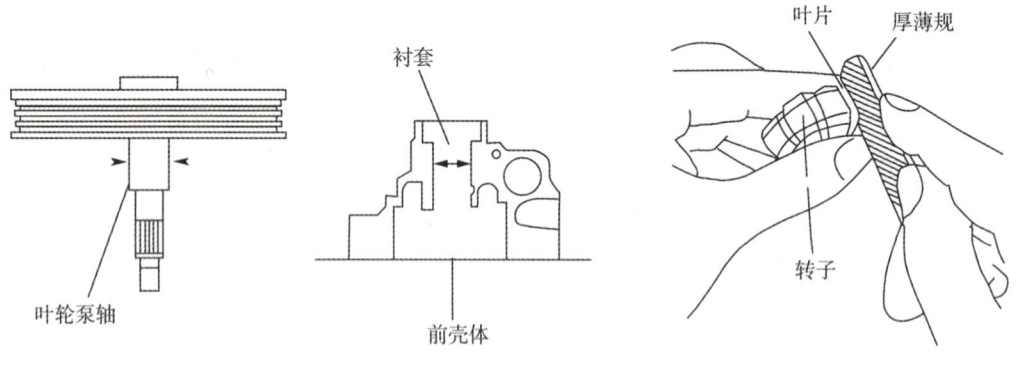

图 7-23 检查游隙

图 7-24 测量叶片与转子的槽侧隙

2) 用千分尺测量叶片高度、厚度和长度，如图 7-25 所示。最小高度为 7.6mm；最小厚度 1.405mm；最小长度 11.993mm。不在限制值内应更换叶片泵总成。

(6) 检查流量控制阀。

1) 如图 7-26 所示，用转向动力油涂抹流量控制阀，检查在其自身重力作用下是否可以平顺滑入阀孔。若有卡住现象，应检查控制阀的泵壳、泵体孔是否存在杂质、刮痕和毛刺。毛刺可用细砂布去掉，若阀或泵壳、泵体有损坏而不能修复，则应对损坏件进行更换。

2）检查流量控制阀是否泄漏。堵住其中一个孔，向相对的另一个孔中吹入压缩空气（压力 392～490kPa），观察末端是否有空气漏出，如图 7-27 所示。(7) 检查流量控制阀弹簧。用游标卡尺测量弹簧自由长度，如图 7-28 所示。最小自由长度为 29.2mm。不在限制值内应更换叶片泵总成。

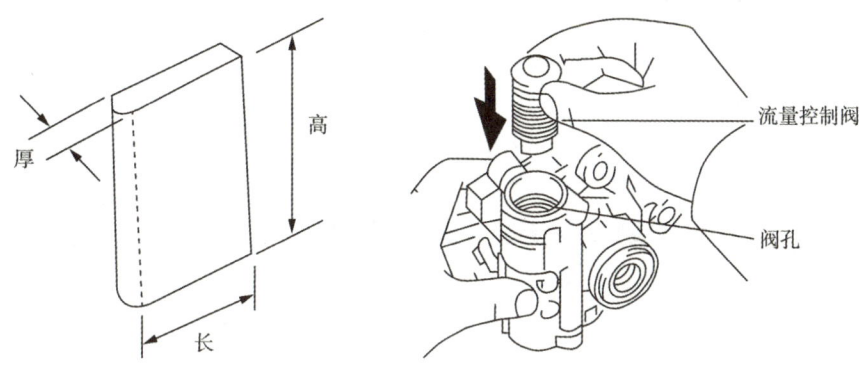

图 7-25　测叶片长、宽、高

图 7-26　检查流量控制阀

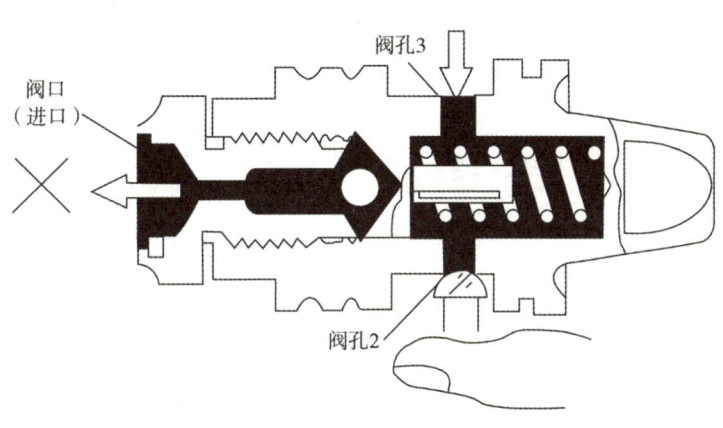

图 7-27　检查流量控制阀泄露

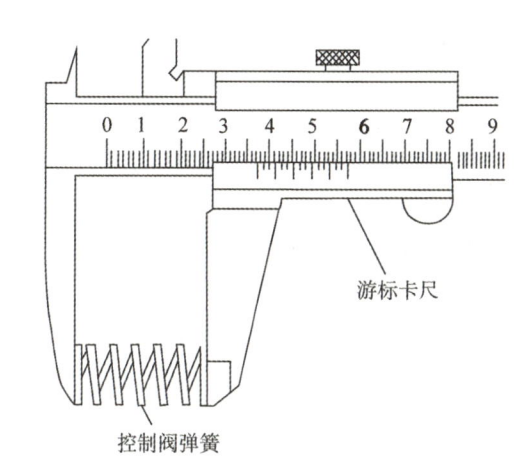

图 7-28　测量弹簧自由长度

(8) 检查压力孔接头。如果压力孔接头座明显受到损伤，则可能导致漏油，更换叶轮泵总成。

4　转向油泵的安装

按相反的顺序进行装配，但应注意：确保油封按正确方向安装；不要损伤叶轮泵前盖中的叶轮泵前盖油封凸缘；确保前端板按正确方向进行安装。

任务小结

（1）电子液压动力转向系统使用转向油泵，由电动机驱动，电动机由蓄电池供电，不直接消耗发动机动力。

（2）电子液压动力转向系统由电子液压泵、限压阀、转向传感器等部件组成。

实训 3　电子液压助力转向系统检修工作页

任务名称	转向系统故障诊断与修复	总学时		总成绩	
子任务名称	电子液压助力转向系统检修	学时		成绩	

(续表)

任务名称	转向系统故障诊断与修复	总学时		总成绩	
学生姓名		学号		班级	

一、资讯

1. 电子液压式动力转向系统 EHPS（Electro Hydraulic Power Steering），是以电动机驱动_____实现动力转向的装置。

2. 电子液压式动力转向系统主要由储油罐、助力转向控制单元、_____、转向机、_____等构成

3. 电子液压转向助力系统液压泵不再靠发动机皮带直接驱动，而是采用一个_____，动力来自_____。

4. 在低速大转向时，电子控制单元驱动_____以高速运转输出较大功率，使驾驶员_____；汽车在高速行驶时，液压控制单元驱动电子液压泵以_____的速度运转，在不至于影响高速打转向的需要同时，节省一部分发动机功率。

二、计划与决策

请根据检查转向沉重的检查方法和修理要求，确定所需要的工具，并对小组成员进行合理分工，制定详细的检查和更换计划。

1. 需要的工具

2. 小组成员分工

3. 检查和维护计划

三、实施

1 车辆基本信息记录

车辆 VIN 码：_____ 行驶里程_____

2 查阅维修手册

转向助力油保养更换周期：_____Km，检查转向助力油液位。并记录检查结果：_____。

3 泄露检查

检查储液罐、转向助力油管路及连接处是否存在老化，破损。并记录检查结果：

储液罐泄露	☐是 ☐否	备注：_____
转向助力油管路泄露	☐是 ☐否	备注：_____
转向助力油管路老化	☐是 ☐否	备注：_____

4 检查电动液压泵

使用皮带张紧器检查电动液压泵皮带张紧力，记录结果_____，查阅维修手册并记录标准值_____，判断_____（是/否）需要更换电动液压泵皮带；检查电动液压泵压力是否达到规定值，如果低于规定值，需更换电动液压泵。

5 检查转向万向节

检查转向万向节是否缺油发卡，如果转向万向节发卡请添加润滑脂。

6 检查转向器内漏

检查转向器分流阀和转向活塞皮圈是否有内漏。

四、评价

➡ 知识评价

1 现场问答题：

（1）哪些原因会造成机械液压式转向系统转向沉重。
（2）电动液压转向泵皮带张紧力在哪里能够查到。
（3）请指出该车型的电动泵的安装位置。

➡ 技能及素养评价

综合考评		自我评价	小组互评	教师评价	第三方评价
素质考评30分	劳动态度6				
	遵守纪律6				
	安全操作6				
	学习态度6				
	出勤情况6				
技能考评70分	工具使用10				
	任务方案10				
	实施过程30				
	完成结果10				
	任务工单10				
（总分100分）本次得分：					
最终得分：					

项目八 电控动力转向系统故障诊断与修复

项目描述

理想的动力转向系统应该能够在汽车低速时使转向轻便，减轻驾驶员劳动强度；而在汽车高速时则应具有一定的转动转向盘的力，给驾驶员一定的路感，防止转向发飘。

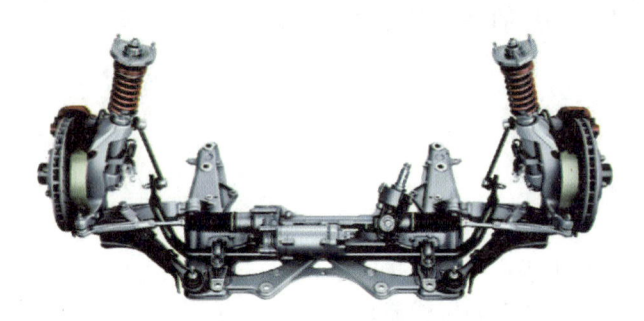

但是一般动力转向系统在设计时存在如下矛盾：如果所设计的固定放大倍率是为了减小汽车在停车或低速行驶状态下转动转向盘的力，那么汽车低速行驶时转向较轻便，但是当汽车高速行驶时，会使转动转向盘的力显得太小，不利于对高速行驶的汽车进行方向控制；如果所设计的固定放大倍率是为了增加汽车在高速行驶时的转向力，虽然汽车高速时转向具有一定的路感，但是当汽车停驶或减速行驶时，转动转向盘就会显得非常吃力。

由此可见，普通的动力转向系统可以使转向轻便，但是其转向力的放大倍率是不可变的，因此无法兼顾高速和低速时车辆对于转向助力的不同要求。

目前，大部分汽车上采用了电控动力转向系统，它是在普通动力转向系统的基础上增设了一套电子控制系统，因此具有可变的放大倍率。

主要学习任务

任务1 液压式电控动力转向系统检修

任务2 电动式电控动力转向系统检修

任务1 液压式电控动力转向系统检修

任务描述

车主李先生有一辆大众POLO轿车，行驶6万公里，最近发现转动转向盘时出现转向沉重现象。经

项目八 电控动力转向系统故障诊断与修复

过服务顾问路试检验，发现李先生的车在车速低、大角度转动方向盘时转向沉重。

大众 POLO 轿车采用的是液压式电控动力转向系统。液压式电控动力转向系统仍然保留了液压式动力转向系统的储液罐、转向油泵、齿轮齿条转向器等部件，同时也保留了电子液压动力转向系统的直流电动机驱动油泵。只是增加了转向盘转角传感器、分配阀、扭力杆等部件，并且直流电动机的转速控制由 EPS ECU 根据车速和转向盘转角等信号计算出最佳转向助力，从而实现了放大倍率的可变。

学习目标

(1) 能够在实车上指认液压式电控动力转向系统组成部件；
(2) 掌握液压式电控动力转向系统的工作原理；
(3) 能够根据客户描述的故障现象分析故障原因；
(4) 会运用所学知识和经验，为客户提供汽车液压式电控动力转向系统日常维护的建议；
(5) 具备信息查询和维修手册使用的基本能力；
(6) 能够按照企业 5S 要求和安全生产规范进行操作；
(7) 能与同学密切合作，规范安全地完成学习活动；
(8) 养成自主学习的习惯、培养操作规范的工作作风及环保意识。

知识准备

一、液压式电控动力转向系统的组成

电控液压动力转向系统一般由转角传感器、电控单元（EPS ECU）、直流电动机、转向油泵、分配阀、扭力杆、动力缸、齿轮齿条转向器、储油罐等组成，图 8-1 所示为一汽大众 POLO 电控液压动力转向系统结构图。其中直流电动机、转向油泵和储油罐被制成一体，称为动力油泵总成，如图 8-2 所示。

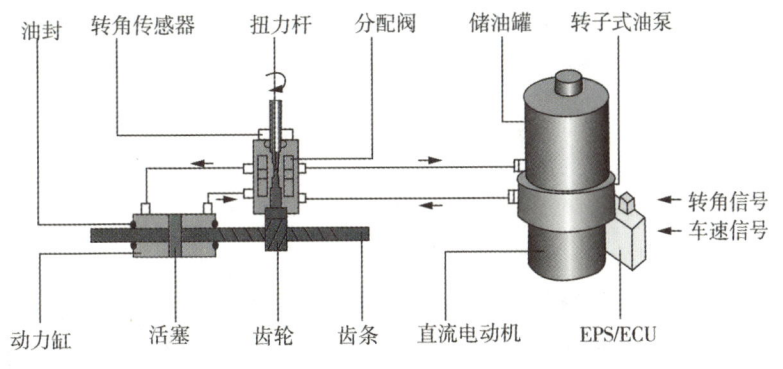

图 8-1　大众 POLO 液压式电控动力转向系统组成

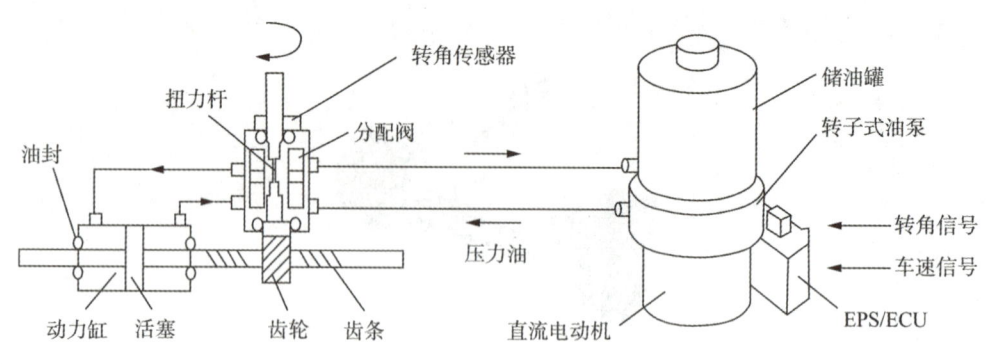

图 8-2 电动油泵总成

1 转角传感器

转角传感器安装于转向盘的转轴上,用于向 EPS ECU 输送转向盘的转动角度和角速度信号。转向盘大致可以旋转 2.9 圈,即 1044°,通过转向机构以固定的传动比带动前轮在左右 40°内变化。一般转角传感器可以分为模拟式转向盘转角传感器(齿轮式)和数字式(光码盘式)两种转向盘转角传感器。

（1）齿轮式转角传感器是一种接触的有源角度传感器,它采用三个齿轮的机械结构,来测量转角和转过的圈数。大齿轮随转向管一起转动,两个小齿轮齿数相差 1 个,与传感器外壳一起固定在车身上,不随转向盘转动而转动。两个小齿轮分别采集到随转向盘转动的角度,由于相差一个齿,不同的圈数就会相差特定的角度,ECU 通过计算得到转向盘的绝对转角,如图 8-3 所示。

光电式转角传感器

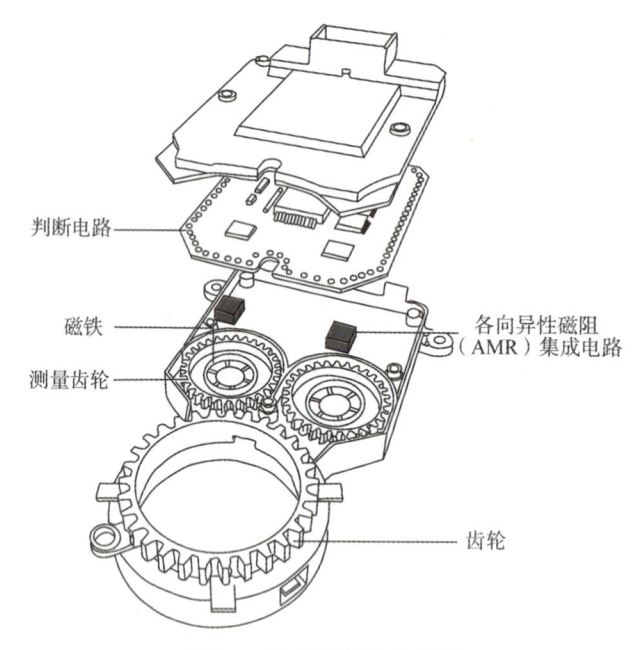

图 8-3 齿轮式转角传感器

（2）光电编码器的方式采集转角称为光电式转角传感器,光电式转角传感器是一种数字脉冲式传感器。遮光盘在光耦器件的凹槽中转动,槽口进入凹槽时,发光二极管（LED）发出的光线通过凹槽,光敏晶体管接收到脉冲信号。当发光二极管（LED）发出的光线被遮挡时,光敏晶体管接收不到信号。光敏晶体管能接收到与槽口数一样的脉冲信号。转向盘转角传感器通过光敏晶体管接收到的信号数计算出转向盘转过的角度,如图 8-4 所示。

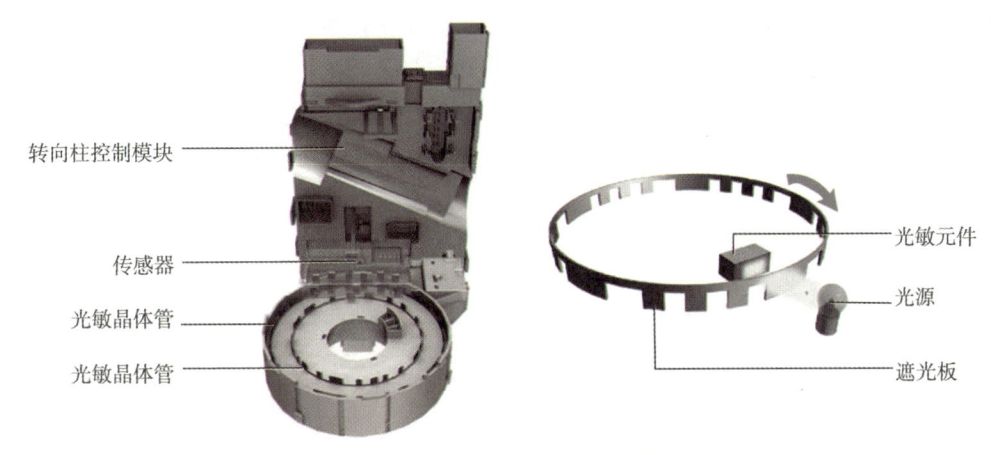

图 8-4 光电式转角传感器

2 油泵

油泵有齿轮式和转子式两大类型,两种都是属于容积泵,其工作原理是利用容积变化来实现吸油和泵油。转子和定子之间存在齿数差,在转子和定子直接形成多个密闭腔室。当腔室容积增大时,压力下降,处于进油口的油被吸入。在直流电动机驱动下不断旋转,当腔室容积减小时,压力升高,转向助力油被压出出油口。大众 POLO 转向油泵采用的是转子式油泵,由直流电动机驱动。油泵壳上装有过载保护限压阀,如图 8-5 所示。

转子式机油泵工作原理

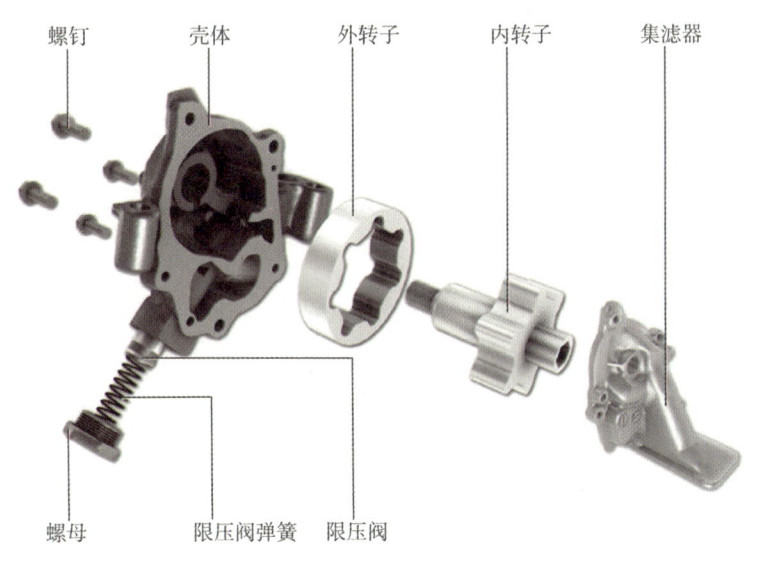

图 8-5 转子式油泵

3 控制阀 控制阀利用扭力杆及分配阀的变形位移进行反馈控制和渐进随动的需求。

二、工作原理

电控液压动力转向系统控制单元（EPS ECU）接收转角传感器的信号,经过分析处理后输出不同的电流,通过直流电动机控制油泵的工作。在转向时油泵提供瞬时工作油压,不转向时油泵不工作,无动力消耗。EPS ECU 控制油泵的供油量脉谱图如图 8-6 所示,EPS ECU 根据转角传感器传输的信号和车速传感器信号计算出油泵供油量。通过改变直流电动机通电电流来改变油泵转速，从而实现对油泵供油量的控制。

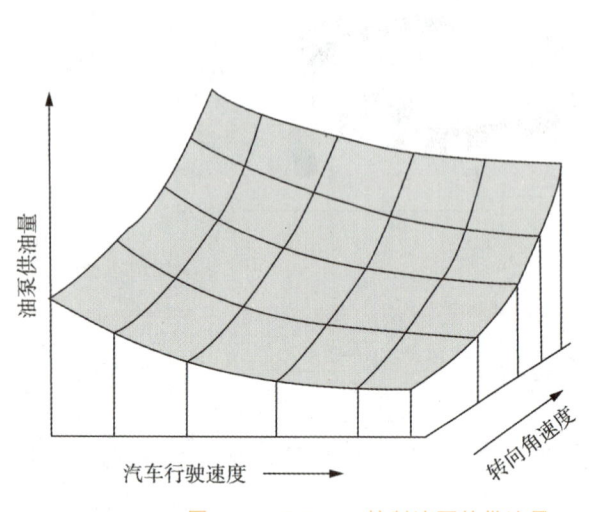

图 8-6　EPS ECU 控制油泵的供油量

图 8-7　EPS ECU 的控制电路

EPS ECU 的控制电路如图 8-7 所示。通过 30 常电源线给 EPS ECU 供电，EPS ECU 通过 CAN-H 读取 VSS、SP 等信号，结合转角传感器信号计算给电动机供电电流，通过电动机控制电路实现对电动机转速控制，从而改变油泵供油量。

三、液压式电控动力转向系统常见故障

（1）油封漏油。动力缸左右两端油封老化、损坏造成漏油，分配阀上下两端油封老化、损坏造成漏油。分配阀密封圈漏油（内漏）、动力缸活塞密封圈漏油（内漏）等。

（2）转向油泵失效。

（3）EPS ECU 本身或电路故障。

如果是油封损坏，需要更换油封，油泵失效需要更换油泵。EPS ECU 本身或电路故障需要借助诊断仪进行检测确认故障位置，并进行修理或更换。

操作指引

1　组织方式

（1）场地设施：举升机 1 台，装有废气抽排系统和消防设施的场地。

（2）设备设施：POLO 汽车 1 辆。

（3）工量具：常用工具 1 套、IT-II 诊断仪、专用压力表等。

（4）耗材：分配阀、动力缸活塞密封圈、转向助力油、油泵。

2　操作要求

（1）穿戴干净整洁的工作服。

（2）遵守场地安全规定，注意消防安全，不能有明火。

（3）正确使用专用油压表、诊断仪等工量具。

（4）在检测空气流量计时，严禁用力拉扯线束。

任务实施

1 油泵检测

通过对油泵泵油压力的检测,可以判断油泵的好坏,具体操作步骤如下。

(1) 将专用油压表串接于油泵输出管口上,并使油压表的截止阀处于"通油"位置。

(2) 排除液压管路中的空气。加足专用助力油;使发动机怠速运转;不断地全行程转动转向盘直至储油罐助力油中无气泡或乳状物冒出。

(3) 将专用油压表的截止阀转到"关断"位置,使无助力油输出,并使油温达到80℃。

(4) 起动发动机,使发动机怠速运转,然后转动转向盘,观察10s内油压是否能达到6MPa以上,接着迅速将转向盘转回到直行位置或使发动机熄火,以防止直流电动机和油泵因过载而损坏。如油压达不到标准值,则油泵或直流电动机失效。

2 液压管路内油压的检测

通过检测液压管路内的油压可以判断分配阀和动力缸活塞密封圈的状态,具体方法如下:

(1) 使油压表的截止阀处于"通油"位置,然后起动发动机并使发动机怠速运转。

(2) 在汽车行驶状态下,向左、向右转动转向盘到极限位置,并在极限位置保持2~3s,连续重复3~4次,同时观察油压。如油压低于6MPa,则分配阀和动力缸活塞密封圈漏油。

注意:在停车、发动机怠速运转时,不要不断地来回转动转向盘,否则直流电动机的电流会增大,导致其绕组烧坏。

3 转向盘操作力的检测

在发动机怠速运转条件下,用弹簧秤沿切线方向拉动转向盘,拉力应不大于39N。

4 电控系统部件的检测

电控系统部件,如 EPS ECU、直流电动机、转角传感器、相关传感器及线路故障,可用故障检测仪调取故障代码的方法来检查、判断故障部位。

5 液压式电控动力转向系统性能的路试检验

液压式电控动力转向系统性能的路试检验,应在故障检查灯显示系统无故障的情况下进行,检验内容为:

(1) 车速低、转向角度大时,由于油泵泵油量大、油压高,转动转向盘应省力。

(2) 车速高、转向角度小时,油压油泵泵油量小,油压低,转动转向盘应感觉费力,不发飘,安全性高。

(3) 左右转向时,在相同的转角下所用的操纵力应该一致。

任务小结

(1) 液压式电控动力转向系统是在电子液压式动力转向系统的基础上发展起来的,它能够实现转向助力放大倍率的变化。当低速行驶时,转向助力放大倍率大,保证转向轻便;当高速行驶时,为了使驾驶人增强路感保证行驶安全,放大倍率要小。

(2) 液压式电控动力转向系统增加了转角传感器、EPS ECU、直流电动机等部件,实现转向助力放大倍率的变化。

(3) 转角传感器常见类型有两种:一种是齿轮式转角传感器,另一种是光电式转角传感器。

（4）液压式电控动力转向系统常见故障有油封漏油、转向油泵失效、EPS ECU 本身或线路故障。

实训 1　液压式电控动力转向系统检修工作页

任务名称	电控动力转向系统故障诊断与修复	总学时		总成绩	
子任务名称	转向器检修	学时		成绩	
学生姓名		学号		班级	

一、资讯

1．电控液压动力转向系统一般由_____、电控单元（EPS ECU）、直流电动机、转向油泵、分配阀、_____、动力缸、齿轮齿条转向器、储油罐等组成。

2．直流电动机、转向油泵和储油罐被制成一体，称为_____。

3．转角传感器安装于_____的转轴上，用于向_____ECU 输送转向盘的转动_____和角速度信号。

4．转角传感器可以分为_____和数字式（光码盘式）两种转向盘转角传感器。

5．EPS ECU 根据_____传输的信号和车速传感器信号计算出油泵_____。通过改变直流电动机通电电流来改变_____，从而实现对油泵供油量的控制。

二、计划与决策

请根据故障诊断要求，确定所需要的工具，并对小组成员进行合理分工，制定详细的检查和更换计划。

1．需要的工具

2．小组成员分工

3．检查和维护计划

三、实施

1 接车检查

（1）情景模拟，角色扮演客户与服务顾问，进行接车环节演练。

（2）环车检查，记录车辆基本信息：

车辆品牌型号：_____

车辆 VIN 号码：_____

车辆行驶里程：_____
车辆外观检查结果：_____
记录客户描述的故障现象：_____
_____

2 使用 VAS6150B 诊断仪读取故障码

(1) 连接 VAS6150B 诊断仪和图 1 中标号 1_____接口

图 1　VAS6150B

图 2　车辆诊断系统界面

(2) 进入图 2 中_____界面，读取故障码，并记录故障代码及描述：_____
_____

(3) 查阅维修手册，并绘制 ESP 控制电路图

(4) 根据电路图，制定检查工作计划

序号	测量位置	实测值	标准值	结论
维修结论				

3 整理工位

收回诊断仪、万用表、翼子板布和前格栅布，关闭发动机舱盖；收回五件套，清洁车辆、清洁地面卫生，处理废弃物。

四、评价

知识评价

1 现场问答题:

(1) 请说出使用 VAS6150 读取故障码的流程。

(2) 在实车上找到转速传感器的位置,并判断其类型。

(3) 直流电动机的功用是什么?

技能及素养评

综合考评		自我评价	小组互评	教师评价	第三方评价
素质考评 30 分	劳动态度 6				
	遵守纪律 6				
	安全操作 6				
	学习态度 6				
	出勤情况 6				
技能考评 70 分	工具使用 10				
	任务方案 10				
	实施过程 30				
	完成结果 10				
	任务工单 10				
(总分 100 分) 本次得分:					
最终得分:					

任务 2　电动式电控动力转向系统检修

任务描述

车主李先生有一辆大众迈腾 1.8TSI 汽车,行驶里程约 6.3 万 km,车辆停放一夜,第二天起动后出现了仪表上的发动机故障灯和其他报警灯都点亮的现象,发动机起动正常,但是转动转向盘时感觉很沉重。

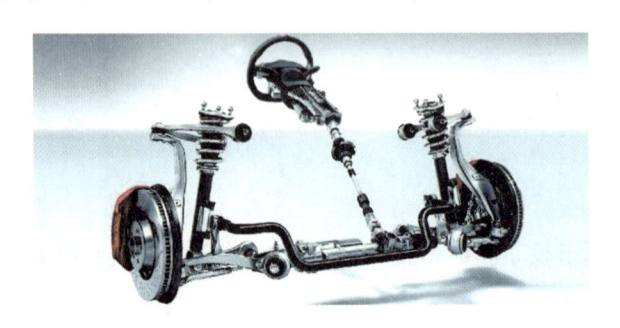

项目八 电控动力转向系统故障诊断与修复

大众迈腾1.8TSI汽车采用的是电控动力转向系统。该系统由电动机直接提供转向动力，省去了液压动力转向系统所必需的动力转向油泵、软管、液压油、传送带和装于发动机上的皮带轮，既节省能量，又保护了环境。另外，还具有调整简单、装配灵活以及在多种状况下都能提供转向助力的特点。

车主车辆出现转向沉重的现象，说明转向系统出现了问题，具体原因需要进一步检查。

学习目标

(1) 对比液压动力转向系统，能够描述电动式电控动力转向系统的优点；
(2) 对照实车能够说出电动式电控动力转向系统组成部件名称；
(3) 能够正确说出电动式电控动力转向系统工作原理；
(4) 运用所学知识，分析造成电动式电控动力转向系统转向沉重的原因；
(5) 具备信息查询和维修手册使用的基本能力；
(6) 能够按照企业5S要求和安全生产规范进行操作；
(7) 能与同学密切合作，规范安全地完成学习活动；
(8) 养成自主学习的习惯、培养操作规范的工作作风及环保意识。

知识准备

一、电控动力转向系统

电控动力转向系统英文Electric Power Steering，简称EPS，驾驶员在操纵转向盘进行转向时，转矩传感器检测到转向盘的转向以及转矩的大小，将电压信号输送到电子控制单元，电子控制单元根据转矩传感器检测到的转矩电压信号、转动方向和车速信号等，向电动机控制器发出指令，使输出相应大小和方向的转向助力转矩，从而产生辅助动力。汽车不转向时，电子控制单元不向电动机控制器发出指令，

二、电动式电控动力转向系统的特点

1 节能环保

由于发动机运转时，液压泵始终处于工作状态，液压转向系统使整个发动机燃油消耗量增加了3%~5%，而EPS以蓄电池为能源，以电动机为动力元件，可独立于发动机工作，EPS几乎不直接消耗发动机燃油。EPS不存在液压动力转向系统的燃油泄漏问题，EPS通过电子控制，对环境几乎没有污染，更降低了油耗。

2 安装方便

EPS的主要部件可以配集成在一起，易于布置，与液压动力转向系统相比减少了许多元件，没有液压系统所需要的油泵、油管、压力流量控制阀、储油罐等，元件数目少，装配方便，节约时间。

3 效率高

液压动力转向系统效率一般在60%~70%，而EPS的效率较高，可高达90%以上。

4 路感好

传统纯液压动力转向系统大多采用固定放大倍数，工作驱动力大，但却不能实现汽车在各种车速下驾驶时的轻便性和路感。而EPS系统的滞后特性可以通过EPS控制器的软件加以补偿，使汽车在各种速度下都能得到满意的转向助力。

5 转向盘回正性好

EPS系统结构简单，不仅操作简便，还可以通过调整EPS控制器的软件，得到最佳的回正性，从而改善汽车操纵的稳定性和舒适性。

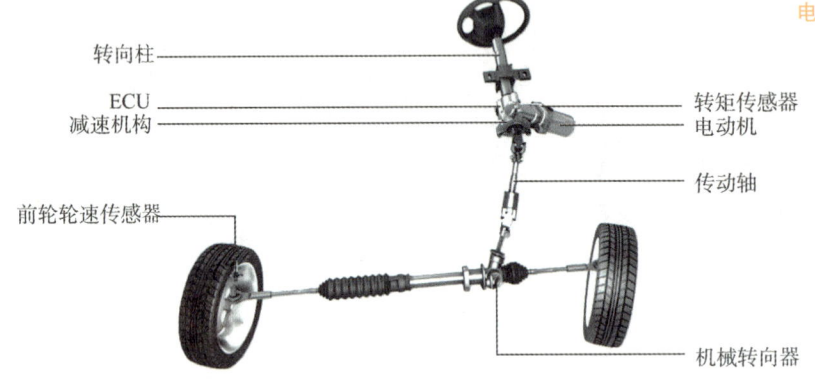

三、电动式电控动力转向系统组成

电控动力转向系统由集成在转向柱上的转向传感装置、车速传感器、机械助力装置、转向机及控制单元组成，如图8-8所示。

图8-8 电动式电控动力转向系统组成

1 转向力矩传感器作用

在行车过程中，驾驶人通过转向力矩传感器G269来确定所施加的转向力矩的大小，从而得到需要的转向助力力矩。

通过CAN数据总线将信号传递到转向柱电子系统控制单元J527，转向柱电子系统控制单元中的电子装置分析转向角大小信号。

2 转向力矩传感器工作原理

转向主动齿轮与转向轴通过一个扭力杆连接，与带有转向阀的普通液压转向系统是一样的。如果驾驶人转动转向盘，那么扭力杆和转向轴相对于转向主动齿轮的位置就发生了扭转，扭转程度取决于驾驶人所施加的转动力矩的大小。转向力矩传感器G269可以测量出扭转程度。

四、工作原理

当驾驶员转动转向盘时，位于转向柱上的转向力矩传感器将转动信号传递到转向柱控制单元，转向柱控制单元通过运算修正给电动机提供适当的电压，驱动电动机转动。而电动机输出的转矩经减速机构减速增距后推动转向柱或转向拉杆，从而提供转向助力。电动式电控动力转向系统可以根据速度改变助力的大小，能够让转向盘在低速时更轻盈，而在高速时更稳定，如图8-9所示。

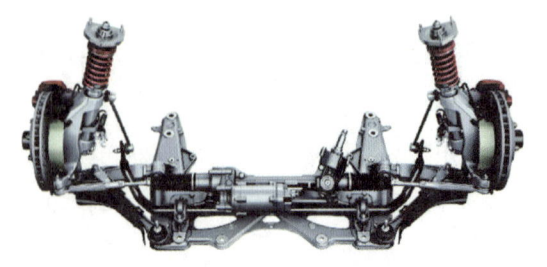

图8-9 电动式电控动力转向系统工作原理图

操作指引

1 组织方式

（1）场地设施：举升机一台，装有废气抽排系统和消防设施的场地。
（2）设备设施：大众迈腾汽车一辆。
（3）工量具：常用工具1套、IT-II诊断仪、专用压力表等。
（4）耗材：分配阀、动力缸活塞密封圈、转向助力油、油泵。

2 操作要求

（1）穿戴干净整洁的工作服。
（2）遵守场地安全规定，注意消防安全，不能有明火。
（3）正确使用专用油压表、诊断仪等工量具。
（4）在检测空气流量计时，严禁用力拉扯线束。

任务实施

1 使用诊断仪读取故障

首先连接故障诊断仪 VAS5052A 进行检测，故障诊断仪显示多个系统的控制单元均存储有相同的故障记录，即"与转向控制单元 J500 无通信"。各控制单元之间采用 CAN 总线通信，如果某个控制单元出现问题，则会导致其他控制单元与之失去联系，而从读取网关列表中各系统故障信息可以看出，动力转向"无法达到"，如图 8-10 所示。这说明动力转向系统控制单元与其他控制单元失去通信。

2 读取数据流

电动转向系统控制单元连接在动力 CAN 总线中，通过故障诊断仪的引导性功能，读取 6 组（转向盘电子装置）的数据流，如图 8-11 所示，转向控制单元 J500 温度和传动齿轮状态等数据没有任何显示，而从数据 125 组（ABS 系统控制单元 J104）和 126 组（组合仪表）可以看到其他控制单元的 CAN 信息状态良好。

分析转向控制单元 J500 无法与其他控制单元通信的原因，可能是 CAN 网络传输线或 J500 的供电线路出现问题所致。

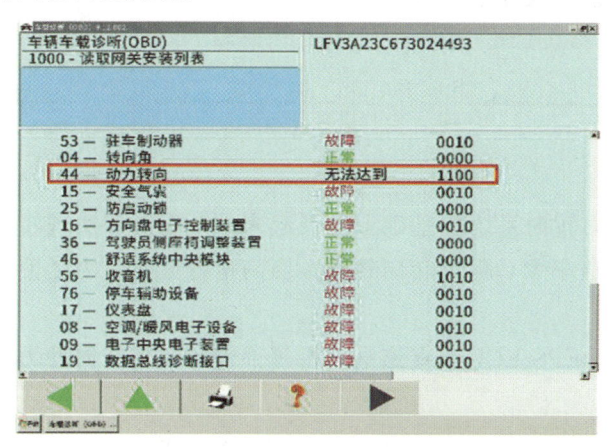

图 8-10　VAS5052A 显示故障图

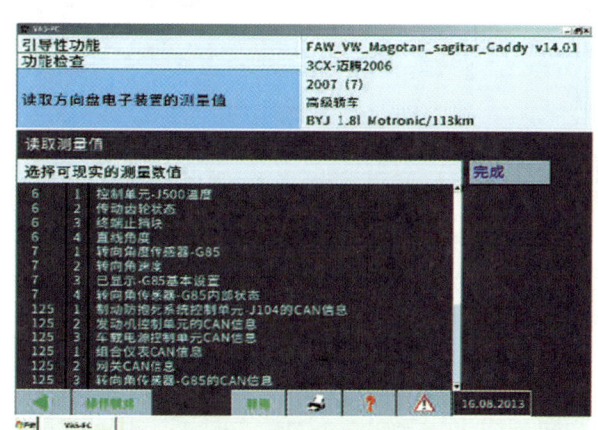

图 8-11　数据流

3 电路测量

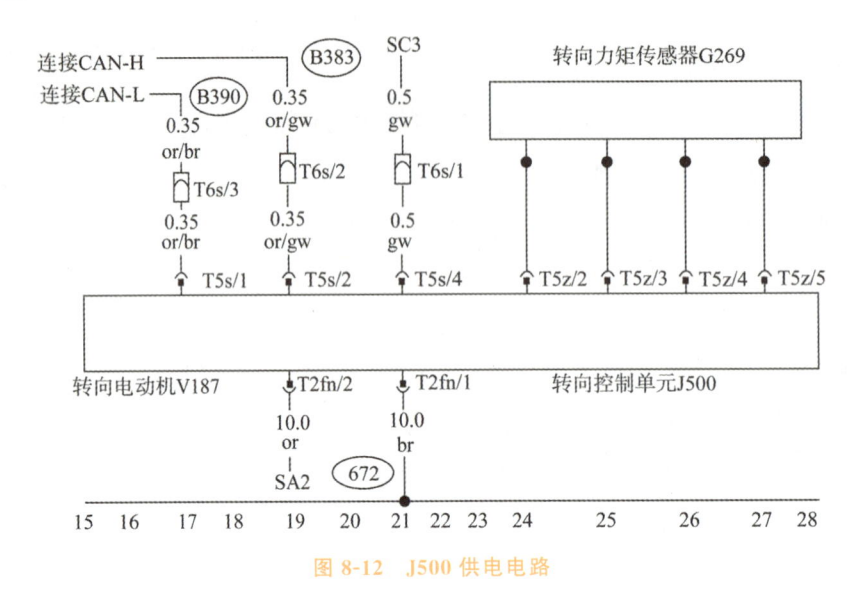

图 8-12 J500 供电电路

J500 供电电路图如图 8-12 所示,由熔断丝 SA2 为转向电机的 T2fn/2 脚提供电源,熔断丝 SC3 为 J500 的 T5s/4 脚提供电源,T5s/1 脚中间通过 T6e/3 连接到 CAN-L,T5s/2 脚中间通过 T6e/2 连接到 CAN-H。

J500 的工作电源 T5s/4 同样经过 T6e 插头,同时 T2fn/1 为 J500 提供搭铁。使用万用表测量发现熔断丝 SA2 和 SC3 正常,J500 的 T2fn/2 脚电压正常,但 T5s/4 脚无电压。至此可以断定线路存在问题,检查最终发现 T6e 线束插头(车身左前侧空气滤清器壳体正下方)有线路被老鼠咬断了,如图 8-13 所示。

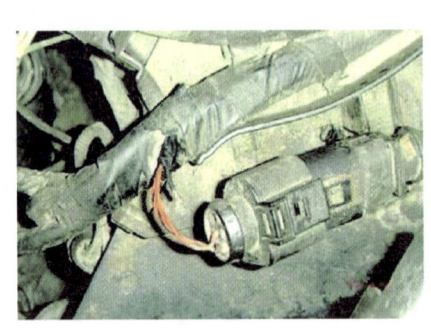

图 8-13 故障部位线束

任务小结

(1)液压式电控动力转向系统是在电子液压式动力转向系统的基础上发展起来的,它能够实现转向助力放大倍率的变化。当低速行驶时,转向助力放大倍率大,保证转向轻便;当高速行驶时,为了使驾驶人增强路感保证行驶安全,放大倍率要小。

(2)液压式电控动力转向系统增加了转角传感器、EPS ECU、直流电动机等部件,实现转向助力放大倍率的变化。

(3)转角传感器常见类型有两种:一种是齿轮式转角传感器,另一种是光电式转角传感器。

(4)液压式电控动力转向系统常见故障有油封漏油、转向油泵失效、EPS ECU 本身或线路故障。

实训 2　电动式电控动力转向系统检修工作页

任务名称	电控动力转向系统故障诊断与修复	总学时		总成绩	
子任务名称	转向器检修	学时		成绩	
学生姓名		学号		班级	

一、资讯

1. 电控动力转向系统英文 Electric Power Steering，简称_____，驾驶员在操纵方向盘进行转向时，转矩传感器检测到转向盘的转向以及_____，将电压信号输送到电子控制单元，电子控制单元根据转矩传感器检测到的转矩电压信号、转动方向和车速信号等，向电动机控制器发出指令，使_____输出，相应大小和方向的转向_____，从而产生辅助动力。

2. 电控动力转向系统由集成在转向柱上的_____、车速传感器、机械助力装置、转向机及电脑控制单元组成。

3. 在行车过程中，驾驶人通过_____G269 来确定所施加的转向力矩的大小，从而得到需要的转向助力力矩。

4. 转矩传感器通过 CAN 数据总线将信号传递到_____控制单元 J527，转向柱电子系统控制单元中的电子装置分析转向角大小信号。

5. 电动式电控动力转向系统可以根据速度改变助力的大小，能够让方向盘在低速时更_____，而在高速时更_____。

二、计划与决策

请根据检转向沉重故障检查和诊断方法，确定所需要的检测仪器、工具，并对小组成员进行合理分工，制定详细的检查和更换计划。

1. 需要的检测仪器、工具

2. 小组成员分工

3. 检查和更换计划

三、实施

1 接车检查

（1）情景模拟，角色扮演客户与服务顾问，进行接车环节演练。

（2）环车检查，记录车辆基本信息：

车辆品牌型号：_____

车辆 VIN 号码：_____

车辆行驶里程：_____

车辆外观检查结果：_____

_____

记录客户描述的故障现象：_____

_____

2 使用 VAS6150B 诊断仪读取故障码和数据流

（1）读取故障码，并记录故障代码及描述：_____

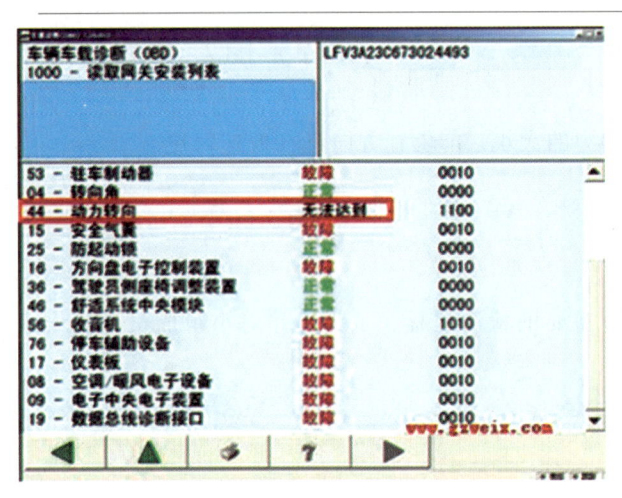

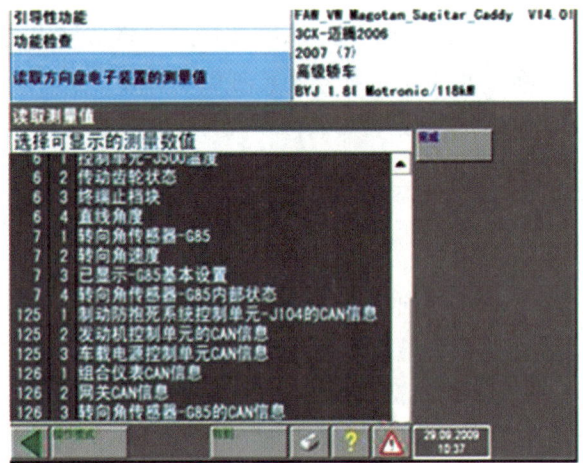

_____

图 1　故障码图　　　　　　　　　图 2　读取数据流

（2）通过引导性功能读取 6 组（转向盘电子装置）的数据流并记录。

3 查阅维修手册，并画出转向控制电路图

4 根据数据流和电路图制定检查计划

序号	测量位置	实测值	标准值	结论
维修结论				

5 按照维修手册进行相关部件修理更换

四．评价

知识评价

1 现场问答题：

（1）在电路图中转向力矩传感器的名称代号是？

（2）找到转向控制单元 J500 的安装位置。

（3）J500 无法和其他控制单元通信的可能原因有哪些。

技能及素养评价

综合考评		自我评价	小组互评	教师评价	第三方评价
素质考评30分	劳动态度 6				
	遵守纪律 6				
	安全操作 6				
	学习态度 6				
	出勤情况 6				
技能考评70分	工具使用 10				
	任务方案 10				
	实施过程 30				
	完成结果 10				
	任务工单 10				
（总分100分）本次得分：					
最终得分：					

项目九 制动系统故障与修复

项目概述

汽车制动系统是汽车底盘的一个重要组成部分,它直接影响汽车的行驶安全。制动系统能够使行驶中的汽车按照驾驶员的要求减速至停车;使已停驶的汽车在各种道路条件下(包括在坡道上)稳定驻车;使下坡行驶的汽车速度保持稳定。在汽车行驶过程中,驾驶员需要频繁操作制动踏板,使用制动系统,从而导致制动器总成和液压系统的磨损甚至损坏,出现制动不灵、制动失效、制动拖滞、制动跑偏和侧滑等故障,因此,需进行车轮制动器检修、驻车制动系统检修和液压传动装置检修。

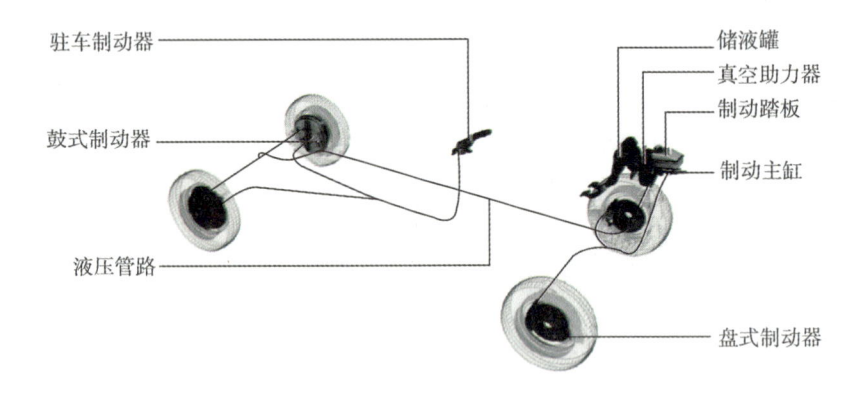

主要学习任务

任务1 车轮制动器检修
任务2 驻车制动系统检修
任务3 液压制动装置检修

任务1 车轮制动器检修

任务描述

客户李先生反映自己的1.8T迈腾轿车在行车制动时产生摩擦噪声,制动摩擦片磨损指示器亮起,而且噪音越来越明显。

行车过程中制动时产生摩擦噪音,一般故障出现在制动器本身,需要通过路试验证故障现象。若判断故障在车轮制动器,则需要对制动器进行检修。

项目九　制动系统故障诊断与修复

学习目标

（1）能够正确描述制动系统的组成、结构与功用；
（2）能够正确描述整车上制动系统各部件的位置及作用；
（3）能够分析造成制动系统各种故障的原因；
（4）能够初步进行制动系统的检查维护；
（5）会运用所学知识和经验，为客户提供汽车制动系统日常维护的建议；
（6）能够正确选用工具设备对制动器总成进行检修；
（7）能够通过查阅维修手册或技术资料对检查结果进行判断；
（8）养成自主学习的习惯，培养操作规范的工作作风及环保意识。

知识准备

一、制动系统功用

制动系统的主要作用是使行驶中的汽车按照驾驶员的要求减速至停车；使已停驶的汽车在各种道路条件下（包括在坡道上）稳定驻车；使下坡行驶的汽车速度保持稳定。

制动系统主要由供能装置、控制装置、传动装置和制动器4部分组成，如图9-1所示。

制动系统功用

1　供能装置

供能装置包括供给、调节制动所需能量以及改善传能介质状态的各种部件。如气压制动系统中的空气压缩机、液压制动系统中人的肌体。

2　控制装置

控制装置包括产生制动动作和控制制动效果的各种部件，如制动踏板等。

3　传动装置

将驾驶人或其他动力源的作用力传到制动器，同时控制制动器的工作，从而获得所需的制动力矩。包括将制动能量传输到制动器的各个部件，如制动主缸、制动轮缸等。

4　制动器

产生阻碍车辆的运动或运动趋势的力的部件。

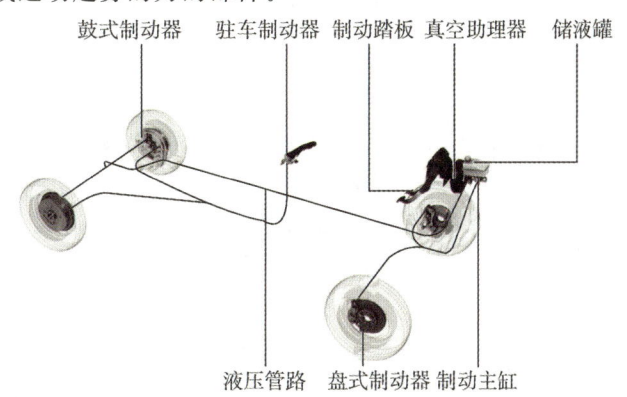

图 9-1　制动系统组成

常见的制动器主要有鼓式制动器和盘式制动器，如图9-1所示为制动系统组成。车轮制动器由旋转元件和固定元件两大部分组成。旋转元件与车轮相连接，固定元件与车桥相连接。利用旋转元件和固定元件之间的摩擦，产生制动器制动力。盘式制动器已广泛应用于轿车，现在大部分轿车用于全部车轮，少数轿车只用作前轮制动器，与后轮的鼓式制动器配合，以使汽车有较高的制动时的方向稳定性。

当制动摩擦块或制动蹄摩擦片压紧旋转的制动盘或制动鼓时，两者接触面之间产生摩擦，通过摩擦将汽车的动能转变为热能，并将热量散发到空气中，最终使车辆减速以至停车。

二、制动系统的分类

按功能的不同，汽车制动系统可以分为行车制动系统、驻车制动系统以及应急制动、安全制动和辅助制动系统，如图9-2所示。应急制动装置是用独立的管路控制车轮的制动器作为备用系统，其作用是当行车制动装置失效的情况下保证汽车仍能实现减速或停车；安全制动装置是当制动气压不足时起制动作用，使车辆无法行驶；辅助制动装置是为了下长坡时减轻行车制动器的磨损而设置，其中利用发动机排气制动应用最广。

按照制动能源分类，汽车制动系统又可以分为人力制动系统、动力制动系统和伺服制动系统。

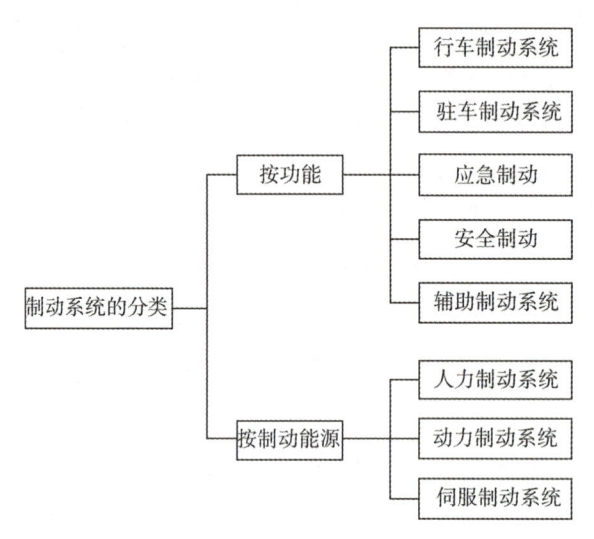

图 9-2　制动系统的分类

1　制动系统工作原理

行车制动系统的基本结构如图9-3所示，其工作原理是将汽车的动能通过摩擦转换成热能，并释放到大气中。制动时，踩下制动踏板，制动主缸向各制动轮缸供油，活塞在油压的作用下把摩擦材料压向制动盘实现制动。

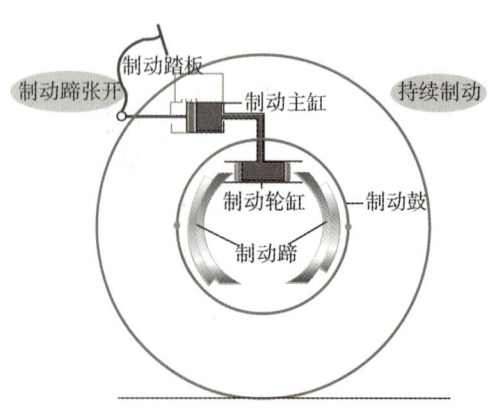

图 9-3　制动系统的基本结构及工作原理

2 盘式制动器结构

盘式制动器又称碟式制动器，主要由制动盘、制动钳、摩擦片、轮缸、油管等部分构成，如图 9-4 所示。盘式制动器根据其固定元件的结构形式可分为钳盘式制动器和全盘式制动器。钳盘式制动器广泛应用在轿车或轻型货车上，近年来前后轮都采用钳盘式制动器的结构日渐增多。可分为普通盘式制动器和通风盘式制动器，以一汽大众迈腾车制动系统为例，其前轮采用通风盘式制动器，后轮采用实心盘式制动器，如图 9-5 所示。

盘式制动器类型

钳盘式制动器按制动钳固定在支架上的结构形式可分为：定钳盘式和浮钳盘式，如图 9-6 所示。

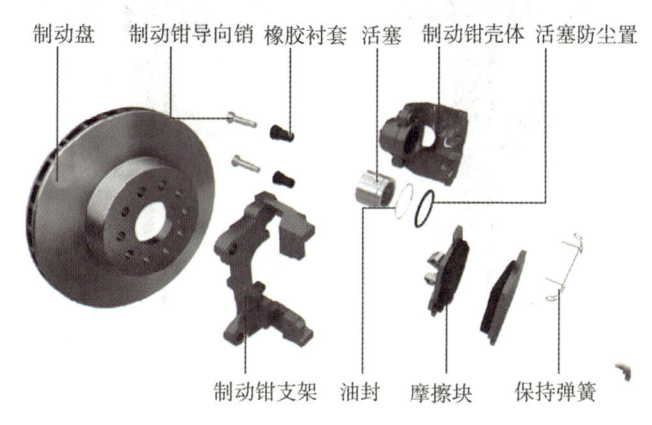

图 9-4 盘式制动器结构组成图

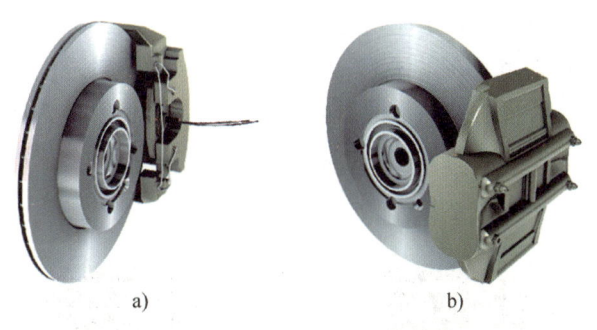

a)　　　　　b)

图 9-5 通风盘式制动器和实心盘式制动器

a)浮钳盘式制动器　　　b)定钳盘式制动器

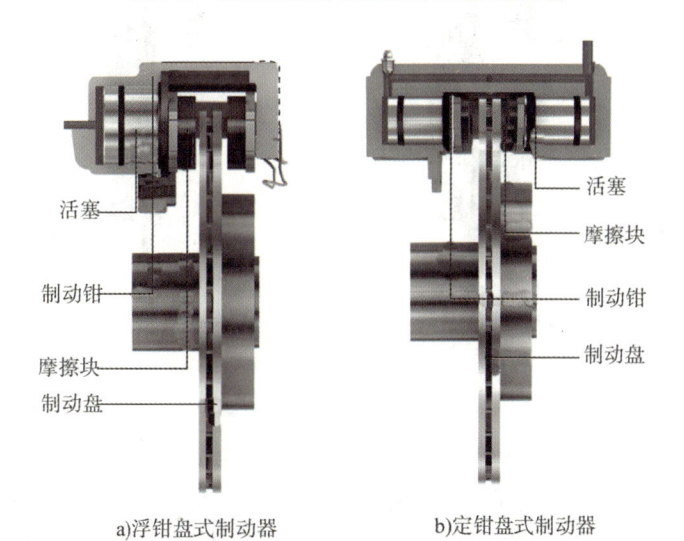

图 9-6 浮钳盘式和定钳盘式制动器

定钳盘式制动器的结构原理如图9-7所示，其旋转元件是制动盘，它和车轮固装在一起旋转，以其端面为摩擦工作表面。跨置在制动盘上的制动钳体固定安装在车桥上，它不能旋转也不能沿制动盘轴线方向移动，其内部的两个活塞分别位于制动盘的两侧。制动时，制动油液由制动主缸经进油管进入钳体中两个相通的液压腔中，将两侧的摩擦块压向与车轮固定连接的制动盘，从而产生制动。

定钳盘式制动器工作原理

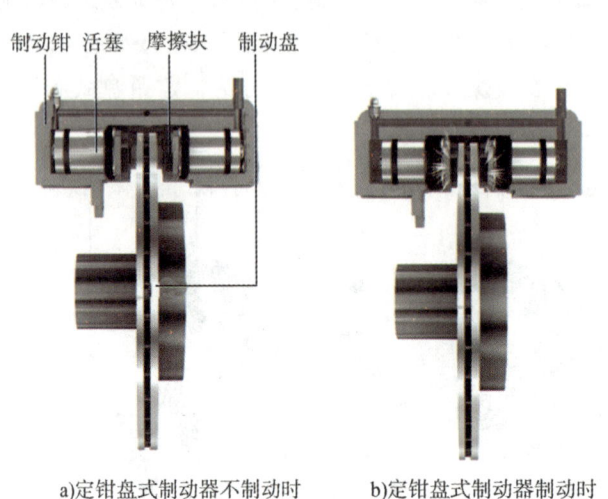

制动钳　活塞　摩擦块　制动盘

a)定钳盘式制动器不制动时　　b)定钳盘式制动器制动时

图9-7　定钳盘式制动器的工作原理图

浮钳盘式制动器的工作情况如图9-8所示。制动钳通过导向销（图中未画出）与车桥相连，可以相对于制动盘轴向移动。制动钳体只在制动盘的内侧设置油缸，而外侧的制动块则附装在钳体上。制动时，液压油通过进油管进入制动轮缸，推动活塞及其上的摩擦块向右移动，并压到制动盘上，并使得油缸连同制动钳整体沿导向销向左移动，直到制动盘右侧的摩擦块也压到制动盘上，夹住制动盘并使其制动。

浮钳盘式制动器工作原理

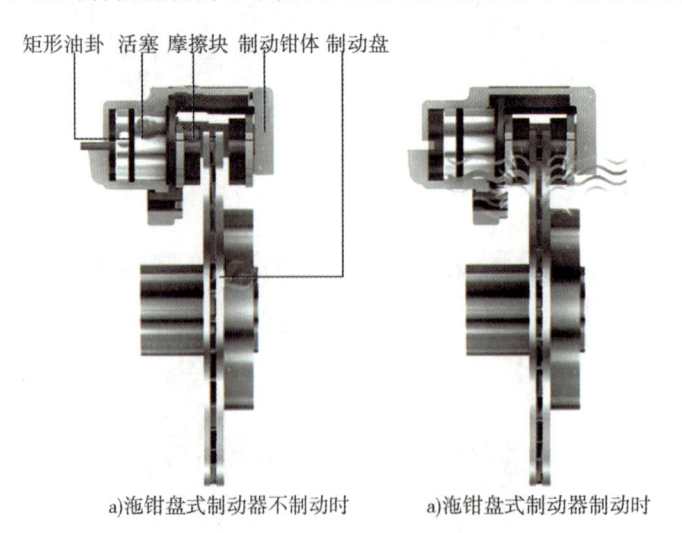

矩形油封　活塞　摩擦块　制动钳体　制动盘

a)浮钳盘式制动器不制动时　　a)浮钳盘式制动器制动时

图9-8　浮钳盘式制动器的工作原理图

3 鼓式制动器结构

鼓式车轮制动器由旋转部分、固定部分、促动装置和间隙调整装置组成，如图9-9所示。旋转部分为制动鼓；固定部分是制动底板和制动蹄，制动底板固装在车桥的凸缘盘上，通过支承销与制动蹄相连；

促动装置的作用是对制动蹄施加力使其向外张开，常用的促动装置有凸轮或制动轮缸；间隙调整装置的作用是保持和调整制动蹄和制动鼓间正确的相对位置。

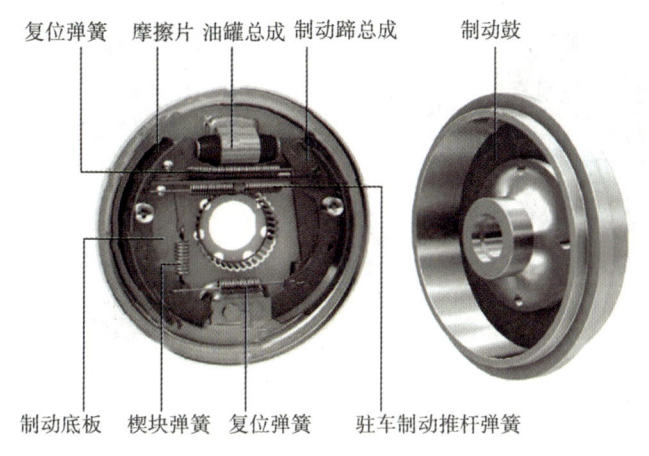

图 9-9　鼓式制动器结构组成

制动时，轮缸活塞在制动液压力的作用下向外推动制动蹄，制动力克服复位弹簧的弹力使制动蹄向外张开，压向制动鼓，产生制动力矩使汽车制动。解除制动时，制动液压力消失，在复位弹簧的作用下制动蹄复位。

按产生制动力矩的不同分类。在制动过程中，如果制动蹄绕支承销转动与制动鼓旋转方向相同，在制动鼓上压得更紧，起到增势的作用，称为"增势蹄"或称"领蹄"；如果制动蹄绕支承销转动与制动鼓旋转方向相反，有使制动蹄离开制动鼓的趋势，起着减势作用，称为"减势蹄"或称"从蹄"。根据制动过程中两制动蹄产生制动力矩的不同，鼓式制动器可分为领从蹄式、双领蹄式、双向双领蹄式、双向从蹄式、单向自增力式和双向自增力式等，如图 9-10 所示。

鼓式制动器原理

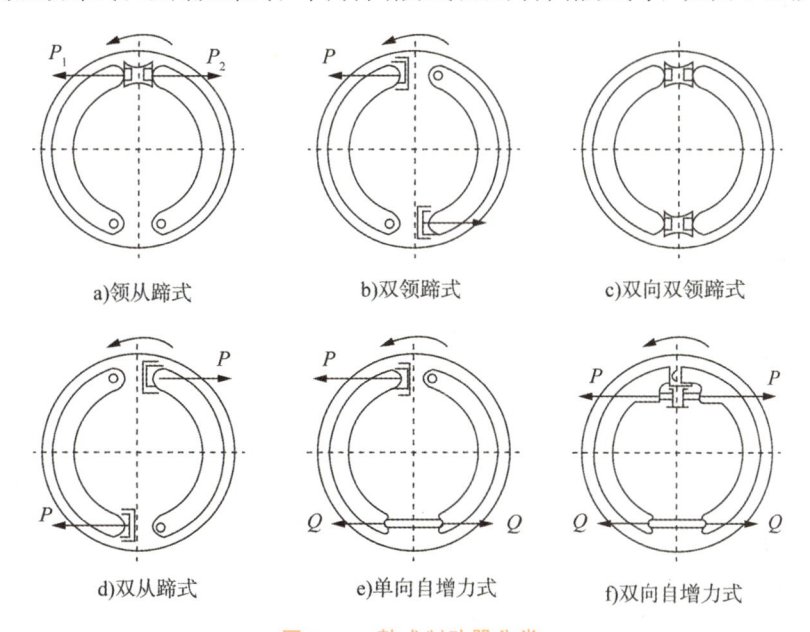

a) 领从蹄式　　b) 双领蹄式　　c) 双向双领蹄式

d) 双从蹄式　　e) 单向自增力式　　f) 双向自增力式

图 9-10　鼓式制动器分类

桑塔纳轿车后轮制动器的结构如图 9-11 所示。制动时，轮缸活塞在制动液压力的作用下向外推动制动蹄，制动力克服复位弹簧的弹力使制动蹄向外张开，压向制动鼓，产生制动力矩使汽车制动。解除制动时，制动液压力消失，在复位弹簧的作用下制动蹄复位。

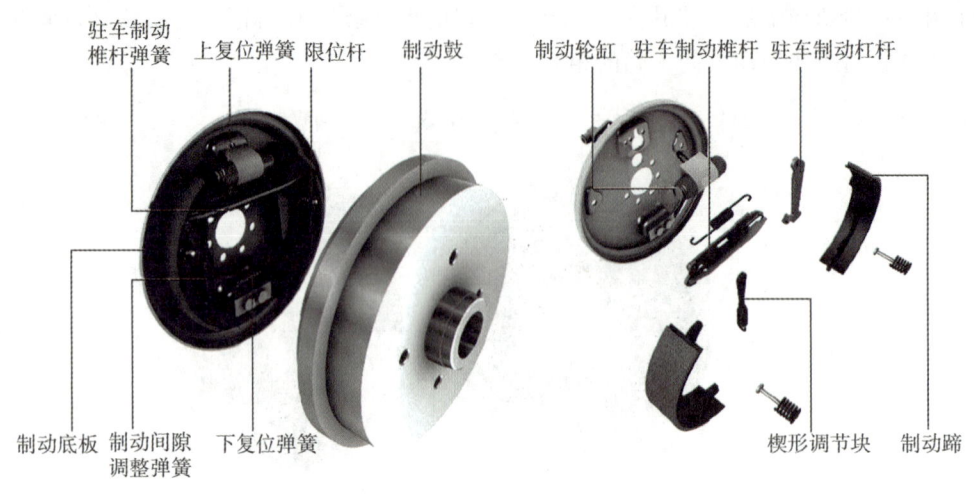

图 9-11　桑塔纳轿车后轮鼓式制动器图　　　　电阻器色环对照图

操作指引

1　组织方式

（1）场地设施：举升机一台，装有废气抽排系统和消防设施的场地。

（2）设备设施：捷达轿车、自动挡迈腾轿车、转向盘护套、变速杆手柄套、座位套、脚垫、翼子板和前格栅磁力护裙等。

（3）工量具：常用工具1套、配套的制动片、游标卡尺、弓形内径百分表、车轮扳手、接杆、棘轮扳手、扭力扳手、尖嘴钳、鲤鱼钳、粗砂布、防护手套、车轮支架、棉纱。

盘式制动器制动摩擦衬片更换

（4）耗材：硅基润滑脂、摩擦块等。

2　操作要求

（1）穿戴干净整洁的工作服。

（2）遵守场地安全规定，注意用电安全。

（3）正确使用游标卡尺、扭力扳手等工量具。

（4）安装时，禁止将油液、油脂和水等黏附到制动片上。

（5）不同车型的技术要求可能不同，具体数据参考对应的维修手册。

3　盘式制动器制动摩擦块的更换

（1）举升并适当支承车辆。

（2）标记车轮相对于轮毂的位置，拆卸车轮总成。

（3）用螺丝刀将制动摩擦块的止动弹簧从制动钳中撬出并取下。

（4）脱开制动摩擦块磨损显示的插头连接。拆下盖罩。

（5）松开两个导向螺栓并从制动钳上取出。取下制动钳并用钢丝固定。

（6）将制动摩擦块从制动钳中取出或从制动器支架上取下，如图 9-12 所示。注意：彻底清洁制动器支架上制动摩擦块的支承面，清除锈蚀。只能用酒精清洁制动钳。

（7）检查内摩擦块的厚度，以确保摩擦块尚未过早磨损。可透过卡钳顶部的检查孔观察内摩擦块，如图 9-13 所示。

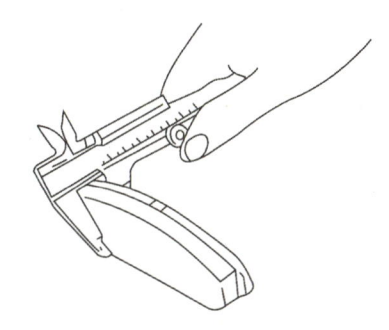

图 9-12　拆卸摩擦块　　　　　　　　图 9-13　检查内摩擦块的厚度

（8）检查外摩擦块两端。磨损最大的部位通常出现这些位置。记录检测数据并与极限值对比（表 101）。

如果摩擦块厚度（不计背板厚度）为 2mm，则表明制动摩擦块已达到磨损极限，必须予以更换（维修措施）。

表 9-1　摩擦块极限值及标准值

检测项目	极限值（不计背板厚度）	标准值（不计背板厚度）
摩擦块厚度（mm）	2	14

（9）检查制动盘是否存在下列故障：裂缝、刮痕、锈蚀（无锈层）、制动盘边缘的毛刺。如出现上述现象，可更换制动盘。

（10）注意：更换盘式制动器摩擦块时，必须检查制动盘的磨损情况，检测制动盘，必要时更换，这是一种维修措施。制动盘磨损极限及标准厚度见表 9-2。

表 9-2　制动盘磨损极限及标准厚度表

检测项目	极限值（不计背板厚度）	标准值（不计背板厚度）
摩擦块厚度（mm）	22	25

（11）复位活塞。将外侧制动摩擦片安装在制动器支架上，如图 9-14 所示。

图 9-14　制动摩擦块安装

注意：在用活塞复位装置将活塞压入气缸前，必须从制动液储液罐内吸出制动液。否则，如果在此期间添加制动液，制动液会溢出并造成损坏。

（12）将带有止动弹簧的内部制动摩擦块装入制动钳（活塞）中。

(13) 用两个导向螺栓将制动钳拧在制动器支架上。

(14) 装上两个盖罩。将止动弹簧装入制动钳里。

(15) 连接制动摩擦片磨损显示的插头。

(16) 安装车轮。使车轮和轮毂上原有的标记一致，安装车轮总成后，降下车辆。

注意：每次更换制动摩擦块后要在静止状态下多次将制动踏板用力踩到底，以便制动摩擦片进入与其运行状态相对应的位置。更换制动摩擦片后检查制动液液位。

(17) 更换摩擦块后，新制动面需要进行磨合。

(18) 表面修整或更换制动盘后，磨合新制动面。

(19) 从 48km/h 的车速下，进行 20 次制动，将新制动面进行磨合。

(20) 用中等偏大的力踩制动踏板，制动器不能过热。

(21) 复位和安装。

(22) 最终检查和 5S。

2 鼓式制动器制动蹄片检查

(1) 举升并适当支承车辆。

(2) 拆卸车轮总成。用气动工具拆卸轮胎螺栓并取下轮胎，如图 9-15 所示。

(3) 拆下碗形塞，拧出六角凸缘螺母，力矩为 60N·m。敲出制动鼓，如图 9-16 所示。

图 9-15　拆卸车轮总成　　　　图 9-16　敲出制动鼓

注意：如果后制动鼓难以拆下，可在制动鼓螺孔中拧进 M8 螺栓将制动鼓顶出。

(4) 清洁制动鼓。拆卸制动鼓后必须使其清洁无杂物，并且，制动鼓工作面不能遗留任何油污。

(5) 用内径卡尺检查制动鼓内径，超过极限值必须更换制动鼓，如图 9-17 所示。制动鼓内径极限值及标准值见表 9-3。

注意：制动鼓的常见损伤主要是工作表面的磨损、变形和裂纹。制动鼓出现裂纹或有缺损时必须及时更换，制动鼓有严重擦痕或划伤时将加剧制动器衬片磨损，不能继续使用，必须更换。

(6) 用仪器测量制动鼓内圆柱面的圆度误差，制动鼓内表面的圆度误差不得大于 0.15mm，圆柱度误差不得大于 0.05mm。超过极限应更换新件。

(7) 取下轮毂密封圈。拆下弹簧座。

(8) 取下制动蹄下拉力弹簧。

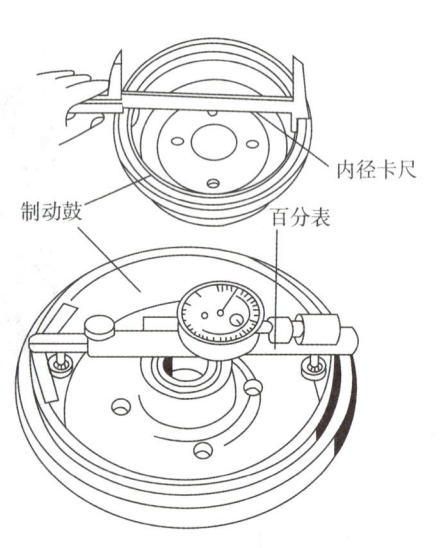

图 9-17　用内径卡尺检查制动鼓内径

(9) 取下制动蹄间隙自动调节装置，如图 9-18 所示。

出制动鼓

表 9-3　制动鼓内径极限值及标准值

检测内容	极限直径（mm）	标准直径（mm）
制动鼓内径检测	185	180

(10) 依次取下左、右制动蹄压力弹簧帽、压力弹簧和夹紧销。

(11) 取下调节螺杆总成。

(12) 取下右制动蹄。

(13) 取下拉力弹簧，拆下左制动蹄。

(14) 制动蹄衬片的磨损不得超过规定值。摩擦片铆钉头地沉入量不得小于 0.5mm，摩擦片表面应清洁无油污。

用游标卡尺测量制动衬片厚度（包括钢背厚度），当制动器摩擦衬片的厚度超过磨损极限时，就应更换制动器摩擦衬片，如图 9-19 所示。制动蹄衬片厚度标准值及极限值见表 9-4。

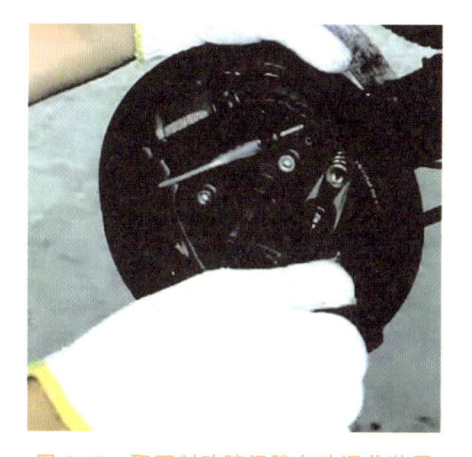

图 9-18　取下制动蹄间隙自动调节装置

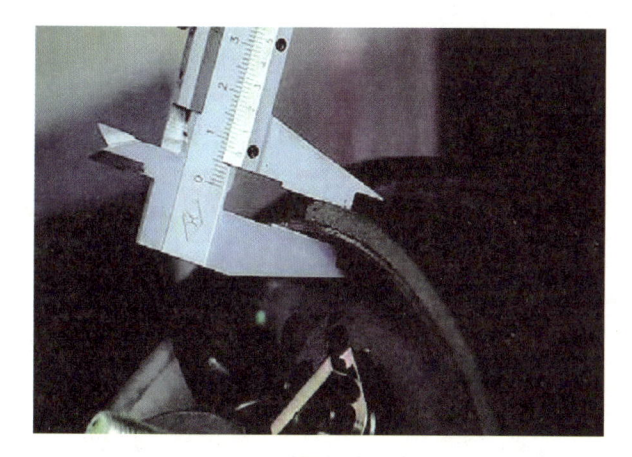

图 9-19　测量制动衬片厚度

表 9-4　制动蹄衬片厚度标准值及极限值

检测内容	极限厚度（mm，含底板）	磨损极限（mm，含底板）
制动蹄衬片厚度	8	4

(15) 如果某一制动蹄须更换，则左右制动器制动蹄必须同时成对更换。

(16) 拆下驻车制动蹄拉索。

(17) 拆下轮速传感器。

(18) 拆下制动油管，取下制动轮缸总成。

(19) 拧出紧固螺栓，拆下制动底板总成。

(20) 挂上定位弹簧，将制动蹄片装到推杆上，插入调整楔。

(21) 将制动蹄片和制动杆装到推杆上，装上复位弹簧。

(22) 把驻车制动拉索连接到制动杆上。

(23) 把制动蹄片装到车轮制动缸的活塞上。

(24) 装上下复位弹簧，并把制动蹄片举到下支撑上，连接调整楔弹簧。

(25) 装上带有弹簧座的弹簧，装上制动鼓，调整车轮轴承间隙。

(26) 用力踏一次制动踏板，使后制动蹄片就位。

(27) 最终检查和 5S。

任务小结

(1) 制动系统的主要作用是使行驶中的汽车按照驾驶员的要求进行强制减速甚至停车；使已停驶的汽车在各种道路条件下（包括在坡道上）稳定驻车；使下坡行驶的汽车速度保持稳定。

(2) 盘式制动器已广泛应用于轿车，现在大部分轿车用于全部车轮，少数轿车只用作前轮制动器，与后轮的鼓式制动器配合，以使汽车有较高的制动时的方向稳定性。

(3) 盘式制动器一旦出现故障，制动效能将明显下降，是汽车出现制动失效、制动距离过长、制动跑偏和侧滑。

(4) 当摩擦片磨损指示器亮时，需要检测盘式制动器的摩擦块厚度和制动盘的状况。

(5) 简单的鼓式车轮制动器由旋转部分、固定部分、促动装置和间隙调整装置组成。

(6) 根据制动过程中两制动蹄产生制动力矩的不同，鼓式制动器可分为领从蹄式、双领蹄式、双向双领蹄式、双向从蹄式、单向自增力式和双向自增力式等。

(7) 鼓式制动器一旦出现故障，常见的检修项目包括：制动鼓和制动蹄片的检修。

实训 1　车轮制动器检修工作页

任务名称	制动系统故障诊断与修复	总学时		总成绩	
子任务名称	车轮制动器检修	学时		成绩	
学生姓名		学号		班级	

一、资讯

1. 汽车制动系一般至少装用_____套各自独立的系统，即主要用于_____时制动的_____装置和主要用于_____时制动的_____装置。

2. 行车制动装置按制动力源可分_____和_____两类。

3. 按制动传动机构回路的布置形式，其中双回路制动系提高了汽车制动的_____。布置形式有：_____、_____、_____、_____、_____、_____。

4. 制动力不可能超过_____。

5. 盘式车轮制动器活塞密封圈的作用是_____和_____。

6. 摩擦材料有_____、_____、_____部分组成。

7. 鼓式制动器有_____、_____、_____、_____几种形式。

8. 通过驾驶员的操纵或将其他能源的作用传给制动器，迫使制动器产生摩擦作用的部分，称为_____。

9. 常见的行车制动装置即由_____和_____两部分组成。

二、计划与决策

请根据汽车维护的要求，确定所需要的工具，并对小组成员进行合理

1. 需要的工具

2. 小组成员分工

3. 检查和维护计划

三、实施

1 盘式制动器制动摩擦片更换

（1）情景模拟，角色扮演客户与服务顾问，进行接车环节演练。
（2）环车检查，记录车辆基本信息：
车辆品牌型号：＿＿＿＿＿＿＿＿＿＿＿＿＿＿＿＿＿＿＿＿＿＿＿＿＿＿＿＿＿＿＿＿
车辆 VIN 号码：＿＿＿＿＿＿＿＿＿＿＿＿＿＿＿＿＿＿＿＿＿＿＿＿＿＿＿＿＿＿＿＿
车辆行驶里程：＿＿＿＿＿＿＿＿＿＿＿＿＿＿＿＿＿＿＿＿＿＿＿＿＿＿＿＿＿＿＿＿＿
车辆外观检查结果：＿＿＿＿＿＿＿＿＿＿＿＿＿＿＿＿＿＿＿＿＿＿＿＿＿＿＿＿＿＿
（3）举升机的使用
观察举升机，阅读操作规程和注意事项。

a. 举升机的类型是两柱举升机、四柱举升机、剪式举升机？机械举升机还是液压式举升机？＿＿＿
b. 试描述举升机的电源开关、举升开关、下降开关和锁止开关。
电源开关：＿＿＿＿＿＿＿＿＿＿＿＿＿＿＿＿＿＿＿＿＿＿＿＿＿＿＿＿＿＿＿＿＿＿
举升开关：＿＿＿＿＿＿＿＿＿＿＿＿＿＿＿＿＿＿＿＿＿＿＿＿＿＿＿＿＿＿＿＿＿＿
下降开关：＿＿＿＿＿＿＿＿＿＿＿＿＿＿＿＿＿＿＿＿＿＿＿＿＿＿＿＿＿＿＿＿＿＿
锁止开关：＿＿＿＿＿＿＿＿＿＿＿＿＿＿＿＿＿＿＿＿＿＿＿＿＿＿＿＿＿＿＿＿＿＿
c. 如何检查举升机是否锁止？
＿＿＿＿＿＿＿＿＿＿＿＿＿＿＿＿＿＿＿＿＿＿＿＿＿＿＿＿＿＿＿＿＿＿＿＿＿＿＿。
e. 二次举升如何操作？
＿＿＿＿＿＿＿＿＿＿＿＿＿＿＿＿＿＿＿＿＿＿＿＿＿＿＿＿＿＿＿＿＿＿＿＿＿＿＿。

(4) 拆卸车轮。

a. 工具 _____。

b. 注意事项 _____。

(5) 拆卸制动衬块。

a. 工具 _____。

b. 注意事项 _____。

(6) 测量制动衬块厚度。

a. 工具 _____。

b. 注意事项 _____。

c. 测量结果 _____。

(7) 安装。

a. 步骤 _____

_____。

b. 注意事项 _____

_____。

c. 注意事项 _____

_____。

(8) 整理工位。

收回翼子板布和前格栅布，关闭发动机舱盖；收回五件套，清洁车辆、清洁的卫生，处理废弃物。

2 鼓式制动器制动蹄片检查

(1) 拆卸车轮。

a. 工具 _____。

b. 注意事项 _____。

(2) 拆卸制动衬块。

a. 工具 _____。

b. 注意事项 _____。

(3) 测量制动蹄片厚度。

a. 工具 _____。

b. 注意事项 _____。

c. 测量结果 _____。

(4) 安装。

a. 步骤 _____

_____。

b. 注意事项 _____

_____。

c. 注意事项 _____

_____。

(5) 整理工位。

收回翼子板布和前格栅布，关闭发动机舱盖；收回五件套，清洁车辆、清洁地面卫生，处理废弃物。

四、评价

知识评价

1 现场问答题：

（1）叙述盘式制动器和鼓式制动器制动衬块更换的意义。

（2）说出盘式制动器和鼓式制动器制动衬块更换作业内容。

（3）描述汽车举升机的使用方法和注意事项。

（4）说明汽车举升到不同位置的作业内容。

技能及素养评价

综合考评		自我评价	小组互评	教师评价	第三方评价
素质考评30分	劳动态度 6				
	遵守纪律 6				
	安全操作 6				
	学习态度 6				
	出勤情况 6				
技能考评70分	工具使用 10				
	任务方案 10				
	实施过程 30				
	完成结果 10				
	任务工单 10				
（总分100分）本次得分：					
最终得分：					

任务 2 驻车制动系统检修

任务描述

客户李先生反映自己的 1.8T 迈腾轿车在一次车辆停车执行电子驻车制动时，仪表板提示"电子驻车制动故障，请立即检修"。

此故障一般出现在电子驻车制动系统，需要通过路试验证故障现象。若判断故障在电子驻车制动系

统，则需要对电子驻车制动系统进行检修。

学习目标

（1）能够正确描述驻车制动系统的组成、结构与功用；
（2）能够正确描述整车上驻车制动各组成部件的位置及作用；
（3）能够初步进行驻车制动系统的检查维护内容；
（4）会运用所学知识和经验，为客户提供汽车驻车制动系统日常维护的建议；
（5）能够正确选用工具设备对驻车制动系统进行检修；
（6）能够通过查阅维修手册或技术资料对检查结果进行判断；
（7）养成自主学习的习惯，培养操作规范的工作作风及环保意识。

知识准备

一、驻车制动系统的功用

驻车制动装置的作用是使停驶后的汽车驻留原地不动；便于坡道起步；当行车制动失效后临时使用或配合行车制动器进行紧急制动。驻车制动，也就是俗称的"手刹"，锁住变速器输出齿轮，驻车制动比行车制动的力小很多很多。

二、驻车制动系统的类型

图 9-20 传统式"手式"

驻车制动按操作方式可以分为手刹、和电子驻车三种。如图 9-20 所示，操纵手柄一般安装在换挡杆附近，其操纵方式也很简单，直接拉起即可；按住手柄端部的按钮稍微向上提，推回原位即可释放"手刹"。

脚控式驻车制动左脚一脚将踏板踩到底，即可起效；左脚再用力一踩，然后松开，即可释放驻车。当然还有其他的方式，部分车比如奔驰汽车的脚控式驻车制动需要手动辅助释放：在方向盘的左侧有一个把手，用手一拉，即可释放脚控式驻车制动，如图 9-21 所示。

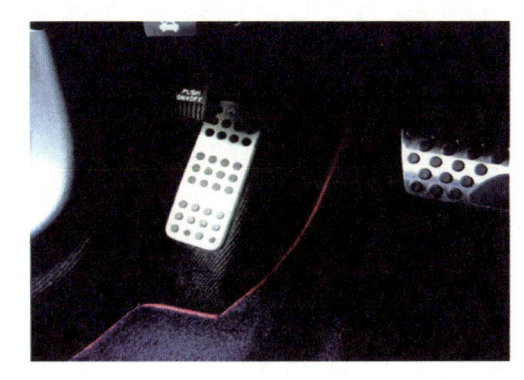

图 9-21　脚控式驻车制动和其他方式驻车制动图

电子驻车制动（EPB，Electrical Park Brake），是由电子控制方式实现停车制动的技术，其工作原理与机械式驻车制动相同，均是通过制动盘与制动片产生的摩擦力来达到控制停车制动，只不过控制方式从之前的机械式驻车制动拉杆变成了电子按钮，如图 9-22 所示。电子驻车是指将行车过程中的临时性制动和停车后的长时性制动功能整合在一起，并且由电子控制方式实现停车制动的技术。迈腾配备电子驻车制动和 AUTOHOLD 功能，这将带来更好的驻车感受以及自动驻车功能。

图 9-22　电子驻车制动

以迈腾轿车为例，其电子驻车系统主要由驻车控制单元 J540、ABS 控制单元 J104（通过 CAN 网络与 J540 交换相关的信号）、驻车制动器按钮 E538 和自动驻车"AUTO HOLD"按钮 E540、左后轮制动执行器（含制动电机 V282）、右后轮制动执行器（含制动电机 V283）、驻车制动装置指示灯 K118、电子机械式驻车制动系统故障指示灯 K214 等部件组成，如图 9-23 所示。通过按下驻车制动按钮 E540，激活 EPB 电控单元，使位于两个后轮上的驻车制动电动机运转，施加一的制动力，同时 EPB 指示灯点亮。

三、驻车制动系统的组成

按驻车制动器在汽车上安装位置的不同，驻车制动装置分中央制动式和车轮制动式两种。前者的制动器通常安装在变速器后面，其制动力矩作用在传动轴上；后者和行车制动装置共用制动器（通常为后轮制动器），又称复合制动器，只是传动装置互相独立。驻车制动传动装置一般采用人力机械式，通过钢索或杠杆来驱动。

驻车制动装置主要由驻车制动操纵杆、制动拉索及后轮制动器中的驻车制动器等组成，如图 9-24 所示。

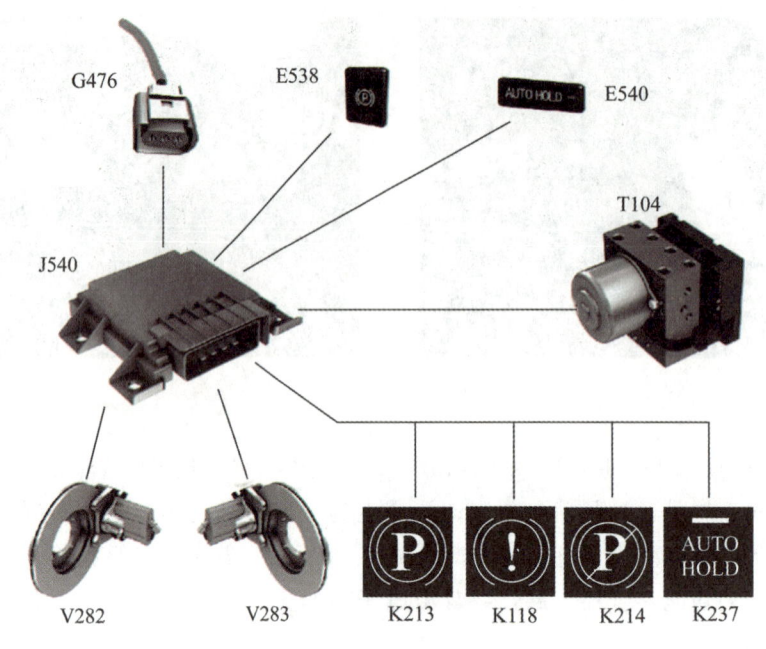

图 9-23 电子驻车系统组成

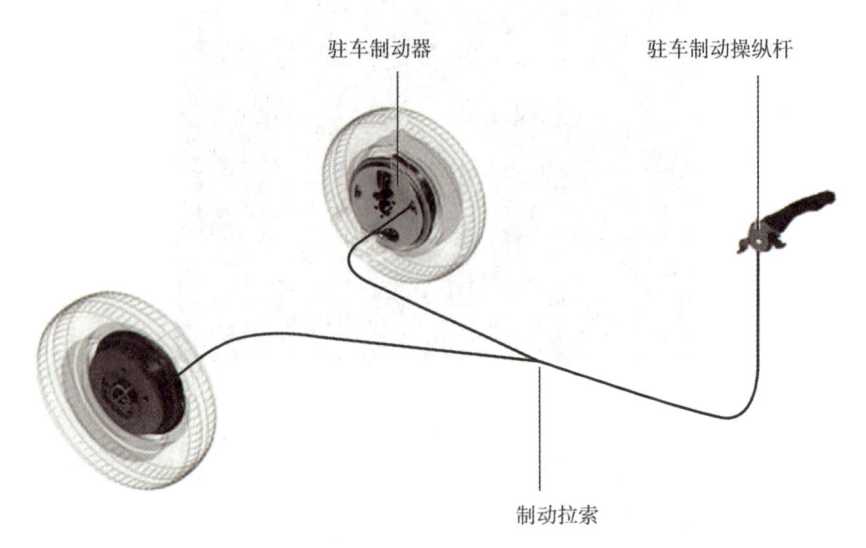

图 9-24 驻车制动装置

四、驻车制动系统的工作原理

驻车制动时，拉起驻车制动操纵杆，操纵杆力通过操纵机构使驻车制动拉索收紧，拉索则拉动驻车制动杠杆的下端，使之绕上端支点顺时针转动，制动杠杆转动过程中，其中间支点推动驻车制动推杆左移，使前制动蹄压向制动鼓。前制动蹄压向制动鼓后，制动推杆停止运动，则驻车制动杠杆的中间支点变成其继续移动的新支点，于是驻车制动杠杆的上端右移，使后制动蹄压靠在制动鼓上，产生制动作用。此时，驻车制动操纵杆上的棘爪嵌入齿扇上的棘齿内，起锁止作用。

解除驻车制动时，按下驻车制动操纵杆上的按钮，使棘爪脱离棘齿，将操纵杆回到释放制动位置，松开驻车制动拉索，则制动蹄在复位弹簧的作用下复位，如图 9-25 所示。

推杆促动式驻车制动机构驻车制动工作原理

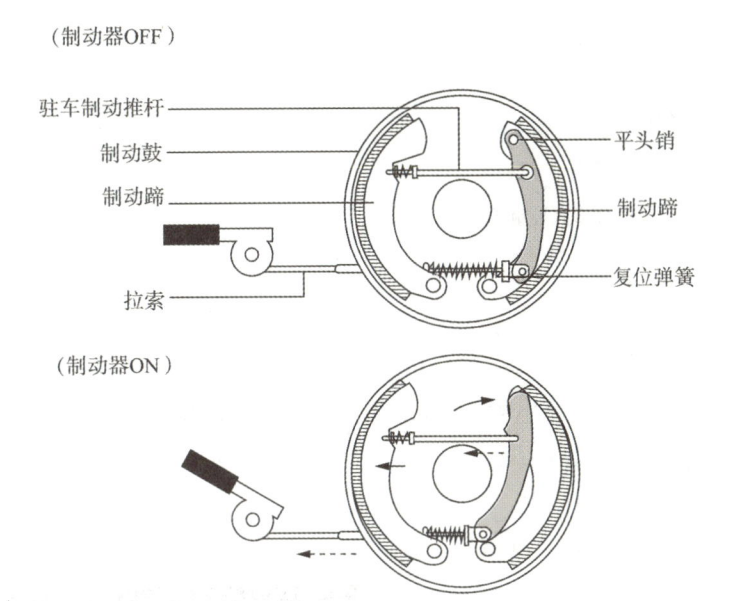

图 9-25 驻车制动工作原理

对于 4 个车轮采用盘式制动器的轿车来说，驻车用的小型鼓式驻车制动器内置于后轮盘式制动器中，并通过拉索和连杆等机构固定在盘式制动器上，图 9-26 所示为驻车制动器的结构。

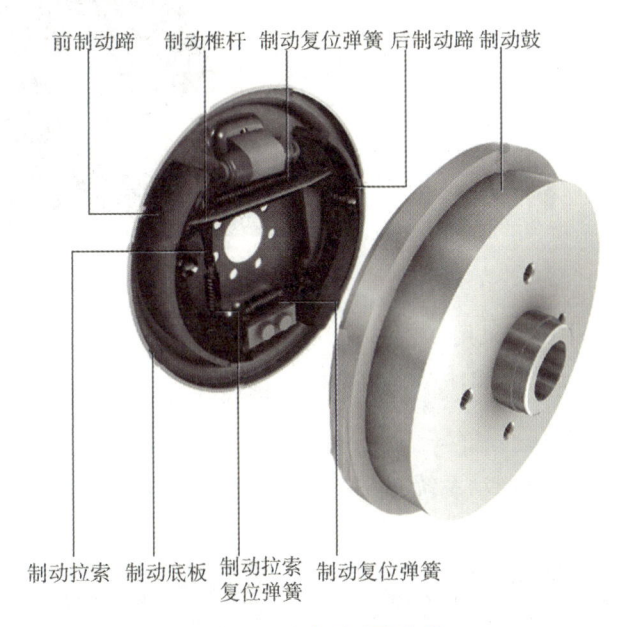

图 9-26 驻车制动器结构

操作指引

1 组织方式

（1）场地设施：举升机一台，装有废气抽排系统和消防设施的场地。

（2）设备设施：自动挡迈腾轿车、捷达轿车

（3）工量具：常用工具 1 套、故障诊断仪、万用表、组合工具、游标卡尺、螺丝刀、扭力扳手、转向盘护套、变速杆手柄套、座位套、脚垫等。

(4) 耗材：熔断丝、线束等。

2 操作要求

(1) 穿戴干净整洁的工作服。

(2) 遵守场地安全规定，注意用电安全。

(3) 正确使用万用表、诊断仪等工量具。

电子驻车制动器故障诊断

任务实施

1 电子驻车制动故障诊断

(1) 用 VAS5052A、VAS5052、VAS5051B（V15.00.00）版本，对迈腾车电子驻车制动器失效故障诊断。故障码：03200 12 电气机械式停车制动器按钮 E538 电路电气故障，偶尔发生（图 9-27）。

(2) 故障排除：经确认线路正常，更换驻车制动器按钮 E538（图 9-28）。

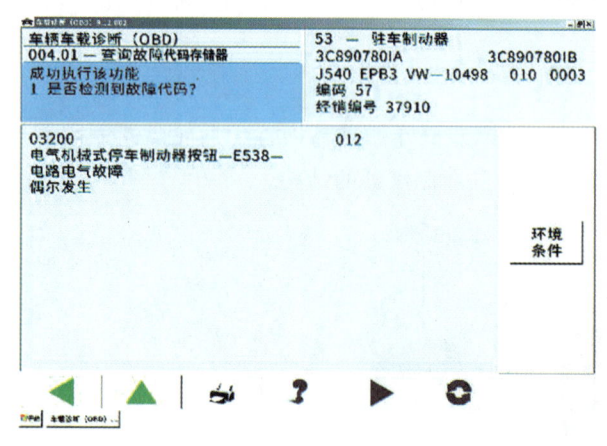

图 9-27 故障码

图 9-28 电子驻车按钮

注意事项：故障诊断过程中，如果用 VAS5051（V08.00.00 版本）诊断故障代码含义不明确，运用 VAS5052A、VAS5052、VAS5051B（V15.00.00 版本）诊断。

2 电子驻车制动无法释放

(1) 用 VAS5052A 检查，驻车制动系统有 1 个静态故障码："02432 左侧驻车制动器电动机供电电压断路静态"，如图 9-29 所示。

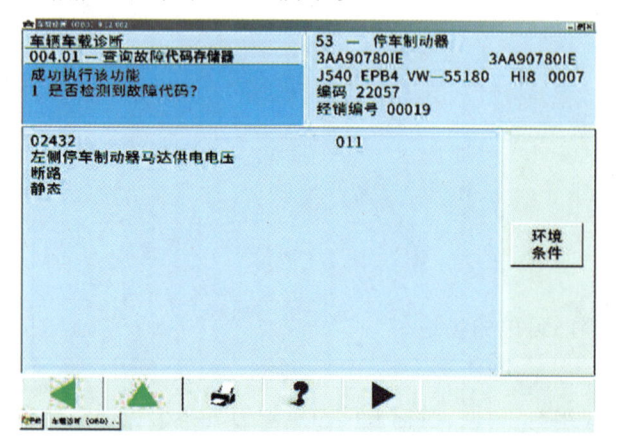

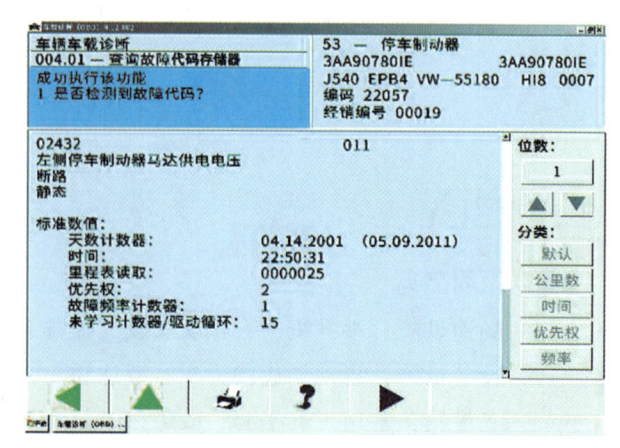

图 9-29 静态故障码

(2) 使用 VAS5052A 进功能引导读取驻车制动系统数据块（图 9-30）。当按驻车制动开关时，左边供电电压为 0V，右边供电电压为 13.5V。

(3) 当驻车制动器操纵杆拉紧时，左边达到截至电流显示错误，右边达到截至电流为 17.8A，如图 1031 所示。

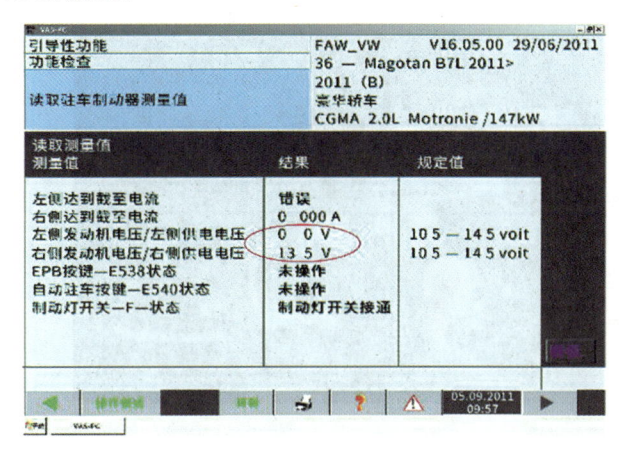

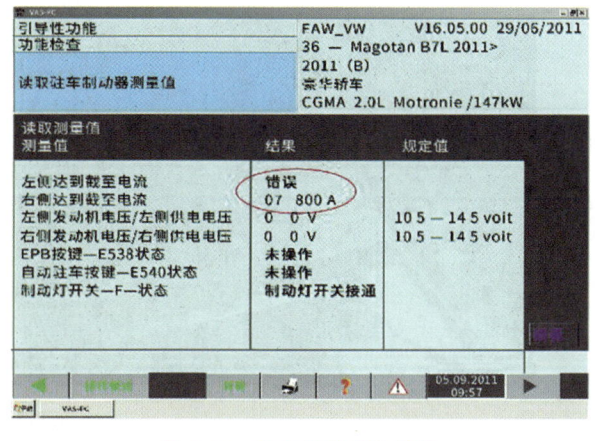

图 9-30　驻车制动系统数据块

图 9-31　驻车制动系统数据

(4) 使用万用表检查左右两侧驻车电动机电压（图 9-32），左侧驻车电动机 V282 的 1、2 号针脚之间为 0V，右侧驻车电动机 V283 的 1、2 号针脚之间为 5.5V（此电压为驻车控制单元的占空比电压）。

图 9-32　万用表检查左右两侧驻车电动机电压

根据故障码"02432 左侧停车制动器马达供电电压断路静态"，以及实际值读数、电压表测量值可以判断：左侧驻车电动机 V282 供电不正常（左侧电动机没有供电到达），右侧驻车电动机 V283 供电正常。

(5) 检查驻车控制单元插头和线束插头状况，以及插头的连接状况，均正常（图 9-33）。

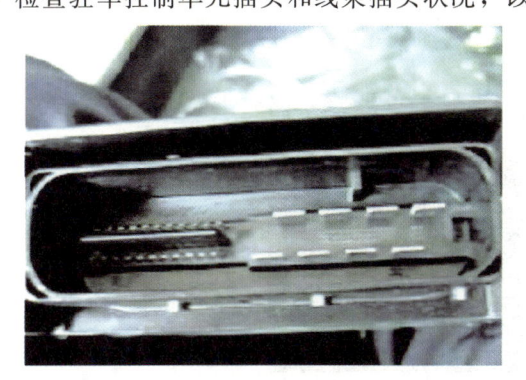

图 9-33　检查驻车控制单元插头和线束插头状况

（6）用万用表检查线束导通性：驻车控制单元 J540 14 号针脚到左侧驻车电动机 V282 的 1 号针脚之间的线束，导通正常；驻车控制单元 J540 29 号针脚到左侧驻车电动机 V282 的 2 号针脚之间的线束，断路。

（7）检查线束，发现稍微用力拉扯左侧驻车电动机线束，T30/29 导线从插头中脱落（图 9-34）。

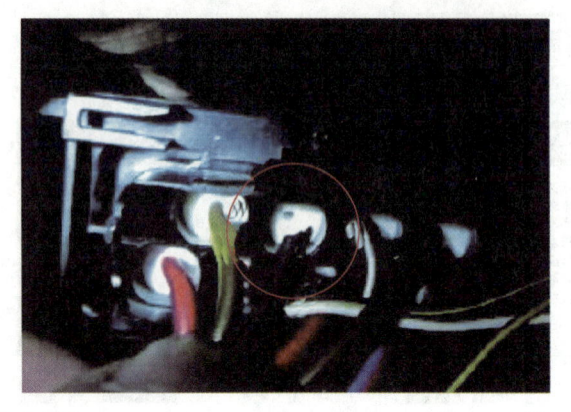

图 9-34　检查线束

（8）测试：使用导线将插头 29 脚与导线连接，故障码可以清除，故障排除，可以确定断路点在此处（图 9-35）。

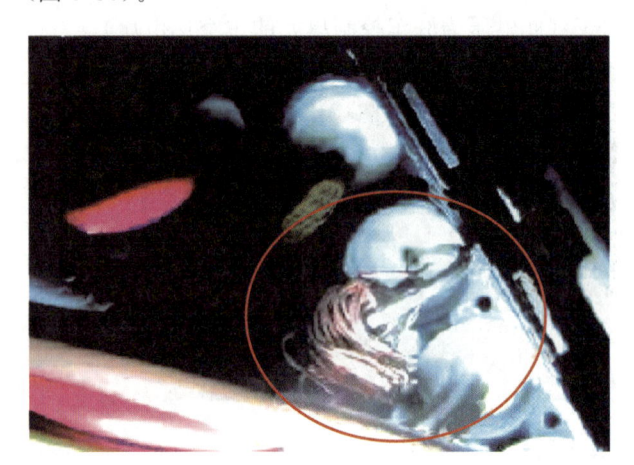

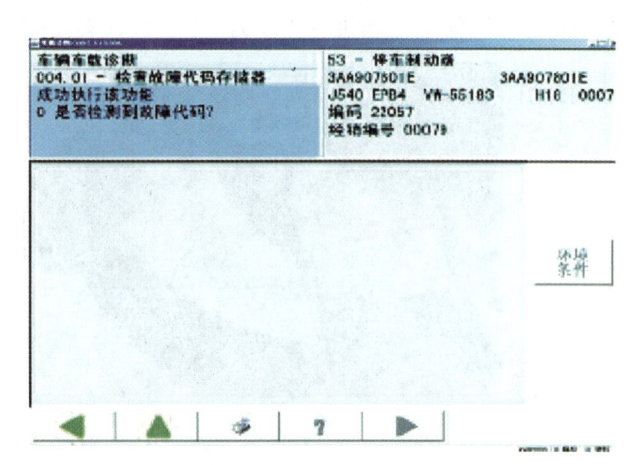

图 9-35　故障排除

故障原因：线束插头内部，导线压入线卡太紧，造成导线大部分被切断，产生虚接（图 9-36）。

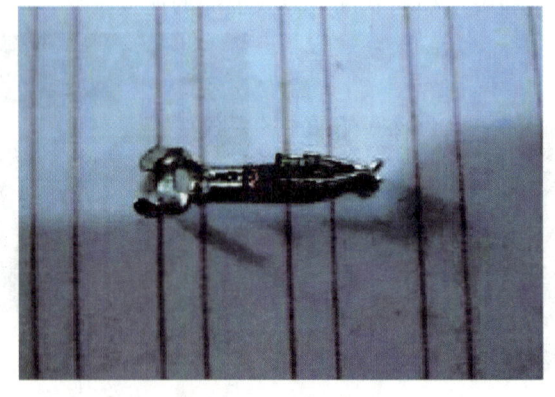

图 9-36　线束插头

故障排除：更换新的线卡，修复线束，并重新装配（图9-37）。

3 电子手刹无法工作应急释放方法

拆开中央扶手，如图9-38所示。用力拉动应急解除拉线，即可释放驻车制动。

4 驻车制动器操纵机构的检查

（1）驻车制动器操纵杆拉起时（图9-39），应能在任意齿数位置可靠停驻，按下操纵杆前端按钮，应能顺利放下操纵杆。

驻车制动器检查

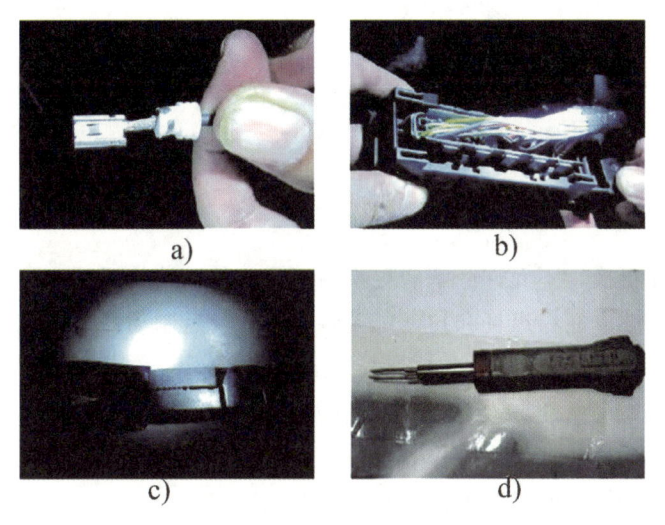

a) b)

c) d)

图 9-37　更换新的线卡

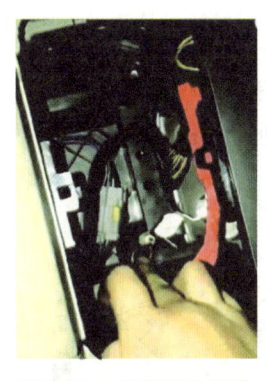

图 9-38　应急解除拉线　　　图 9-39　驻车制动器操纵杆拉起

图 9-40　驻车制动灯　　　图 9-41　拉起操纵杆

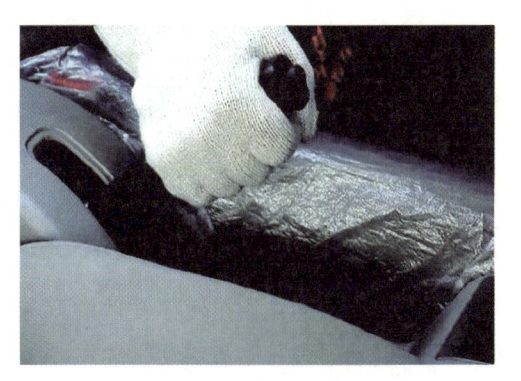

(2) 操纵杆拉至第一齿，驻车制动灯（图 9-40）必须显示，操纵杆放下后，驻车制动灯必须熄灭，否则需调整或更换驻车制动灯开关。

(3) 以 400N 的力拉起操纵杆（图 9-41），其行程应在 6~9 齿之间，超过时必须调整。

(4) 放下操纵杆后，后轮应无拖滞现象，否则需重新调整。

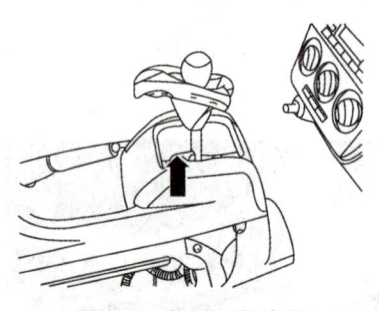

图 9-42 拆下副仪表板

(5) 驻车制动器操纵杆必须整体更换，不允许分解后更换内部零部件继续使用。

(6) 驻车制动（操纵杆）行程调整应在操纵杆和拉索都安装完毕以及后制动器间隙调整合适后进行。

(7) 拆下副仪表板（图 9-42）。将驾驶人座椅和前排座椅向后翻开，从副仪表板侧面卸下安装螺钉。上拉变速杆，从中央控制台开孔处拉脱变速杆护罩，然后通过变速杆向上拉出副仪表板。沿着变速杆向上拉出副仪表板。

(8) 放下驻车制动器操纵杆，松开锁紧螺母，如图 9-43 所示。

(9) 旋进（出）调节螺母，直至驻车制动器操纵杆行程符合满足（以 400N 的力拉起操纵杆，行程在 6~9 齿之间）。

(10) 调整完毕后转动后轮应无拖滞现象，否则，需重新调整或检查更换有关零部件。

(11) 拧紧锁紧螺母，装上副仪表板（图 9-44）。沿着变速杆和驻车制动手套方向，安装副仪表板至座椅下框架组件上。套上变速杆护罩。安装副仪表板，紧固副仪表板螺栓。

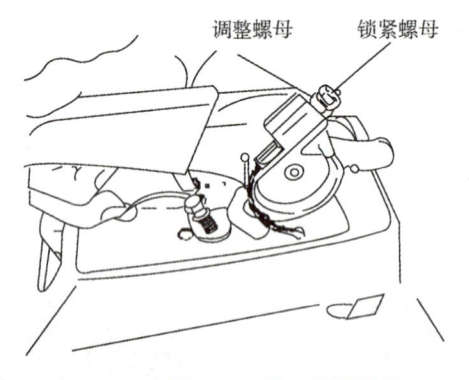

图 9-43 松开锁紧螺母　　图 9-44 安装副仪表板

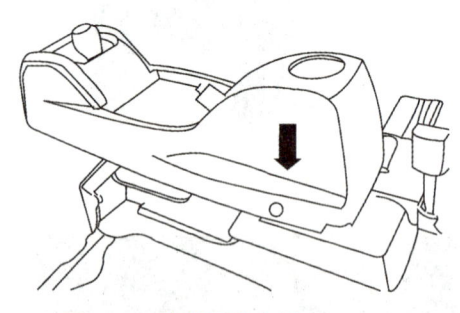

(12) 安装变速杆。

任务小结

(1) 驻车制动装置的作用是使停驶后的汽车驻留原地不动；便于坡道起步；当行车制动失效后临时使用或配合行车制动器进行紧急制动。

(2) 驻车制动类型是指驻车制动的操作方式，现在乘用车上驻车制动的操作方式可以分为手刹、脚刹和电子驻车三种。

（3）操纵手柄一般安装在换挡杆附近，其操纵方式也很简单。直接拉起即可起作用；按住手柄端部的按钮稍微向上一提，然后推回原位即可释放"手刹"。

（4）脚控式驻车制动，顾名思义，用脚来操纵的驻车制动，多见于自动挡车型。左脚一脚将踏板踩到底，即可起效；左脚再用力一踩，然后松开，即可释放"手刹"。

（5）电子驻车是指将行车过程中的临时性制动和停车后的长时性制动功能整合在一起，并且由电子控制方式实现停车制动的技术。迈腾配备电子手刹和 AUTOHOLD 功能，这将带来更好的驻车感受以及自动驻车功能。

（6）按驻车制动器在汽车上安装位置的不同，驻车制动装置分中央制动式和车轮制动式两种。驻车制动传动装置一般采用人力机械式，通过钢索或杠杆来驱动。

（7）驻车制动装置主要由驻车制动操纵杆、制动拉索及后轮制动器中的驻车制动器等组成，它作用于后轮，主要是在坡路或平路上停车时使用或在紧迫情况下作紧急制动。

（8）对于 4 个车轮采用盘式制动器的轿车来说，驻车用的小型鼓式驻车制动器内置于后轮盘式制动器中，并通过拉索和连杆等机构固定在盘式制动器上。

（9）对于利用车轮制动器充当驻车制动器的汽车，驻车制动的调整应将车轮顶起，然后将驻车制动杆拉到起作用位置，调整传动拉索或拉杆使车轮不能转动时锁紧调整螺母。然后进行驻车制动性能检查，不合格则重新调整。

实训 2　驻车制动系统检修

任务名称	制动系统故障诊断与修复	总学时		总成绩	
子任务名称	驻车制动系统检修	学时		成绩	
学生姓名		学号		班级	

一、资讯

1. 驻车制动装置的作用是_____；_____；当行车制动失效后临时使用或配合行车制动器_____。

2. 驻车制动按操作方式可以分为_____、_____和_____三种。

3. 电子手刹是由电子控制方式实现停车制动的技术，其工作原理与机械式手刹_____。

4. 按驻车制动器在汽车上安装位置的不同，驻车制动装置分_____和_____种。

5. 驻车制动装置主要由_____、_____及后轮制动器中的驻车制动器等组成。

二、计划与决策

请根据检查发动机润滑油的方法和更换要求，确定所需要的工具，并对小组成员进行合理分工，制定详细的检查和更换计划。

1. 需要的工具

2. 小组成员分工

3. 检查和维护计划

三、实施

1 电子驻车制动故障诊断

(1) 用_____，对迈腾车电子驻车制动器失效故障诊断。

(2) 故障码_____。

(3) 故障排除_____。

(4) 注意事项_____
_____。

2 电子手刹无法释放

(1) 检查步骤_____

(2) 故障原因_____。

(3) 故障排除_____。

(4) 注意事项_____
_____

3 电子手刹无法工作应急释放方法

_____
_____

4 驻车制动器操纵机构的检查

(1) 工具_____。

(2) 检查步骤_____
_____。

(3) 注意事项_____。

5 整理工位

收回翼子板布和前格栅布，关闭发动机舱盖；收回五件套，清洁车辆、清洁地面卫生，处理废弃物。

四、评价

> 知识评价

1 现场问答题：

(1) 叙述驻车制动系统的功用。

(2) 说出驻车制动系统的结构组成。

(3) 描述驻车制动系统常见故障及检修方法。技能及素养评价

技能及素养评价

综合考评		自我评价	小组互评	教师评价	第三方评价
素质考评30分	劳动态度 6				
	遵守纪律 6				
	安全操作 6				
	学习态度 6				
	出勤情况 6				
技能考评70分	工具使用 10				
	任务方案 10				
	实施过程 30				
	完成结果 10				
	任务工单 10				
（总分100分）本次得分：					
最终得分：					

任务3 液压装置检修

任务描述

客户李先生反映自己的1.8T迈腾轿车最近在起动汽车后，仪表板上出现制动警告灯。

起动汽车后，仪表板上出现制动警告灯。故障可能出现在液压传动装置，需要通过路试验证故障现象。若判断故障在液压传动装置，则需要对液压传动装置进行检修。

学习目标

（1）能够正确描述液压传动装置的种类、基本组成和工作原理；
（2）能够正确描述整车上液压传动装置各组成部件的位置及作用；
（3）能够初步进行液压传动装置的检查维护；
（4）会运用所学知识和经验，为客户提供汽车液压传动装置日常维护的建议；
（5）能够正确选用工具设备对制动器总成进行检修；
（6）能够通过查阅维修手册或技术资料对检查结果进行判断；
（7）养成自主学习的习惯，培养操作规范的工作作风及环保意识。

知识准备

一、液压装置的作用

以制动液为介质，将驾驶员施加在制动踏板上的控制力通过主缸由机械能转换为液压力，再通过装在车轮制动器内的轮缸，将液压能转换为机械力，促使制动器进入工作状态。其优点是制动柔和灵敏，结构简单，维护方便，不消耗发动机功率；但操纵较费力，制动力不大，制动液受温度变化而降低其制动效能。

二、液压装置的类型

制动传动装置按传力介质的不同，可分为液压式、气压式和气-液综合式；按制动管路的套数可分为单管路和双管路制动传动装置。按照交通法规的要求，现代汽车的行车制动系统须采用双管路制动传动装置，若其中一套管路损坏时，另一套仍然起制动作用，从而提高了制动的可靠性和安全性。

双管路液压制动传动装置是利用彼此独立的双腔制动主缸，通过两套独立管路，分别控制两桥或三桥的车轮制动器。常见的双管路的布置方案有前后独立式和交叉式两种形式，如图9-45所示。

液压制动系统类型

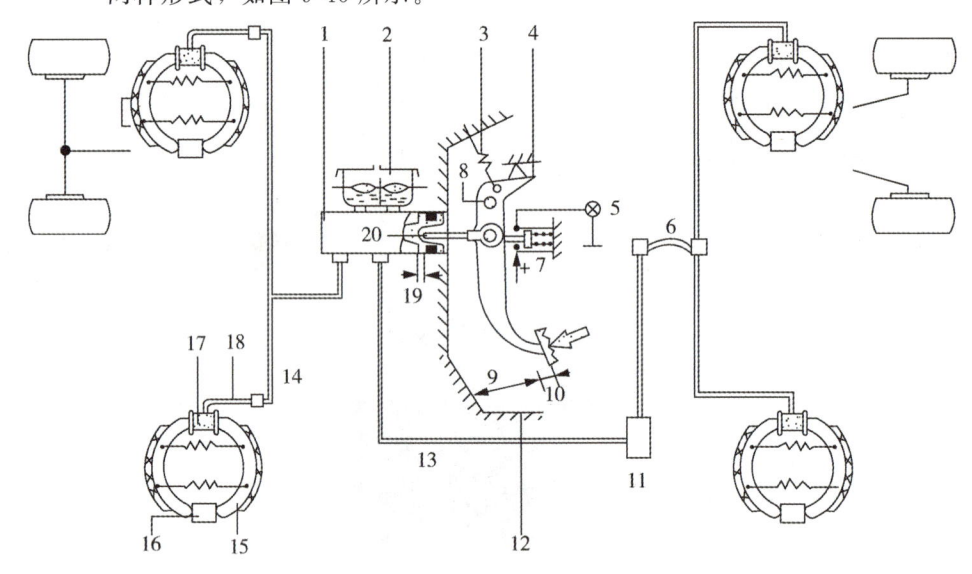

图 9-46 液压传动装置组成

1-制动主缸；2-储液罐；3-复位弹簧；4-制动踏板；5-指示灯；6-软管；7-制动灯开关；
7-支承销；8-有效行程；9-自由行程；11-比例阀；12-地板；13-后桥油管；14-前桥油管；15-制动蹄；
16-支承座；17-制动轮缸；17-软管；18-自由间隙；20-主缸推杆

三、液压传动装置的组成

液压式制动传动装置由制动踏板、制动主缸、储液罐、制动轮缸、油管等组成，如图9-46所示。现代汽车上采用了各种制动力调节装置，用以调节前后车轮制动管路的工作压力，常用的调节装置有限压阀、比例阀、感载比例阀和惯性阀等。

限压阀的功用是当前后制动管路压力由零同步增长到一定值后，即自动将后制动管路压力限制在该值不变，以防止后轮抱死；比例阀的功用是当油压达到一定的值后，让输出与输入的油压按一定比例增加，使实际油压分配曲线更接近理想曲线；

液压制动系统基本组成

感载阀的功用是随汽车实际装载质量而改变满载和空载下的理想油压分配及特性曲线；惯性阀的功用是用于调节液压系统的制动力。

操作指引

1 组织方式

（1）场地设施：举升机一台，装有废气抽排系统和消防设施的场地。
（2）设备设施：迈腾轿车。
（3）工量具：常用工具、组合工具、扭力扳手、透明塑料排气软管、容器、转向盘护套、变速杆手柄套、座位套、脚垫等。
（4）耗材：制动液等。

2 操作要求

（1）穿戴干净整洁的工作服。
（2）遵守场地安全规定，注意用电安全。
（3）正确使用万用表、诊断仪等工量具。
（4）在检测空气流量计时，严禁用力拉扯线束。

任务实施

1 制动液位的检查与补充

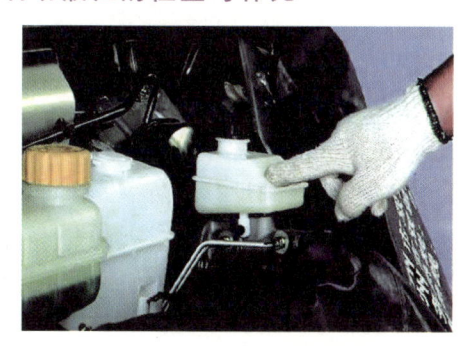

图 9-47 检查制动液液面位置　　图 9-48 补充制动液

（1）检查制动液液面位置（图 9-47），液面正常位置应接近于上限位置。

注意：过量加注制动液，会导致在制动系统工作过程中制动液溢流到发动机排气部件上。制动液是易燃品，如果接触发动机排气系统部件，会导致起火和伤人。

（2）如果制动液液面位置过低，应补充制动液至正常高度位置（图 9-48）。
1）打开储液罐盖前，先要进行清理，以免尘土进入储液罐。
2）打开旋盖。
3）加注制动液。
4）安装旋盖。

2 制动液泄漏的检查

（1）检查制动主缸储液罐液面位置。正常的摩擦衬片磨损会导致储液罐内的液面轻微下降。如果储液罐液位异常降低，会导致制动警告灯亮，这表明系统有泄漏。液压系统可能存在内部或外部泄漏。
（2）检查制动管和制动软管连接处是否有泄漏。如果存在泄漏，检查紧固件的拧紧力矩，更换油管或软管。
（3）检查连接制动器的元件是否损坏。如有必要，重装或更换连接制动器的元件。

(4) 检查制动钳和制动轮缸的是否有泄漏。如确有泄漏，必要时重装或更换这些元件。

3 排放液压制动系统中的空气

（1）检查制动主缸储液罐液面高度是否正常，必要时加注制动液至合适液面高度。注意：用抹布擦掉溢出的制动液。

（2）举升并适当支承车辆。将透明塑料排气软管安装到右后排气阀上，如图9-49所示。

（3）将透明塑料排气软管的另一端浸入盛有部分清洁制动器的清洁容器中。

（4）打开排气阀。

（5）连续三次踩制动踏板（图9-50），将制动踏板踩到全程约75%并保持。

图 9-49　安装塑料排气软管　　　图 9-50　踩制动踏板

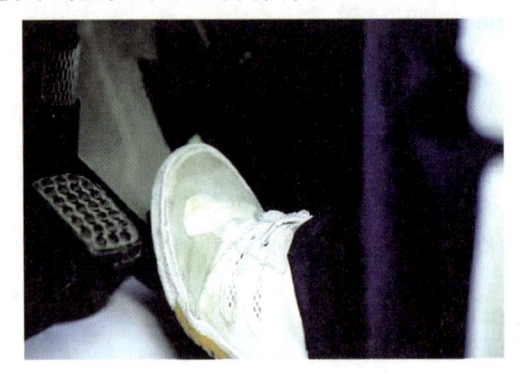

（6）另一维修人员打开排气阀，再关闭排气阀。

（7）松开制动踏板。

（8）重复步骤（3）～（7），直到制动液中不再出现气泡。

（9）紧固排气阀至8～12N·m，如图9-51所示。注意：应确保排放阀没有泄漏。

（10）从排气阀上拆卸透明塑料排气软管。

（11）对于左后制动器、左前卡钳和右前卡钳，重复上述步骤（3）～（11），直到不再出现气泡为止。

（12）降下车辆。拆下制动液储液罐盖。

（13）检查储液罐中的制动液液位。必要时，将储液罐加注到正确的液面高度。

（14）安装制动液储液罐盖。

（15）将点火起动开关拨到START（运行）位置，然后关闭发动机。用中等力量踩制动踏板并保持踏板的位置。注意踏板行程和脚感。

（16）如果制动踏板感到坚实而稳定且踏板行程不过大，则起动发动机。在发动机运行时，重新检查踏板行程。

（17）如果制动踏板仍感到坚实而稳定且踏板行程不过大，则进行车辆路试。以中速试几次正常制动，以确保制动系统功能正常。

（18）如果在开始时或发动机起动后制动踏板脚感软或行程过大，重复手动排气程序，从步骤（1）开始。注意：必须在踩实制动踏板后，方能移动车辆。在移动车辆前，如果制动踏板不坚实，会导致事故发生。

（19）路试车辆。以中速试几次正常制动，以确保制动系统功能正常。

4 真空制动器的检查

（1）起动发动机运转1～2min后熄火，踩几次制动踏板，消除助力器内原有的真空。踩下的行程逐渐缩小，说明助力器工作良好，否则表明密封不良，有故障。

（2）发动机运转数分钟过后熄火，用同样的力量踩下踏板数次，确定踏板行程每次无变化，然后将踏板保持在踩下位置，起动发动机，如踏板稍有下降，表示真空助力器良好，否则有故障。

（3）在发动机运转时，踩下制动踏板不动，将发动机熄火。在30s内，踏板高度不允许下降。如有踏板回升现象，说明有故障。

（4）拆解真空助力器前，应在前后壳体上做好记号，防止装复错误导致漏气。

（5）将分解的零件依次放好，橡胶密封件应避免油污，并防止膜片座的损伤。检查各零件有无变形、损伤，发现损伤和变形应修复或更换。

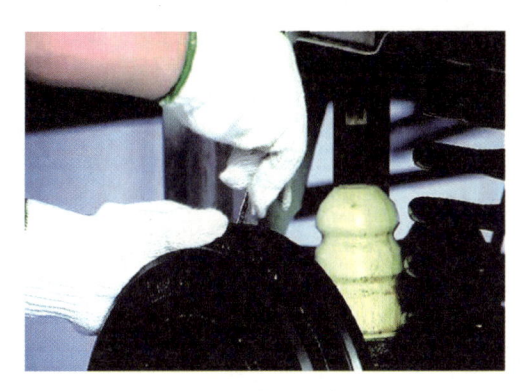

图 9-51　紧固排气阀

任务小结

（1）以制动液为介质，将驾驶员施加的控制力通过装在车架上的主缸由机械能转换为液压能，再通过装在车轮制动器内的轮缸，将液压能转换为机械能，促使制动器进入工作状态。

（2）液压式制动传动装置由制动踏板、制动主缸、储液罐、制动轮缸、油管等组成。

（3）制动传动装置按传力介质的不同，可分为液压式、气压式和气-液综合式；按制动管路的套数可分为单管路和双管路制动传动装置。

（4）液压制动系的维护包括检查管路渗漏、排空气和制动踏板的调整等几个方面的内容。

实训3　液压制动装置检修工作页

任务名称	制动系统故障诊断与修复	总学时		总成绩	
子任务名称	液压制动装置检修	学时		成绩	
学生姓名		学号		班级	

一、资讯

1. 制动液有＿＿＿＿＿＿＿＿＿、＿＿＿＿＿＿＿＿＿、＿＿＿＿＿＿＿＿＿等几种形式。

2. 液压式传动机构主要由＿＿＿＿＿＿＿＿＿、＿＿＿＿＿＿＿＿＿，制动踏板、推杆和油管等组成。

3. 双管路液压制动传动装置是利用＿＿＿＿＿＿＿＿＿的双腔制动主缸，通过＿＿＿＿＿＿＿＿＿独立管路，分别控制两桥或三桥的车轮制动器。其特点是若其中一套管路＿＿＿＿＿＿＿＿＿而失效时，另一套管路仍能＿＿＿＿＿＿＿＿＿作用，从而提高了汽车制动的可靠性和行车安全性。

4. 双回路液压制动系中任一回路失效时，制动主缸＿＿＿＿＿＿＿＿＿，只是所需踏板行程加大，将导致汽车的制动距离＿＿＿＿＿＿＿＿＿，制动效能＿＿＿＿＿＿＿＿＿。

5. 按交通法规的要求，现代汽车的行车制动系都必须采用_____制动系，因此液压制动系都采用_____制动主缸。

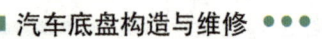

6. 由于道路交通法的要求，现代汽车的行车制动系都必须采用_____传动装置，_____传动装置已被淘汰。

二、计划与决策

请根据液压制动装置检修要求，确定所需要的检测仪器、工具，并对小组成员进行合理分工，制定详细的检查和更换计划。

1. 需要的检测仪器、工具

2. 小组成员分工

3. 检查和更换计划

三、实施

1 制动液位的检查与补充

（1）检查制动液液面位置，液面正常位置应_____。
注意事项_____

（2）如果制动液液面位置过低，应补充制动液至_____。
补充制动液步骤_____

注意事项_____

2 制动液泄漏检查

（1）检查步骤_____

（2）注意事项_____

3 放液压制动系统中的空气

（1）排放步骤_____
（2）注意事项_____

4 真空制动器的检查

（1）检查步骤_____

_____

（2）注意事项_____

_____

四、评价

知识评价

1 现场问答题：

（1）叙述液压传动装置的分类和功用。
（2）描述液压传动装置的组成结构。
（3）简述制动液的组成。
（4）试说明制动液的性能要求有哪些。
（5）简述液压传动装置的故障原因有哪些。技能及素养评价

技能及素养评价

综合考评		自我评价	小组互评	教师评价	第三方评价
素质考评30分	劳动态度6				
	遵守纪律6				
	安全操作6				
	学习态度6				
	出勤情况6				
技能考评70分	工具使用10				
	任务方案10				
	实施过程30				
	完成结果10				
	任务工单10				
（总分100分）本次得分：					
最终得分：					